Skinner · Praxis und Technik des Erdorakels

[redacted]

Es werden nur die Frei sein, deren Geist frei ist. Egal ob im Gefängnis oder in Freiheit.

HEINRICH HUGENDUBEL VERLAG
Kailash Buch

Stephen Skinner

Praxis und Technik des Erdorakels

Aus dem Englischen von
Hanna Moog

Hugendubel

Die Originalausgabe erschien unter dem Titel
The Oracle of Geomancy
bei Prism Press

Die Deutsche Bibliothek – CIP-Einheitsaufnahme
Skinner, Stephen:
Praxis und Technik des Erdorakels / Stephen Skinner. Aus dem Engl. von Hanna Moog. – München : Hugendubel, 1991
(Kailash-Buch)
Einheitssacht.: The oracle of geomancy <dt.>
ISBN 3-88034-526-0

Umschlaggestaltung: Zembsch' Werkstatt, München
Produktion: Tillmann Roeder, München
Satz: Uhl + Massopust, Aalen
Druck und Bindung: Spiegel Buch, Ulm

ISBN 3-88034-526-0

Printed in Germany

Inhalt

1
Was ist Geomantik?

Bis zu der Zeit von Kopernikus und Kepler vertrat die Kirche die ptolemäische Lehre, wonach die Erde als der Mittelpunkt des Universums oder doch zumindest der menschlichen Welt galt. Und sie hatte recht. Obwohl Kopernikus zur Genugtuung der Wissenschaft den Beweis erbrachte, daß Ptolemäus irrte und daß die Erde sich um die Sonne dreht, galt dies doch lediglich für den Bereich der Astronomie. Die *geomantische* Perspektive unterscheidet sich davon erheblich.

Was der Mensch unter seinen Füßen spürt, die Erde, den Boden und das Gestein, woraus er hervorgegangen ist, das *ist* das Zentrum seines Universums. Obwohl die Sterne als erste Gegenstand der wissenschaftlichen Erforschung gewesen sind, war doch die Erde der erste Gegenstand der Erfahrung des Menschen. Sie war die Mutter, der alle Nahrung und alles Leben entsprangen.

Die alten Griechen unterteilten die Welt in vier Elemente: Feuer, Luft, Wasser und Erde; unabhängig davon entwickelten die Chinesen ein ähnliches System, bestehend aus Metall, Holz, Wasser, Feuer und Erde. Diese Elemente wurden zugleich metaphysisch und physisch gedacht, und nur Mystiker bezeichnen die physische Ebene als Illusion oder Maya! Solange aber diese »Illusion« die Ebene ist, auf der wir leben, lieben, arbeiten und sterben, fällt es äußerst schwer, ihre Erdhaftigkeit zu leugnen.

Bestimmte Redewendungen im Volksmund, die ja häufig eine esoterische Weisheit widerspiegeln, sprechen gern von »wieder auf den Boden zurückkommen« oder »mit beiden Füßen fest auf der Erde stehen«. Während viele Systeme der Wahrheitssuche nach dem Himmel oder den höchsten Weltgegenden streben, beginnt doch jedes wahre Bemühen auf der Erde.

Dieses Buch handelt von der Erdweissagung; es ist ein Buch über die Kunst der Geomantik.

Geomantik bedeutete ursprünglich die Weissagung mit Hilfe von Zeichen auf der Erde. Das Lexikon definiert Geomantik als

»Weissagung mit Hilfe von Zeichen oder Linien (in Form von natürlichen oder künstlichen Erdstrukturen oder entstanden durch das Verbinden von Punkten, die nach dem Zufallsprinzip schnell auf ein Blatt Papier geworfen wurden)«. Der Begriff ist abgeleitet von zwei griechischen Wörtern: *gaia* oder *gé* (= Erde) und *manteia* (= Wahrsagekunst).

Es gibt viele verschiedene Techniken in der Geomantik: das Betrachten von Bildern aus hingeworfenen Kieseln, aus geblasenem Staub auf einer glatten Oberfläche, etwa einer Marmorplatte; aus hingestreuten Sandkörnern, Kernen der Palmfrucht oder Samen, oder indem man nach dem Zufallsprinzip mit einem Stock Zeichen in die Erde ritzt. Die Weissagung aufgrund von Ritzungen oder Werfen von Gegenständen hat sich teilweise dahin entwickelt, daß man Linien oder Striche interpretiert, die mehr oder weniger zufällig mit einem Bleistift auf Papier gezeichnet werden.

Die ältesten nachweisbaren Formen der Geomantik verweisen auf die afrikanische Westküste rund um die alte Voodookultur und auf die Sklavenküste von Dahomey, die Heimat der guten und bösen Voodoo-Gottheiten Petra und Rada Loa. Eine der am meisten verbreiteten Formen des Orakels in diesem Teil Afrikas ist das Ifa-Orakel des Yoruba-Stammes in Nigeria.

Ifa, der Gott des Orakels, gilt als der Gott der Schöpfung. Ifa entnahm alles Material für das Universum einem Schneckengehäuse aus einem »Beutel«, der zwischen den Schenkeln eines älteren Gottes hing, um daraus das Universum zu formen. Dabei verstreute er Erdkrumen, um die Erde zu bilden. Eine Henne und eine Taube halfen ihm, die Erdkrumen zu verteilen.

Später stieg Ifa in menschlicher Gestalt auf die Erde herab, um beim Kindergebären zu helfen, die Heilkunst zu lehren und Auskünfte über geheimes Wissen zu geben. Wie im Westen der Gott Merkur, überbringt Ifa die Botschaften der Götter und ist der Schutzpatron des Orakels und der Heilkunst. Vielsprachig wie Merkur, gilt er als Gott der Sprache.

Ifa lehrte eine Methode der Orakelbefragung, bei der man Palmnüsse in Kombinationen von vier und sechzehn auf die Erde wirft. Diese bilden ein System abstrakter Diagramme auf der Grundlage der vier magischen Elemente: Luft, Feuer, Erde und

Wasser (dieselben Elemente finden sich in der griechischen, islamischen und in der europäischen Philosophie des Mittelalters). Die Diagramme bestehen aus ungeraden und geraden Zahlen und werden in Bezug gesetzt zu den zwölf Tierkreiszeichen oder Sternengruppen, ähnlich wie die europäische Geomantik ihre Symbole auf den Tierkreis bezieht.

Ein ähnliches Orakelsystem wird in Dahomey praktiziert, was unmittelbar an das Gebiet der Yoruba angrenzt. Es ist dem Gott Fa geweiht, der den Stämmen einige besondere Palmnüsse schenkte, die er vom Himmel herabgebracht hatte. Der Fragesteller muß die Nüsse von einer Hand in die andere werfen. Je nachdem, ob die verbliebenen Nüsse eine ungerade oder gerade Zahl aufweisen, schreibt er die entsprechenden geomantischen Zeichen der in den Sand gefallenen Nüsse auf. Danach muß er den Sand mit dem Antwortmuster zusammenfegen, das Ergebnis auf einem Stück Kalebasse notieren, dieses in einem kleinen Stoffbeutel aufbewahren, um so das Geheimnis seines Schicksals zu hüten. Seit jener Zeit wird das Orakel nach diesem Vorbild praktiziert, ganz gleich, ob es sich um gewöhnliche Angelegenheiten oder um ein Schicksalsorakel handelt. Das Muster, das auf ein Brett gezeichnet oder in die Kalebasse eingeritzt wird, ist die Grundlage für das ausführliche Orakel.

Das Orakelbrett selbst war rund und hatte sechzehn eingeschnitzte Zeichen, darunter ein Gesicht mit Stammeszeichen auf den Wangen, Vögel, eine Krabbe sowie Figuren und Fische mit vier Rautenformen. Von Fa wurde auch gesagt, er habe sechzehn Augen, die aus den sechzehn Orakelnüssen bestünden und die es ihm ermöglichten, alles, was in der Welt vor sich ging, zu sehen.

Es hieß auch, der boshafte Gott Legba habe jeden Morgen die Aufgabe, Fas Augen zu öffnen. Fa lebte auf einer Palme im Himmel, von wo aus er alles sehen konnte, was in der Welt vor sich ging. Jeden Morgen mußte Legba, der auf der Erde lebte, die Palme besteigen, um Fas Augen zu öffnen. Da Fa nicht mit Legba zu sprechen wünschte, außer wenn es sich um seine Orakel handelte, legte er Palmnüsse in Legbas Hände, um zu bedeuten, wie viele Augen dieser ihm öffnen solle. Da aber Legba ein schelmischer Gott war und sich einen Spaß daraus machte, genau das Gegenteil von dem zu tun, was die anderen Götter von ihm wollten, pflegte Fa eine Palmnuß in Legbas Hand zu legen, wenn er zwei Augen geöffnet haben wollte, und er gab ihm zwei Nüsse, wenn Legba nur ein Auge öffnen sollte. Sobald seine Augen geöffnet waren, sah er sich um, was auf der Welt unten geschah, damit er seine Orakel abgeben konnte.

Bis auf den heutigen Tag bedeutet es zwei Striche auf dem Orakelbett, wenn man eine Palmnuß geworfen hat, während zwei Nüsse einen Strich bedeuten – in Erinnerung an den betrügerischen Legba. Wenn Sie Palmnüsse oder etwas Entsprechendes korrekt benutzen, können auch Sie die Augen des Fa, die sechzehn Tore zur Zukunft öffnen, die die Antwort auf jede beliebige Frage enthüllen, die dem Orakel gestellt wird.

Es wäre interessant zu erforschen, ob diese Weissagung ursprünglich aus Afrika stammt und durch die islamische Kultur verfeinert wurde, bevor sie in Europa als Geomantik auftauchte oder ob diese Kunst sich aus einer islamischen Quelle gleichzeitig nach Europa und Afrika ausgebreitet hat.

Als formales System der Weissagung hat die europäische Geomantik ihre Wurzeln in der arabischen Magie und Weissagung, in der hellenistischen Theorie der vier Elemente und in der Astrologie der babylonisch-ägyptischen Tradition. All das ist nichts Neues, aber weniger bekannt ist, daß das ursprüngliche Weissagungssystem, das auf den vier Elementen, den zwölf Tierkreiszeichen und den geraden und ungeraden Punkten beruht, wie es heute in Dahomey praktiziert wird, der modernen westlichen Geomantik ungewöhnlich ähnlich ist.

Die Römer bedienten sich einer Form von Geomantik, bei der man Zeichen in die Erde ritzte. Die so entstandenen Muster wurden zur Grundlage für die Augurien, ähnlich wie die Muster, die man dem Vogelflug oder den Eingeweiden von Opfertieren entnahm.

Unter den heutigen Arabern in Nordafrika ist eine Orakelbefragungsmethode verbreitet, die *khatt ar-raml* genannt wird; dabei wird Sand geworfen oder spielerisch mit einem Stab Striche in den Sand gekritzelt, wobei man sich in einer empfänglichen Geistesverfassung befinden muß. Das hierfür verwendete Material wird sorgfältig ausgewählt und vom Seher »magnetisiert«. Die Oberfläche, auf die geworfen wird, ist geweiht und kann mit einem besonderen Diagramm oder einer Zeichnung versehen sein. Es wird dazu farbige Erde gewählt, insbesondere rote oder weiße Erde. Die magische Zeichnung wird mit dem Zeige- und Mittelfinger auf die Stelle am Boden gezeichnet, auf die die Erde geworfen werden soll. Normalerweise hält der Geomantiker eine Handvoll Erde in seiner linken Hand, dann spricht er eine magische Formel und wirft die Erde. Gelegentlich darf der Fragesteller die Erde selbst in die Hand nehmen und selber werfen. Anschließend werden die Figuren, die sich aus dem Wurf ergeben haben, intuitiv gedeutet. Wenn die Weissagung beendet ist, werden alle Spuren durch Darüberstreichen mit der rechten Hand beseitigt.

Khatt bedeutete ursprünglich eine gerade Furche oder Linie, die mit einem Stab oder mit dem Finger in den Sand gezeichnet wird. Im Laufe der Zeit nahm das Wort die Bedeutung an: eine Linie, die auf Pergament oder Papier gezeichnet ist oder eine geschriebene Zeile.

Für unsere Zwecke ist die ältere Bedeutung von größerem Interesse, da sie genau die Linien bezeichnet, die der Wahrsager (*hazi*) in den Sand zeichnet, um den glücklichen oder unglücklichen Ausgang einer Unternehmung oder eines Ereignisses vorherzusagen. Diese Praxis geht auf eine Zeit lange vor dem Aufkommen des Islam zurück.

Zu diesem Zweck malte der Wahrsager in Begleitung eines Gehilfen in größter Eile eine Anzahl von Linien in den Sand, wobei er so versunken war, daß er nicht wußte, wie viele Linien er gezogen hatte. Dann wischte er langsam jeweils zwei Linien gleichzeitig aus, während sein Gehilfe wiederholt die Worte sprach: »Ihr zwei Söhne des Iyan beeilt euch mit der Erklärung!«

Waren am Ende zwei Linien übrig (d. h. es war ursprünglich eine gerade Anzahl von Linien gezeichnet worden), so bedeutete dies Glück. Blieb nur eine Linie übrig (es hatte also eine ungerade Anzahl von Linien gegeben), war die Enttäuschung gewiß.

Hier wird die Wurzel der späteren, komplizierten Praxis deutlich, bei der jede Linie auf ungerade oder gerade reduziert wird. In der zuvor beschriebenen, einfachen Form des *khatt* wurde nur ein Satz Zeichen erstellt, der direkt zu einer Voraussage über Glück oder Unglück führte.

Bei einer moderneren arabischen Spielart dieser Technik werden Linien in den Sand gezeichnet. Auf diese Linien werden Gerstenkörner oder Dattelkerne (oder auch Würfel mit Kombinationen von einem oder zwei Punkten auf jeder Seite) geworfen. Die daraus entstehenden Muster erlauben eine komplexere Voraussage.

Eindeutige Figuren in Erde oder Sand zu erkennen, ist nicht so einfach. Eine leichtere Methode für den Anfänger besteht darin, eine Anzahl von Stäben (wie etwa die fünfzig Schafgarbenstengel beim I Ging) zu nehmen, diese einige Augenblicke in der Hand zu halten, während man sich konzentriert, und sie dann zu werfen.

Eine andere Form des Orakels verwendet trockenen Silbersand. Dieser wird drei bis vier Zentimeter dick auf ein Tablett gestreut und glattgestrichen. Der Seher schließt die Augen und hält einen Elfenbeinstab, ein Schilfrohr oder einen langen Bleistift. Seine Hand wird über das Tablett geführt, während er sich in eine Trance sinken läßt. Der Fragesteller formuliert seine Frage. Nach einer Weile wird der Wahrsager einen Impuls verspüren, den Stab in den Sand zu drücken, und der Stab beginnt nun, sich von selbst zu bewegen. Er darf nun nach Belieben wandern, der Wahrsager öffnet seine Augen erst, wenn der Stab von selbst zum Halten gekommen ist. Er betrachtet nun aufmerksam die Markierungen, Zeichen, Buchstaben, Zahlen, Worte oder Sätze, die im Sand zu erkennen sind, und interpretiert sie. Die fließende arabische Schrift eignet sich für diese Art der Orakelschrift besonders gut.

Ein einfaches *Ja* oder *Nein* beantwortet viele Fragen, doch kann es auch vorkommen, daß die Anfangsbuchstaben von Personennamen erscheinen, die mit dem Problem des Fragestellers im Zusammenhang stehen, oder eine Mengen- oder Zeitangabe, ein Alter oder Datum. Manchmal ergibt sich eine schriftliche Botschaft, die unter Umständen rückwärts oder in Spiegelschrift gelesen werden muß.

Aus der islamischen Vorliebe für Symmetrie entstand ein System, bei dem die Striche in Zeichen aus vier Linien übersetzt wurden, die durch einfache Rechenoperationen zu ermitteln waren. In Europa wurden aus den Erdstrichen Punkte auf Papier. Die Wissenschaft der Geomantik entwickelte sich im Mittelalter zu einer Orakelmethode mittels binärer Arithmetik. In dieser Form wurde sie zu einem exakteren Instrument der Weissagung, das in der Lage war, recht ausführliche Informationen zu liefern.

Was kann uns dies nun heute nutzen? Nun, für die meisten Fragestellungen bezüglich Vergangenheit, Gegenwart oder Zukunft, die eine relativ einfache Antwort verlangen, kann die Geomantik das Werkzeug liefern, das »die Augen des Fa« öffnen hilft. Hier einige Beispiele für Fragen, die mit Hilfe der Geomantik beantwortet werden können: Wie lange werde ich leben? Wird eine Reise gefährlich sein? Ist ein Gerücht wahr oder falsch? Soll ich etwas kaufen oder nicht? Wird das Jahr fruchtbar werden? Ferner Fragen, die Gewinn oder Verlust betreffen, einen verborgenen Schatz, den Zustand einer Stadt oder welche Seite in einem Krieg die stärkere ist. Ob ein Kind geboren wird oder nicht und welches Geschlecht es haben wird. Welcher von zwei Richtern der weisere ist, ob ein Schüler durch sein Studium Ehre einlegen wird oder nicht, ob die Seele eines Verstorbenen sich im Paradies, vor den Toren des Paradieses, im Fegefeuer oder in der Hölle befindet.

Fragen wie diese spiegeln natürlich die Hoffnungen und Wünsche der Menschen vor etlichen Jahrhunderten wider, aber man kann das Orakel ebensogut um Auskünfte über eine mögliche Beförderung, den Erfolg einer geschäftlichen Unternehmung, die Vertrauenswürdigkeit eines Partners, Angestellten oder Ehegatten, die Entwicklung einer Liebesangelegenheit oder Heirat, den Aufenthaltsort eines Diebes oder von gestohlenen Gegenständen usw. bitten. Die Palette möglicher Fragen ist endlos.

Wir wollen zunächst einmal eine sehr einfache geomantische Befragung ausführen, wozu wir entweder einen Stab mit Sandtablett oder Papier und Bleistift verwenden.

Formulieren Sie zuerst die Frage und schreiben Sie sie oben auf das Papier. Plazieren Sie das Papier oder Sandtablett im Abstand einer Armlänge vor sich. Mit halbgeschlossenen Augen und so absichtslos wie möglich, allenfalls an Ihre Frage denkend, kritzeln Sie vier Reihen zufälliger Punkte oder Striche auf das Papier oder in den Sand. Machen Sie in jeder der vier Reihen so viele Punkte oder Striche, wie Sie wollen, ohne zu zählen. Legen Sie Bleistift oder Stab zur Seite und zählen Sie die Anzahl der Striche, die Sie in jeder Reihe gemacht haben. Nehmen Sie sich eine Reihe nach der anderen vor und verwenden Sie den folgenden Schlüssel, um das geomantische Zeichen auf Ihrem Blatt Papier zu notieren:

✻ bei ungerader Zahl von Strichen: ein Punkt
✻ ✻ bei gerader Anzahl von Strichen: zwei Punkte.

Beginnen Sie mit der obersten Reihe und notieren Sie entweder einen Punkt oder zwei Punkte nach dem obengenannten Schlüssel. Darunter notieren Sie ein oder zwei Punkte für die zweite Reihe. Verfahren Sie in gleicher Weise mit der dritten und der vierten Reihe. Sie haben nun Ihr erstes geomantisches Zeichen erstellt.

Irgendwo in den nachfolgenden sechzehn Kombinationen aus einem bzw. zwei Punkten finden Sie das Zeichen, das Sie herausbekommen haben. Wenn Sie es gefunden haben, können Sie die Antwort auf Ihre Frage ablesen.

✻ ✻
✻ ✻ Sieg, großes Heil,
✻ Selbsthilfe
✻

✻ ✻
✻ Kopf, Eingang oder
✻ Beginn
✻

✻
✻ ✻
✻ ✻ Freude, Gesundheit
✻ ✻

✻ ✻
✻
✻ ✻ Gewinn
✻

✻
✻ ✻
✻ Mädchen, Weichheit
✻

✻
✻ Erfolg,
✻ ✻ Hilfe von außen
✻ ✻

✻
✻ Trennung, Ausgang,
✻ Unglück
✻ ✻

✻ ✻
✻ ✻
✻ ✻ Unheil, Trübsal
✻

✻
✻ ✻
✻ Verlust
✻ ✻

✻
✻ Junge, Tollkühnheit,
✻ ✻ Unbesonnenheit
✻

*
*
* Weg, Straße, Reise
*

* *
* * Weiß, Weisheit,
* Spiritualität
* *

* *
* Treffen, Vereinigung
*
* *

* *
* * Volk, Versammlung
* * (Ver)einigung
* *

* *
* Rot, Zorn,
* * Leidenschaft
* *

*
* *
* * Gefängnis, Isolation
*

Diese Kombinationen bilden in einfacher Form das Herz der Geomantik. Es sind die sechzehn Zeichen, die den sechzehn Augen des Fa entsprechen, jenen Augen, mit denen Sie in die Zukunft schauen oder jede Frage beantworten können.

Es mag Ihnen so vorkommen, als sei dies ein sehr einfaches Schema von Bedeutungen, um damit die Antworten auf sämtliche Fragen abzudecken. Das stimmt natürlich; hier fängt die Sache erst an, aber sie sind schon recht nützlich, um eine rasche Antwort auf eine einfache Frage zu bekommen.

2
Wie funktioniert die geomantische Methode?

Wichtig ist zunächst, eine genaue Vorstellung davon zu haben, was eigentlich mit Weissagung gemeint ist. Gemeint ist nicht unbedingt Wahrsagerei. Die Wahrsagerei ist vielmehr eine heruntergekommene Form der Weissagungskunst, welche einst in den meisten Religionen zu den vornehmsten Aufgaben der Priester gehörte. Crowley hat zutreffend bemerkt, daß die Mehrzahl der Leute, die zu Wahrsagern gehen, nichts anderes als eine übernatürliche Absegnung ihrer Verrücktheiten wollen und daß, ganz zu schweigen vom Okkultismus insgesamt, jedermann weiß, daß Leute, die um Rat fragen, nur hören wollen, wie klug sie sind. Crowley war der Ansicht, daß sich kaum jemand an Ratschläge des gesunden Menschenverstandes hielt, sobald diese zu seinen ursprünglichen Absichten im Widerspruch stehen. Und wirklich, wer würde Rat einholen, es sei denn ein leises Stimmchen in seinem Inneren warnte ihn, daß er im Begriff ist, sich lächerlich zu machen, wozu er fest entschlossen ist. Er sucht nur nach einem Vorwand, seinen besten Freund oder das Orakel dafür verantwortlich zu machen, wenn das Unheil, das sein eigener innerer Meister voraussieht, über ihn hereinbricht.

Richtig angewendet ist die Weissagung in erster Linie eine Methode, das volle Potential und alle Möglichkeiten einer gegebenen Situation zu prüfen, d. h. alle möglichen Konsequenzen aufzuzeigen. Zweitens bereichert sie den bewährten, aber wenig inspirierenden Prozeß des logischen, schrittweisen Argumentierens um eine neue Dimension. Das Orakel ermöglicht dem Frager, nachdem man ein Problem »zu Tode geritten« hat, es plötzlich von einer anderen Warte aus zu sehen und den gordischen Knoten zu durchschlagen.

Die Geschichte vom gordischen Knoten ist übrigens ein hervorragendes Beispiel für andersgeartetes Denken. Der fragliche

Knoten verband das Geschirr mit der Deichsel am Wagen des phrygischen Königs Gordios. Es hieß, daß derjenige, der in der Lage wäre, ihn zu lösen, Herrscher über ganz Asien (bzw. über den Teil des Mittleren Ostens, der zu jener Zeit bekannt war) werden würde. Als Alexander der Große in die Stadt kam und von der Prophezeiung hörte, ging er ohne Umschweife zu dem Ort, wo sich der Wagen befand, und, anstatt sich mühsam mit dem Knoten abzugeben, wie so viele andere vor ihm, zog er lediglich sein Schwert und hieb ihn mit einen Streich entzwei!

So kann häufig auch bei der Weissagung ein Problem, das uns zunächst als ein aus vielen Faktoren geschnürter Knoten erschienen sein mag, tatsächlich dadurch gelöst werden, daß wir es aus einem völlig anderen Blickwinkel betrachten. Darin besteht also die zweite Funktion der Weissagung, sie weist uns einen klaren Weg durch unsere Schwierigkeiten hindurch.

Drittens kann die Weissagung bei dem, der sich damit beschäftigt, nicht nur ein andersgeartetes Denken fördern, sondern auch eine eindeutig verbesserte intuitive Fähigkeit: Übung macht den Meister! Die Weissagung ist so alt wie die Menschheit und hat den Menschen jahrhundertelang gute und schlechte Dienste erwiesen. Die Zeugnisse der Weissagungskunst sind umfangreich und in allen Einzelheiten bewahrt, sie reichen zurück bis in die früheste Zeit schriftlicher Dokumente. Die Römer gingen besonders sorgsam zu Werke, ihre Orakelergebnisse genau festzuhalten, da häufig öffentliche Amtshandlungen von den Ergebnissen der Augurien abhingen. Die Aufzeichnungen des Kaisers Flavius Valens übertreffen an Ausführlichkeit alle anderen in der Geschichte des Römischen Reiches.

Flavius Valens sorgte sich um seine Nachfolge. Man schrieb das vierte Jahrhundert, die Macht Roms war im Schwinden. Die Christen verfolgten die Arier, es gab großen Aufruhr im Land, und die Goten hatten die Donau überquert und bedrohten die Gebiete im Süden. Flavius versammelte seine Hofmagier und Wahrsager, und nachdem er ihre Vorschläge vernommen hatte, fiel sein Urteil auf einen Wahrsager, der ein Meister der Alektryomantie (Wahrsagen aus dem Körnerpicken eines Hahnes) war. Ein weißer Hahn wurde hereingetragen, und nachdem man ihn seiner Klauen beraubt und entsprechend geweiht hatte, wurde er beauftragt, den kaiserlichen Nachfolger zu offenbaren. Während man die entsprechenden magischen Formeln sprach, wurde mit Kreide ein Kreis aus Buchstaben auf den Boden gezeichnet, Körner darüber ausgestreut und der Hahn ganz unzeremoniell über der Mitte des Kreises fallengelassen.

Begierig, das Ergebnis zu erfahren, drängelte alles, was zum Hof gehörte, näher heran und sah zu, wie der Hahn absichtslos die Körner aufpickte. Als erstes erschien darunter der Buchstabe Th, dann ein E, ein O und nach einer Weile ein D. Ein Schrei erhob sich, und der Hahn wurde aus dem Kreis gezerrt.

Der Kaiser, der sich über das, was dieses Ergebnis beinhaltete, voll im klaren war und der in einer sehr pragmatischen Weise erzogen war, erließ sofort Befehle, Theodorus, einen seiner Favoriten, hinzurichten. So etwas wollte man damals nicht dem Zufall überlassen, insbesondere, wenn es sich um eine vorzeitige Nachfolge handelte!

Zur gleichen Zeit fand, nicht weit davon entfernt, eine andere Orakelzeremonie statt, bei der man einen Dreifuß drehte, eine römische Variante des Ouija-Brettes. In diesem Fall handelte es sich allerdings um eine Gruppe von Verschwörern, die Flavius Valens entmachten und seinen Nachfolger bestimmen wollte.

Die Geschichte hätte uns dieses zweite Orakel nie überliefert, wäre da nicht ein Betrunkener unter ihnen gewesen, der die Sache in einem Wirtshaus ausplauderte, was später zur Verhaftung der Gruppe führte. Vor Gericht gestellt gaben sie zu: »Wir errichteten diesen verdammten kleinen Dreifuß nach dem Vorbild des delphischen Dreifußes, und wir schmückten ihn unter feierlichen Beschwörungen mit den Zweigen eines geweihten Lorbeers. Nach altem Brauch zogen wir verschiedene Muster darum und weihten ihn mit Verwünschungen und Zauberformeln.« Der Bericht fährt fort in der Beschreibung, wie die Verschwörer den Raum, in dem das Orakel stattfinden sollte, zuvor mit Räucherwerk und Düften vorbereitet hatten, bevor sie den Dreifuß in eine Metallschüssel stellten, in die alle Buchstaben des Alphabets eingraviert waren. Dann legte jeder eine Hand auf den Dreifuß und der das Orakel vollziehende Priester, in weißes Leinen gekleidet, das Haupt kahlgeschoren und mit einem Zweiglein Eisenhut in der Hand, notierte die Buchstaben, die beim Drehen des Dreifußes von den Ringen berührt wurden, welche man daran befestigt hatte. Die Ringe wiesen auf Th und dann auf E. Sofort gelangte man zu derselben Schlußfolgerung und deutete dies als Bestätigung für die verbreitete Meinung, Theodorus würde der künftige Kaiser.

Beide Orakel waren richtig, denn obwohl Theodo*rus* hingerichtet wurde, wurde ein Theodo*sius* bald darauf Nachfolger von Flavius Valens.

Es ist unbestritten, daß das Orakel funktioniert, *warum* es aber funktioniert, ist eine schwierige und immer wieder verblüffende Frage; unter den zahlreichen Antworten sind C. G. Jungs Theorie der Synchronizität und Aleister Crowleys Theorie der »Intelligenzen« am überzeugendsten.

Die Art, wie Aleister Crowley das Funktionieren des Orakels erklärt, entspricht stärker der Überlieferung, genauer gesagt, der mittelalterlichen Tradition. Schauen wir uns diese also zuerst an.

Crowley behauptet, es gäbe »Intelligenzen«, Wesen mit einer eigenen Existenzform (Elementarwesen), oder Teile des Unterbewußten des Wahrsagers, deren er sich normalerweise nicht bewußt ist (Intuition).

Es spielt keine Rolle für diese Theorie, ob der vermittelnde Geist eine objektiv existierende Wesenheit ist oder ein verborgener Teil des eigenen Bewußtseins des Wahrsagers, da es sich in beiden Fällen um abstrakte Konzepte handelt, von denen das eine so wahrscheinlich ist wie das andere. Wir nehmen an, daß diese Intelligenzen innerhalb bestimmter Grenzen in der Lage sind, auf Fragen zu antworten. Sonst würde es keinen Sinn machen zu behaupten, präzise Informationen, die dem Wahrsager vorher nicht bewußt waren, könnten durch einen rein mechanischen Vorgang zutage treten. Jedenfalls ist es hilfreich, sich bei der Orakelbefragung so zu verhalten, als hätte man es mit Intelligenzen jenseits des eigenen Verstandes zu tun (ganz gleich, ob dies zutrifft oder nicht).

Diese Vorstellung hilft, Distanz zur Frage zu schaffen, so daß Hoffnungen und Wünsche keine störenden Einflüsse ausüben. (Der Wahrsager muß unbedingt seinen Geist von jeglichem Interesse am Orakelergebnis freihalten, wenn das Orakel zutreffend und unvoreingenommen sein soll.)

Um nun mit diesen Intelligenzen zu kommunizieren, benötigt man eine Art Kurzschrift, »eine Sammlung von Hieroglyphen, die in ihren Ausdrucksmöglichkeiten flexibel genug sind, jeden möglichen Gedanken wiederzugeben«. Crowley nimmt an, daß die Intelligenzen, mit denen wir in Austausch treten möchten, diese Zeichen in der gleichen Weise verstehen wie wir; auf diese Weise hätten wir also eine Art gemeinsamer Sprache. Nun können die Antworten auf Fragen an das Orakel nicht direkt übermittelt werden (außer im Falle mündlicher Orakel wie in Delphi), sondern sie müssen sich der Standardzeichen bedienen, die für die verwendete Orakelmethode gelten. Diese müssen wiederum durch den Wahrsager im Hinblick auf die gestellte Frage interpretiert werden, da es nie genügend Zeichen geben wird, um jede erdenkliche Frage in aller Ausführlichkeit zu beantworten.

Als Symbolsysteme kommen in Frage die fast unbegrenzte Anzahl von Kombinationen aus der Stundenastrologie, die 78 Tarotkarten, die 64 Hexagramme des I Ging oder die 16 Figuren der Geomantik. Jedes System muß allerdings flexibel genug sein, jede Erscheinung oder Beziehung im Universum vollständig abzubilden. Auf diese Weise kann es dazu dienen, Fragen auf jeder Wahrheitsstufe und von jedem Schwierigkeitsgrad zu beantworten.

Die Geomantik bietet den Vorteil, daß sie vollkommen mathematisch, aber durch die Anzahl ihrer Zeichen begrenzt ist. Diese Zeichen müssen viel leisten, um das Universum in nicht mehr als sechzehn Punktekombinationen abzubilden. Andererseits macht gerade diese Einfachheit die Geomantik so geeignet für den Anfänger, und sie ist ein recht genaues Medium für begrenzte Botschaften. Am besten eignet sie sich für Antworten auf Fragen, die materielle Dinge, nicht spirituelle Belange, betreffen.

Nach der Theorie beruht die Weissagung also auf der Existenz von Intelligenzen (äußeren oder inneren), die möglichst genaue Antworten liefern, ferner auf einem Zeichensystem zur Übermittlung der Antworten sowie auf der Fähigkeit des Wahrsagers, diese im Hinblick auf die gestellte Frage zu interpretieren. Häufig liegt der Fehler in der Interpretation und nicht bei der Intelligenz oder in der verwendeten Übermittlungsmethode, wie wir im Falle des Flavius Valens gesehen haben. Es gibt eine Menge bezeugter Fälle von zutreffender Weissagung oder richtigen Omina, die durch unzutreffende Auslegung falsch angewendet wurden.

Ein klassisches Beispiel für eine solche falsche Auslegung ist Shakespeares Drama über Macbeth. Bei der Heimkehr von einer Schlacht werden er und sein Kampfgefährte Banquo von drei Hexen in Gestalt dreier bärtiger Frauen begrüßt. Sie grüßen Macbeth als den »Than von Glamis und Cawdor«, den »künft'gen König«, obwohl er zu jener Zeit nur Than von Glamis war. Banquo wird begrüßt als der, dessen Nachkommen Könige sein werden, obwohl er selbst nicht König sein wird.

Minuten später treffen Boten ein, die Macbeths neuen Titel als Than von Cawdor bestätigen. Durch diesen Vorgang überzeugt, daß die Hexen die Wahrheit gesprochen haben, schreitet Macbeth zur Tat: Um die Weissagung zu erfüllen, läßt er Duncan, den amtierenden König bei der ersten Gelegenheit ermorden. Sein Versuch, die Prophezeiung der Hexen in bezug auf Banquo zu durchkreuzen (indem er letzteren ebenfalls ermorden läßt) soll ihm allerdings nicht gelingen, denn Banquos Sohn entkommt.

Durch Mord an die Macht gelangt, muß Macbeth erfahren, daß er und seine Gemahlin keinen Frieden finden, sogar der Geist Banquos erscheint ihnen. In dem Maße wie der Fortgang der Ereignisse seinen Wahnvorstellungen weitere Nahrung gibt, verliert Macbeth mehr und mehr die Loyalität seiner Anhänger. Er will noch einmal hinausgehen in die Heide, um die drei Hexen aufzusuchen, die ihm bisher die *wortgetreue* Wahrheit verkündet hatten.

Dieses Mal jedoch wird ihm keine Prophezeiung zuteil, sondern er selbst stellt Fragen und wird zum Opfer seiner Interpretationen. Die vier Antworten lauten:

1. »Scheu' den Macduff.«
2. »Dir schadet keiner, den ein Weib geboren.«
3. »Macbeth wird nie besiegt, bis einst der große Birnamswald zum Hügel von Dunsinane feindlich emporsteigt.«
4. Vor Macbeth erscheint eine Vision von acht Königen, alle Abkommen des Banquo.

Macbeth deutet jede Antwort auf seine Art:

1. Er beschließt, Macduff zu ermorden.
2. Wenn keiner, »den ein Weib geboren«, ihn töten kann, so würde er eines natürlichen Todes sterben.
3. Der Wald kann sich niemals bewegen; also fühlt sich Macbeth sicher in dem Wissen, daß er niemals besiegt werden wird.
4. Die Vision bestätigt die frühere Prophezeiung.

Unglücklicherweise verhält es sich dieses Mal so, daß jede der Aussagen wörtlich zutrifft und nicht in dem Sinne, wie Macbeth sie ausdeutet:

1. Macduff ist bereits nach England unterwegs, um Truppen für einen Aufstand zu sammeln.
2. Macduff tötet Macbeth später im Kampf, nachdem er diesem bedeutet hat, daß er, Macduff, nicht »geboren«, sondern durch Kaiserschnitt auf die Welt gekommen sei.
3. Das Heer, das Macduff begleitet, naht Macbeths Schloß in Dunsinane getarnt durch Zweige aus dem Wald von Birnam.
4. Natürlich erben Banquos Kinder den Thron.

Ein großartiges, teils auf historischen Tatsachen beruhendes Schauspiel, aber auch ein großartiges Beispiel für die Mehrdeutigkeit von Orakelsprüchen, obwohl hier drei Hexen die Antworten anstelle eines formalen Orakelsystems lieferten.

Es ist also von grundlegender Wichtigkeit, mit der Formulierung der Fragen, ebenso wie in der Ausdeutung sehr sorgfältig zu verfahren; Sie dürfen nicht das geringste Schlupfloch offenlassen, durch das Sie ausgetrickst, an der Nase herumgeführt oder getäuscht werden könnten. Es kommt häufig vor, insbesondere in der Geomantik, daß die Intelligenz eine Antwort gibt, die, wörtlich genommen, zutrifft und dennoch in die Irre führt. Wenn man zum Beispiel fragt, ob eine Geschäftsangelegenheit gewinnbringend sein wird, kann es sein, daß man – nachdem die Antwort darauf positiv ausgefallen ist – feststellt, daß die Antwort in Wirklichkeit für die Gegenseite galt!

Wenn Sie Mühe haben, die Theorie über die Intelligenzen anzunehmen, möchten Sie sich vielleicht mit Jungs Theorie der Synchronizität anfreunden. Jung war der Ansicht, es wäre möglich, Muster oder Ereignisse an einem Ort zu untersuchen, um darüber zu Aussagen über ein Ereignis an einem anderen Ort der Erde zu gelangen.

Ein einfaches Beispiel ist der primitive Wettermacher, der mit einer hohen Wahrscheinlichkeitsrate Regen vorhersagen kann, indem er die Aktivitäten von Ameisen beobachtet, die vor einem Regen ausnahmslos ihren Bau gegen mögliche Überflutung absichern.

Moderne Wettermacher stützen ihre Wettervorhersage (mit erheblich geringerer Genauigkeit) darauf, daß sie die Meßdaten von Quecksilber in Glasröhrchen an verschiedenen Stellen der Erdoberfläche miteinander korrelieren. Worin die Verbindung zwischen den Glasröhrchen und dem Verhalten der Wolken besteht, ist nicht auf Anhieb erkennbar.

Jung behauptet nun, daß man ähnliche Vorhersagen machen kann, indem man das Fallen eines Würfels oder den Zufallsflug eines Käfers beobachtet, weist aber ausdrücklich darauf hin, daß es sich dabei nicht um eine wie auch immer geartete direkte, logische Verbindung zwischen den beobachteten Phänomenen und den Vorhersagen handelt.

Bei allen Weissagungsmethoden, sei es nun das Werfen von Erde, Sand, Steinchen, Stengeln, Pfeilen, kleinen Knochen, Murmeln oder Edelsteinen oder die Deutung von Teeblättern, Kaffeesatz, Tintenklecksen und anderen Arten von zufällig ausgeführtem Kleckern oder Kritzeln, sucht der Wahrsager nach bestimmten Anordnungen, Zahlen oder Mustern, die zu deuten sind. Es ist keineswegs einfach, schriftlich festzuhalten, wie diese aussehen können und was sie genau bedeuten, weil all diese Methoden bis zu einem gewissen Grad eine intuitive Auslegung der divinatorischen Gleichung erfordern. Hat man aber ein irgendwie geartetes Muster entdeckt, so kann es auf die gestellte Frage bezogen werden, um eine Antwort zu liefern.

Es ist schwierig, die Jungsche Theorie der Synchronizität in leichtverständlicher Weise darzulegen, weil sie nicht auf der uns vertrauten Vorstellung von Ursache und Wirkung beruht, der Grundlage unseres alltäglichen Denkens. Es wird vielmehr die Behauptung aufgestellt, daß sich bestimmte Dinge zeitgleich und nach demselben Muster ereignen, ohne daß sie kausal verknüpft wären. Mithin scheint es eine unsichtbare Verbindung zu geben, die alle Weissagungsmethoden – von den primitivsten, naivsten oder einfachsten bis zu den komplexesten und ausgefallensten – miteinander verbindet. Denn wenn es stimmt, daß das, was oben ist, sich widerspiegelt in dem, was unten ist, folgt daraus, daß sowohl die Muster der Planetenbewegungen am Himmel wie auch die Muster, die sich durch ein scheinbar zufälliges Werfen einer Handvoll Sand ergeben, jeweils die Veränderungen im Leben des Menschen widerspiegeln.

Bei allen Unterschieden der Technik ist das Prinzip stets dasselbe, daß nämlich alles im Universum mit allem anderen verbunden ist.

Ganz gleich, was irgendwo geschieht, es hat immer Auswirkungen auf viele andere Dinge. Eine Änderung im Plan setzt eine ganz neue Kette von Ereignissen in Gang. Sie verpassen zum Beispiel Ihren Bus und nehmen den nächsten, dadurch treffen Sie jemanden, der Sie später zu einer Party mitnimmt, auf der Sie Ihren zukünftigen Ehepartner kennenlernen. Es gibt unzählige Beispiele, wo Leute sagen können: Wenn ich damals nicht das und das getan hätte, wäre es nie passiert. Ganz gleich, wie bedeutsam oder zusammenhanglos eine Änderung ist, sie hat die Macht, den ganzen weiteren Verlauf eines Menschenlebens zu beeinflussen.

Es ist so, als lebten wir in einem Garten, in dem sich die Wege immer wieder verzweigen, wo jede Entscheidung für eine Sache und gegen eine andere uns in einen anderen Teil des Irrgartens führt, in den wir sonst möglicherweise nie gelangt wären.

Diese Entscheidungen geschehen keineswegs immer bewußt. Millionen von äußeren Einflüssen sind daran beteiligt, daß man einen bestimmten Kurs verfolgt, und jeder dieser Einflüsse würde, löschte man ihn aus, das gesamte Muster verändern. Wenn wir also dieses Netz von Beziehungen zwischen dem Menschen und seiner Umgebung als ein viel komplexeres Gebilde betrachten, als wir gemeinhin annehmen, wird es uns möglich zu sehen, daß sich das Muster in den Bewegungen oder Formen der unwahrscheinlichsten und scheinbar unzusammenhängendsten Dinge widerspiegeln kann. Wenn wir den Schlüssel zu den Mustern besitzen, die durch das allgemeine Zusammenwirken aller Dinge entstehen, können wir mit seiner Hilfe die speziellen

Veränderungen oder Chancen deuten, die uns persönlich betreffen. Wonach man bei der Orakelbefragung sucht, ist ein solches Muster. Das Muster kann sich zeigen in Karten, Teeblättern, in den Sternen, in gewissen Vorzeichen oder eben in der Erde. Die Technik der Astro-Geomantik, wie sie in diesem Buch an späterer Stelle vorgestellt wird, leitet sich ab aus Erdmustern und aus den Sternen.

Die Geomantik gehört zu den drei oder vier großen klassischen Orakelmethoden; wie der Tarot oder die Astrologie ist sie einer der Ecksteine okkulter westlicher Praktiken. Unter den vier Orakelmethoden, die den Elementen zugeordnet sind – Pyromantik (Feuerorakel), Hydromat nik (Wasserschau), Aeromantik (Schau von Lufterscheinungen) und Geomantik (Erdbefragung) – ist sie die am einfachsten zu handhabende.

Die Pyromantik ist uns allen geläufig, wer hätte nicht schon einmal in ein offenes Feuer geschaut und darin eine Vielzahl von Figuren erkannt? Gleiches gilt für das Schauen in eine Kerze oder in jede andere Art von Flamme.

Die Hydromantik funktioniert ähnlich wie die Kristallkugelschau, nur daß der Wahrsager hierbei in den Tiefen eines Gewässers nach Bildern oder Visionen Ausschau hält oder in den Bewegungen eines natürlichen Wasserlaufes oder eines Brunnens. Vorzeichen sieht man auch in den Verformungen von geschmolzenem Wachs oder Blei, die ins Wasser gegossen werden oder in den gewaschenen Eingeweiden von Opfertieren.

Bei der Aeromantik werden Wolkenformationen, Winde, Regenbogen und andere Erscheinungen am Himmel gedeutet.

Anders als die drei zuvor genannten Methoden steht die Geomantik, ihrem Element entsprechend, mit beiden Beinen auf der Erde und erfordert keine besondere natürliche Hellsichtigkeit.

Die Geomantik ist die Kunst, Einblicke in die Gegenwart oder Zukunft zu erhalten, indem man die Muster betrachtet, die der Wahrsager auf der Erde oder auf Papier hervorbringt, wobei er seiner Intuition oder den »Erdgeistern« die Führung seines Stabes oder Stiftes überläßt.

Wir wollen in das ausgehende Mittelalter zurückgreifen, um mehr darüber zu erfahren.

3

Der Mann mit dem schwarzen Hund

In einer mondlosen Nacht zu Beginn des Jahres 1535 wurde Monsieur Vachon, der Generalsteuereinnehmer der Provinz Wanphine durch ein Klopfen an seiner Tür geweckt. Der Mann, der über seine Schwelle taumelte, war vorzeitig gealtert, er war krank und stand unter Todesstrafe. Im gleichen Jahr war er durch Kaiser Karl V. aus Bonn verbannt worden, man hatte ihn zur Scheidung von seiner Frau gezwungen, durch die Inquisition verfolgt, und er wurde als der am meisten verteufelte Ketzer gemieden und als Hexer gefürchtet. Er war in Begleitung eines großen schwarzen Hundes, seinem einzigen Weggefährten auf der Flucht aus Deutschland.

Sein Name war Heinrich Cornelius Agrippa, und sein Ruf hatte sich über ganz Europa verbreitet. Seit langem hatte Monsieur Vachon gehofft, ihn kennenzulernen. Noch bevor das Jahr zu Ende war, starb Agrippa, ausgezehrt von den unmenschlichen Strapazen und Verfolgungen. Durch eine Ironie des Schicksals wurde er in einem Dominikanerkloster begraben, eben jenem Orden, der die Inquisition angestiftet und dazu beigetragen hatte, ihn zu Tode zu jagen.

Was machte diesen Mann so berüchtigt, und warum interessierte sich die Inquisition so sehr für ihn, obwohl er mächtige Beschützer und Verbündete hatte?

Für das gemeine Volk war es sein großer schwarzer Hund, der ihn durch halb Europa begleitete. Einen solchen Hund hatte man auch bei Simon Magus, Papst Sylvester, Dr. Faustus, Bragandin von Venedig und anderen Magiern gesehen, die dafür bekannt waren, daß sie »Schutzgeister« in Gestalt von Tieren hatten. Für die Inquisition lag der Grund in den drei Bänden und Teil eines vierten Bandes mit dem Titel *De Occulta Philosophia*, einem der wichtigsten und umfassendsten Werke, die je über Magie verfaßt worden sind. Entgegen der freundschaftlichen Warnung des ihm wohlgesonnenen Abtes Johann von Trittenheim ließ sich Agrippa nicht davon abhalten, 1531 den ersten Band zu veröffentlichen. Von diesem Augenblick an bis zu seinem Tode sollte er wenig Frieden finden.

Jener Band enthielt eine Zusammenfassung und eine in allgemeinverständliche Form gebrachte Übersicht aller grundlegenden Lehren der Magie, der Kabbala und Weissagungskunst, die zu jener Zeit bekannt waren. Agrippa verdanken wir die erste klare und methodische Beschreibung des gesamten kabbalistischen Systems. Sein Buch war praktisch die erste und einzige Quelle für kabbalistisches Wissen unter den lateinkundigen Schülern Europas. Folglich erfreute es sich ungeheurer Bekanntheit, und genau dies war der Grund, warum es so sehr von der Kirche gefürchtet wurde. So seltsam es klingt, das meiste Wissen in diesem Buch stammt eher aus der griechischen und römischen Mythologie und Philosophie als aus der späteren jüdischen Kabbala. Der dritte Band, den er dem Thema »Theologie« widmete, handelt vor allem von Engeln, Dämonen und der menschlichen Seele, die er alle durch ein äußerst zutreffendes System von Entsprechungen verbunden sah. Dieses basiert auf den Zahlen von eins bis zwölf und ist eng mit der klassischen Mythologie verknüpft.

Agrippa wurde 1486 in Nettesheim, einer kleinen Stadt südwestlich von Köln, geboren. Er stammte aus einer Gelehrtenfamilie, die dafür sorgte, daß er die Grundlagen einer guten Erziehung und Bildung erwarb, darunter insbesondere die Kenntnisse des Lateinischen, der *lingua franca* im mittelalterlichen Europa, sowie der Schriften der Mönche, Gelehrten und Kanoniker seiner Zeit. Einige lateinische, aber nur sehr wenige griechische Texte waren zu jener Zeit bekannt, und selbst diese waren auf dem Umweg über arabische Übersetzungen nach Europa gelangt.

Da der Buchdruck noch eine sehr junge Erfindung war, hing die Verbreitung seltener Texte sehr davon ab, ob der Schüler Protektion genoß und Zugang zu privaten Manuskriptsammlungen erhielt. Da Agrippa auch Fremdsprachen beherrschte, wurde er 1501 aus seinem Studium heraus in den Dienst von Maximilian II., dem Kaiser des Heiligen Römischen Reiches Deutscher Nation, gestellt, wo er zunächst als Sekretär und später sieben Jahre als

Soldat tätig war. Gegen Ende dieser Zeit reiste er an die Pariser Universität, vorgeblich als Schüler, in Wirklichkeit aber als Beobachter der politischen Lage im Auftrag Maximilians.

Im Verlauf seiner Reisen war Agrippa häufig gezwungen, sich durchs Leben zu schlagen. So diente er das eine Mal als Theologe, das andere Mal als Alchimist, Schriftsteller in Sachen Magie, Glaubensheiler, Astrologe, Rechtsgelehrter, Arzt, Historiker und Dämonologe und, nicht zu vergessen, als Finanzberater und Geheimagent im Dienste des Papstes ebenso wie dessen Gegenspielers Maximilian. Er wechselte die Seiten, wann immer es die Zeit gebot, und sein Glück war wechselhaft: in einem Augenblick verkehrte er bei Hofe, im nächsten saß er wegen Schulden im Gefängnis. Diese plötzlichen Wechsel machten ihn rastlos. Wie Paracelsus reiste er durch Europa, so daß nur wenige Einzelheiten seiner Laufbahn überliefert sind. Schon vor seinem Tode stand er im Mittelpunkt von Berichten, in denen er als Meister der Schwarzen Magie hingestellt wurde. Einige dieser Geschichten hat Goethe als Hintergrundmaterial für den Faust benutzt, obwohl Agrippa in Wirklichkeit viel eher ein Gelehrter, denn eine faustische Gestalt war. Agrippa kam zu dem Schluß, daß der Mensch »in sich alle Dinge vereint, die in Gott sind«, und er vertrat die Meinung, daß in gewissem Sinne der Magier sich selbst zum Gott machen und die natürlichen Kräfte des Universums zu seinen eigenen Zwecken lenken kann.

Eine der zahlreichen Geschichten über Agrippa erzählt von einem Tag, an dem er sein Haus verließ, um in die Stadt zu gehen. Den Schlüssel zum geheimen Zimmer, das er für seine magischen Künste benutzte, überließ er seiner Frau. Verhängnisvollerweise lieh sie den Schlüssel dem Untermieter, der ein Schüler Agrippas war und der seit dem Tag, an dem er das Haus betreten hatte, begierig war, den Inhalt von Agrippas Zimmer zu sehen. In dem Zimmer fand der Schüler ein riesiges Buch mit Zauberformeln, aus dem er laut zu rezitieren begann. Nach einer Weile wurde er durch ein Geräusch im Raum gestört, und als er aufsah, stand ein Dämon vor ihm, der ihn fragte, warum er ihn gerufen habe. Der Schüler versuchte, den Dämon zu bannen, da er aber die richtige Formel nicht wußte, mußte er hilflos zusehen, wie dieser an Stärke zunahm. Bevor Agrippa zurückgekehrt war, hatte der

Dämon den Schüler erwürgt. Als Agrippa den Mord entdeckte, befahl er dem Dämon, den Schüler für einige Stunden in einen lebensähnlichen Zustand zurückzuversetzen, so daß der Körper durch die Straßen zum Marktplatz gehen könne. Dort sahen tatsächlich viele seiner Freunde den Schüler, und als schließlich die Kraft des Dämons wich, fiel der tote Körper in sich zusammen.

Glücklicherweise sind viele der Schriften Agrippas erhalten geblieben. Einige wurden nach seinem Tod von seinen Schülern in Druck gegeben. Unter diesen Werken befindet sich reichhaltiges Material zu tradiertem und teilweise mündlich überliefertem Wissen über Geomantik. Er schildert darin knapp und bündig die Umstände, unter denen diese Kunst ausgeübt werden darf: »Nicht an einem bewölkten oder regnerischen Tag, nicht bei Sturm und nicht, wenn das Gemüt erregt oder von Sorgen bedrückt ist.«

Es ist einleuchtend, warum der Wahrsager in einem ausgeglichenen Gemütszustand sein soll, denn es fördert die Intuition, wenn die Person nicht bedrückt ist, nicht an andere Dinge denkt, sondern sich unter Kontrolle hat. Dies ist der Grund, warum man die Kunst der Geomantik oder jede andere Form des Orakels nicht leichtfertig auf einer Party aus purer Neugierde oder Amüsement ausüben sollte. All die genannten Umstände können potentiell das Gefühl oder die Fähigkeit, die jemand zum Weissagen hat, zerstören. Auch sollte man nicht die gleiche Frage immer wieder stellen in der Hoffnung, das nächste Mal werde eine »bessere Antwort« herauskommen. Wenn die erste Antwort nicht leicht zu verstehen ist, wird die zweite nicht leichter sein. Außerdem ist es genauso ungehörig, dem Orakel wiederholt die gleiche Frage zu stellen, als wenn man eine Person immer dasselbe fragen würde und diese auch eine Antwort gibt, die man aber nicht hören kann.

Wenn eine Antwort wirklich verwirrend ist, sollte man eher versuchen, eine anderslautende, nachfassende Frage zu stellen, anstatt die gleiche Form wieder zu wählen.

Die erste Hälfte von Agrippas Vorschriften ist schon etwas schwieriger zu verstehen: nicht nur der Wahrsager, sondern auch das Wetter soll in einer ausgeglichenen Stimmung sein. Diese Angabe deckt sich jedoch mit dem, was in zahlreichen praktischen Handbüchern der Magie für die Anrufungspraxis empfohlen wird; es scheint demnach so zu sein, daß witterungsmäßige Störungen den für die Weissagung notwendigen Austausch mit den Elementargeistern der Erde erschweren.

Die Werkzeuge

Nachdem die Vorbedingungen für die Ausübung der Orakelbefragung dargelegt sind, wenden wir uns den dazu benötigten Werkzeugen zu. Bei der ursprünglichen Form der Geomantie wurden die Zeichen direkt in die Erde geritzt oder ein Tablett mit Sand benutzt. Wenn Sie in dieser Tradition bleiben wollen, brauchen Sie eine flache, viereckige Kiste, mehrere Zentimeter tief und bis zu 60 cm im Quadrat. Streichen Sie die Kiste mit Farbe an und füllen Sie sie entweder mit trockener Erde oder Sand, wobei der Sand von einem Binnenstandort und nicht vom Meer stammen sollte (wegen der Verbindung zum Element Wasser).

Nun besorgen Sie sich einen runden Stab oder, besser noch, eine Gerte, die Sie selbst geschnitten haben. In den Handbüchern zur Magie heißt es, diese sollte mit einem Streich bei Sonnenaufgang von einem Haselbusch geschnitten werden. Da es sich hier aber nicht um Anrufungsrituale, sondern um Weissagung handelt, brauchen Sie nicht so weit zu gehen.

Wenn es auch weniger traditionell sein darf, genügen auch ein Bleistift und Papier, um die Punkt- oder Strichreihen zu machen, aus denen dann die geomantischen Zeichen abgeleitet werden. Bei der Erklärung der Orakeltechnik weiter hinten in diesem Kapitel beziehen wir uns auf diese Methode.

Zwei weitere Methoden, um zu den geomantischen Ausgangszeichen zu gelangen, wurden von Israel Regardie vorgeschlagen. Bei der ersten wird eine mit großen Kieselsteinen gefüllte Schüssel verwendet. Man nimmt je eine Handvoll Steine pro Linie heraus. Ist die Zahl der gezogenen Steine ungerade, wird ein Punkt notiert, ist sie gerade, zwei Punkte. Man muß sechzehn Mal ziehen, damit das geomantische Ausgangsbild, wie es später in diesem Kapitel erläutert wird, vollständig ist.

Sein zweiter Vorschlag besteht ganz einfach darin, zwei Würfel zu benutzen und damit ungerade oder gerade Zahlenkombinatio-

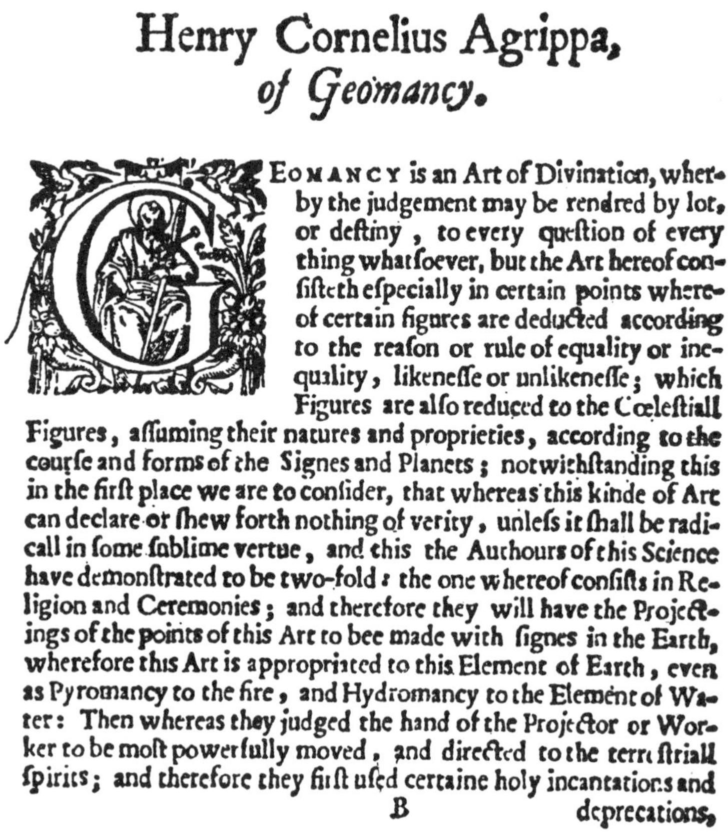

Henry Cornelius Agrippa,
of Geomancy.

GEOMANCY is an Art of Divination, wherby the judgement may be rendred by lot, or deſtiny, to every queſtion of every thing whatſoever, but the Art hereof conſiſteth eſpecially in certain points whereof certain figures are deducted according to the reaſon or rule of equality or inequality, likeneſſe or unlikeneſſe; which Figures are alſo reduced to the Cœleſtiall Figures, aſſuming their natures and proprieties, according to the courſe and forms of the Signes and Planets; notwithſtanding this in the firſt place we are to conſider, that whereas this kinde of Art can declare or ſhew forth nothing of verity, unleſs it ſhall be radicall in ſome ſublime vertue, and this the Authours of this Science have demonſtrated to be two-fold: the one whereof conſiſts in Religion and Ceremonies; and therefore they will have the Projectings of the points of this Art to bee made with ſignes in the Earth, wherefore this Art is appropriated to this Element of Earth, even as Pyromancy to the fire, and Hydromancy to the Element of Water: Then whereas they judged the hand of the Projector or Worker to be moſt powerfully moved, and directed to the terreſtriall ſpirits; and therefore they firſt uſed certaine holy incantations and

B deprecations,

Abbildung 1: *Porträt des Heinrich Cornelius Agrippa von Nettesheim (aus:* De Occulta Philosophia, 1531)

nen zu werfen, die dann einen bzw. zwei Punkte, wie zuvor beschrieben, ergeben. Beide der genannten Techniken sind wesentlich einfacher als die traditionellen Methoden, wobei die Kieselsteine mehr Erdqualität besitzen als die Würfel. Auf jeden Fall sollten Sie unter den vier genannten Methoden diejenige für sich auswählen, die am besten zu Ihrem Temperament paßt. Halten Sie dann auf jeden Fall an dieser Methode fest und wechseln Sie nicht zwischen verschiedenen hin und her. Nachdem Sie nun Ihr Werkzeug beisammen haben, möchten Sie es vielleicht dem Dienst der Elementargeister der Erde weihen und auf diese Weise einen Kontakt zwischen diesen und dem Werkzeug herstellen. Eine vereinfachte Form der Weihe könnte darin bestehen, daß Sie es mit Olivenöl einreiben oder Salz darüberstreuen, während Sie eine Anrufung an die Zwerge sprechen, die Sie selbst erfunden haben. Anregungen dazu finden Sie in Büchern wie Tolkiens *Herr der Ringe.* Wenn Ihr Werkzeug aufgeladen ist, sollten Sie es eingewickelt oder bedeckt, auf jeden Fall vor Blicken geschützt, aufbewahren, solange es nicht in Benutzung ist.

Bevor wir jedoch fortfahren, sollten Sie noch ein Heft erwerben, in dem Sie sich Ihre astrogeomantischen Übungen notieren. Sie führen darin vollständig und gewissenhaft Buch über Ihre Fragen, die erhaltenen Bilder und die Ausdeutungen. Es führt zu nichts, wenn Sie sich in bezug auf Ihre Trefferquote an richtigen Voraussagen selbst täuschen, indem Sie ihre weniger genauen Antworten vergessen. Führen Sie aufrichtig Buch über die Richtigkeit oder Unrichtigkeit jeder einzelnen Orakelbefragung. Das zeigt Ihnen eindeutig, ob Sie Ihre Technik verbessern müssen, oder aber es dokumentiert Ihnen unzweifelhaft die Entwicklung Ihrer intuitiven Fähigkeiten.

In dem Maße, wie Sie Ihre Intuition verbessern, sollte Ihre Trefferquote auf mindestens achtzig Prozent Genauigkeit steigen. Schließlich sollte die Orakelmethode sehr viel zuverlässiger sein als bloßes Raten, sonst hätte sie keine Berechtigung!

Die Fragestellung

Nehmen wir einmal an, Sie haben sich für eine der vier oben beschriebenen Methoden entschieden und sind mit dem notwendigen Werkzeug – Bleistift und Papier, Stab und Sandtablett, Kieselsteinen oder Würfeln – ausgestattet. Nun müssen Sie Ihre Frage formulieren. Man sollte das Erdorakel nicht nur so zum Spaß ausprobieren. Wenn Sie ein zuverlässiges Mittel haben wollen, das Ihnen ernsthaft auf Ihre ernstgemeinten Fragen antwortet und Ihnen wirklich dienlich sein soll, müssen Sie es in entsprechender Weise behandeln. Stellen Sie sich dabei vor, daß ihre Orakelwerkzeuge in Wirklichkeit eine Person darstellen, deren Rat Sie respektieren. Sofort wird klar, daß Sie keine albernen Fragen stellen oder Fragen erfinden, deren Antworten Sie schon kennen. Wenn Sie dem Orakel nicht vertrauen, daß es Ihnen das Unbekannte zu enthüllen vermag, wird es Ihre leichtfertigen Fragen mit unsinnigen oder ebenso leichtfertigen Antworten erwidern.

Wenn Sie also Ihre Frage formulieren, denken Sie ernsthaft darüber nach und notieren Sie die Frage in Ihrem Übungsheft. Achten Sie darauf, daß sie keine Mehrdeutigkeit enthält oder Raum läßt für ausweichende Antworten. Als nächstes prüfen Sie, in welche der folgenden Kategorien Ihre Frage fällt. In jedem einzelnen Fall wird der zugehörige Planet mit dem Siegel seines Herrschers angegeben, der die geeignete »Intelligenz« darstellt, um Ihre Frage zu beantworten.

FRAGE	SIEGEL UND HERRSCHER
Wenn die Frage dem astrologischen Charakter von *Mars* entspricht, d. h. mit Krieg, Kampf, Streit, Sieg, Waffen oder Meinungsverschiedenheiten zu tun hat, benutzen Sie	 *das Siegel des Bartzabel*
Wenn die Frage dem astrologischen Charakter von *Jupiter* entspricht, d. h. mit Heil, Glück im allgemeinen, Kirchenangelegenheiten oder mit einem Amt in einer Organisation, die sich mit spirituellen Dingen befaßt, zu tun hat, benutzen Sie	 *das Siegel des Hismael*
Wenn die Frage dem astrologischen Charakter von *Saturn* entspricht, d. h. mit Gärtnern, Tierhaltung, Getreideanbau oder mit Kummer, Verlust, Tod, Erbangelegenheiten oder langwährenden Problemen zu tun hat, benutzen Sie	 *das Siegel des Zazel*

Wenn die Frage dem astrologischen Charakter von *Merkur* entspricht, d. h. mit den Wissenschaften, Studium, Betrügerei, Diebstahl, mit Wissen oder Büchern zu tun hat, benutzen Sie

das Siegel des Taphthartharath

Wenn die Frage dem astrologischen Charakter von *Venus* entspricht, d. h. mit Liebe, Musik, Vergnügungen oder Luxus zu tun hat, benutzen Sie

das Siegel des Kedemel

Wenn die Frage dem astrologischen Charakter des *Mondes* entspricht, d. h. mit Reisen, Fischen, Kindergebären, Reproduktion oder mit dem Wandel der Gezeiten zu tun hat, benutzen Sie

das Siegel des Chashmodai

Wenn die Frage dem astrologischen Charakter der *Sonne* entspricht, d. h. mit Musik, Feiern, Erfolg, Macht und Herrschaft zu tun hat, benutzen Sie

das Siegel des Sorath

Wenn Sie es mit Ihrer Orakelbefragung ganz genau nehmen wollen, könnten Sie bestimmte Zeiten beachten, die für bestimmte Arten von Fragen günstiger sind als andere. Der Zeitpunkt hängt ab von der Planetenkategorie, in die die Frage fällt (siehe obiges Schema). Es ist schwer zu sagen, warum der Zeitpunkt einen Unterschied macht. Vielleicht ist die Zeit dadurch, daß Magier und Wahrsager über Jahrhunderte bestimmte Tage und Stunden für bestimmte Fragestellungen eingehalten haben, mit bestimmten Eigenschaften »geprägt«. Genauere Angaben zu günstigen Zeitpunkten finden Sie in Anhang 4.

Je nachdem, in welche Planetenkategorie Ihre Frage fällt, können Sie nachsehen, welche Intelligenz für die Antwort zuständig ist. Selbst wenn Sie die Jungsche Theorie der Synchronizität als Erklärung für das Funktionieren des Orakels vorziehen, ist es trotzdem nützlich, mit der Vorstellung von äußeren Intelligenzen zu arbeiten. Beachten Sie zunächst alle traditionellen Regeln, bis Sie die Technik gemeistert haben. Dann können Sie versuchen, Teile des Systems auszulassen.

Die Ausführung

Der formale Vorgang der Befragung des Erdorakels verläuft ähnlich wie bei der einfachen Befragung in Kapitel 1; diesmal werden allerdings insgesamt sechzehn Linien produziert, aus denen dann vier Zeichen abzuleiten sind. Mit der größeren Komplexität nimmt auch die Genauigkeit zu.

Nachdem Sie bestimmt haben, welcher Planet und welche Intelligenz für Ihr Problem zuständig sind, schreiben Sie Ihre möglichst präzise formulierte Frage in Ihr Heft. Dann zeichnen Sie einen Kreis mit einem Erdpentagramm in der Mitte; wobei Sie an dem Punkt beginnen, der in der Zeichnung mit einem Pfeil markiert ist.

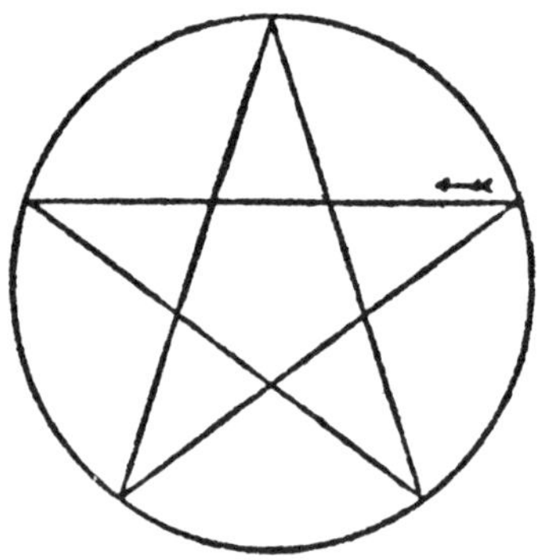

In die Mitte des Pentagramms schreiben Sie das Siegel des für Ihre Frage zutreffenden Planeten. Wenn Sie eine Kiste mit Erde oder Sand benutzen, zeichnen Sie alles nach dem gleichen Muster in die Erde oder in den Sand.

Nun machen Sie mit Ihrem Stab (oder Bleistift) eine Reihe von Punkten oder Strichen, deren Anzahl rein zufällig ist, wobei Sie sich auf Ihre Frage konzentrieren. Sie benötigen insgesamt sechzehn Strichreihen. Halten Sie den Stab oder Bleistift fest in der

Hand und machen Sie die Striche rasch und mechanisch, von links nach rechts, ohne zu zählen. Widerstehen Sie der Versuchung, sich schon vorher auszudenken, wie viele Striche es sein werden oder Striche beim Hinschreiben zu zählen, denn auf diese Weise würden Sie das Ergebnis unbewußt beeinflussen. Wenn Sie ein Tablett mit Sand benutzen, könnte es aus Platzgründen angebracht sein, das Ergebnis jeweils nach vier Linien zu notieren, dann die Striche auszuwischen und mit den nächsten vier Linien fortzufahren. Wenn Sie aber Papier und Bleistift benutzen, sollten Sie alle sechzehn Linien nacheinander produzieren. Sollten es ein paar mehr geworden sein, nehmen Sie einfach nur die ersten sechzehn.

Nun zählen Sie die Anzahl der Striche pro Linie und notieren sich, ob es eine gerade oder ungerade Zahl von Strichen war. Beispiel:

LINIE	PUNKTE/STRICHE	
1	* * *	ungerade
2	* * * * *	ungerade
3	* * * *	gerade
4	* * * * * * * *	gerade
5	* *	gerade
6	* * * *	gerade
7	* * * * * * * * *	ungerade
8	* * * * * *	gerade
9	* * *	ungerade
10	* * * * *	ungerade
11	* * * * * * *	ungerade
12	* * * *	gerade
13	* * * * * *	gerade
14	* * * * * * * *	gerade
15	* * * * *	ungerade
16	* * * * * * *	ungerade

Damit ist der körperliche Vorgang der Orakelbefragung abgeschlossen. Jetzt arbeiten wir mit den Zeichen, die aus den oben ermittelten Punkten abgeleitet werden. Sie können also Ihr Sandtablett, Ihre Steinchen oder Würfel beiseite legen und ab jetzt mit Bleistift und Papier weiterarbeiten.

4
Alles was Sie brauchen: Mütter, Töchter, Neffen, Zeugen und Richter

Jede der sechzehn Linien ergab entweder eine gerade oder ungerade Anzahl von Strichen. Wir fahren mit unserem Beispiel fort und zeichnen nun jeweils *einen* Punkt für eine *ungerade* Anzahl bzw. *zwei* Punkte für eine *gerade* Anzahl. Sie müßten dann folgendes Bild erhalten:

ungerade	*
ungerade	*
gerade	* *
gerade	* *
gerade	* *
gerade	* *
ungerade	*
gerade	* *
ungerade	*
ungerade	*
ungerade	*
gerade	* *
gerade	* *
gerade	* *
ungerade	*
ungerade	*

Bilden Sie dabei vier Gruppen, wie sie das obige Beispiel zeigt.

Mütter

Die so entstandenen vier geomantischen Bilder nennt man die vier Mütter. Sie bilden die Grundlage der geomantischen Gesamtdarstellung. Alle weiteren geomantischen Bilder und Berechnungen werden ausschließlich aus diesen vier Bildern ermittelt. Wir stellen sie einmal nebeneinander – von rechts nach links – und wollen sie eingehender betrachten:

MÜTTER	IV	III	II	I
Kopf	* *	*	* *	*
Hals	* *	*	* *	*
Rumpf	*	*	*	* *
Füße	*	* *	* *	* *

Schauen Sie sich jede der vier Mütter an: Jede Linie entspricht einem Körperteil, gleich, ob sie einen oder zwei Punkte hat. Aus diesen vier Zeichen wird nun die restliche Darstellung abgeleitet. Am Anfang sieht es recht kompliziert aus, aber wenn Sie geübter sind, brauchen Sie dazu nur etwa drei Minuten. Lesen Sie zuerst die Anleitung komplett durch und kommen Sie dann hierher zurück, um mit Bleistift und Papier nachzuvollziehen, wie die folgenden Zeichen entstehen.

Töchter

Aus den Müttern entstehen zunächst die vier Töchter. Dazu nehmen wir alle vier Köpfe der Mütter von I bis IV und stellen sie übereinander. So entsteht die erste Tochter.

ERSTE TOCHTER – BILD V	
*	aus dem Kopf von I
* *	aus dem Kopf von II
*	aus dem Kopf von III
* *	aus dem Kopf von IV

Nun nehmen Sie alle Hälse der Mütter I bis IV und stellen sie übereinander. Daraus entsteht die zweite Tochter. Aus den Rümpfen wird dann die dritte Tochter, aus den Füßen die vierte Tochter gebildet.

ZWEITE TOCHTER – BILD VI	
*	aus dem Hals von I
* *	aus dem Hals von II
*	aus dem Hals von III
* *	aus dem Hals von IV

DRITTE TOCHTER – BILD VII	
* *	aus dem Rumpf von I
*	aus dem Rumpf von II
*	aus dem Rumpf von III
*	aus dem Rumpf von IV

VIERTE TOCHTER – BILD VIII	
* *	aus den Füßen von I
* *	aus den Füßen von II
* *	aus den Füßen von III
*	aus den Füßen von IV

Bisher wurden also folgende Bilder ermittelt:

TÖCHTER				MÜTTER			
VIII	VII	VI	V	IV	III	II	I
* *	* *	*	*	* *	*	* *	*
* *	*	* *	* *	* *	*	* *	*
* *	*	*	*	*	*	*	* *
*	*	* *	* *	*	* *	* *	* *

Neffen

Als nächstes entsteht die Generation der Neffen, die auf eine andere Weise ermittelt werden. Betrachten Sie die oben abgebildeten acht Bilder, nehmen Sie davon jeweils zwei und addieren Sie diese wie folgt:

	MUTTER I	plus	MUTTER II				NEFFE IX
Kopf	*	+	* *	=	ungerade	=	*
Hals	*	+	* *	=	ungerade	=	*
Rumpf	* *	+	*	=	ungerade	=	*
Füße	* *	+	* *	=	gerade	=	* *

Bei diesem Beispiel ergeben die Köpfe zusammen drei Punkte (*ungerade*), also notieren Sie einen Punkt. Auch die Hälse der beiden ersten Mütter ergeben zusammen eine *ungerade* Zahl, Sie notieren also wieder einen Punkt. Genauso ergeben die Rümpfe einen Punkt (*ungerade*). Die Füße ergeben aber vier Punkte (*gerade*), also notieren Sie zwei Punkte. Der erste Neffe ergibt somit folgendes Zeichen:

NEFFE IX
*
*
*
* *

Um den nächsten Neffen zu ermitteln, wiederholen Sie diesen Vorgang, nur mit den Müttern III und IV.

MUTTER III	plus	MUTTER IV				NEFFE X
*	+	* *	=	ungerade	=	*
*	+	* *	=	ungerade	=	*
*	+	*	=	gerade	=	* *
* *	+	*	=	ungerade	=	*

Um die nächsten beiden Neffen zu ermitteln, wiederholen Sie diesen Vorgang, diesmal allerdings mit den Töchtern.

TOCHTER V	plus	TOCHTER VI				NEFFE XI
*	+	*	=	gerade	=	* *
* *	+	* *	=	gerade	=	* *
*	+	*	=	gerade	=	* *
* *	+	* *	=	gerade	=	* *

TOCHTER VII	plus	TOCHTER VIII				NEFFE XII
* *	+	* *	=	gerade	=	* *
*	+	* *	=	ungerade	=	*
*	+	* *	=	ungerade	=	*
*	+	*	=	gerade	=	* *

Bis hierher haben wir:

TÖCHTER				MÜTTER			
VIII	VII	VI	V	IV	III	II	I
* *	* *	*	*	* *	*	* *	*
* *	*	* *	* *	* *	*	* *	*
* *	*	*	*	* *	*	*	* *
*	*	* *	* *	*	* *	* *	* *

NEFFEN

XII	XI	X	IX
* *	* *	*	*
*	* *	*	*
*	* *	* *	*
* *	* *	*	* *

Zeugen

Aus den vier Neffen werden auf die gleiche Weise die zwei Zeugen ermittelt, der erste Zeuge aus den Neffen IX und X und der zweite aus den Neffen XI und XII.

NEFFE IX	plus	NEFFE X				ZEUGE XIII
*	+	*	=	gerade	=	* *
*	+	*	=	gerade	=	* *
*	+	* *	=	ungerade	=	*
* *	+	*	=	ungerade	=	*

NEFFE XI	plus	NEFFE XII				ZEUGE XIV
* *	+	* *	=	gerade	=	* *
* *	+	*	=	ungerade	=	*
* *	+	*	=	ungerade	=	*
* *	+	* *	=	gerade	=	* *

Die beiden Zeugen sehen wie folgt aus:

ZEUGE XIV		ZEUGE XIII
* *		* *
*		* *
	und	
*		*
* *		*

Schließlich wird aus den Zeugen der Richter ermittelt. Dies geschieht wieder durch Addition.

ZEUGE XIV	plus	ZEUGE XIII				RICHTER XV
* *	+	* *	=	gerade	=	* *
*	+	* *	=	ungerade	=	*
*	+	*	=	gerade	=	* *
* *	+	*	=	ungerade	=	*

Auf diese Weise werden die Zeichen ermittelt, die zur Beurteilung des Ergebnisses der Erdorakelbefragung benötigt werden: die vier Mütter, vier Töchter, vier Neffen, der rechte Zeuge, der linke Zeuge und der Richter.

Nun können wir die fünfzehn Zeichen im Überblick darstellen!

GESAMTBILD

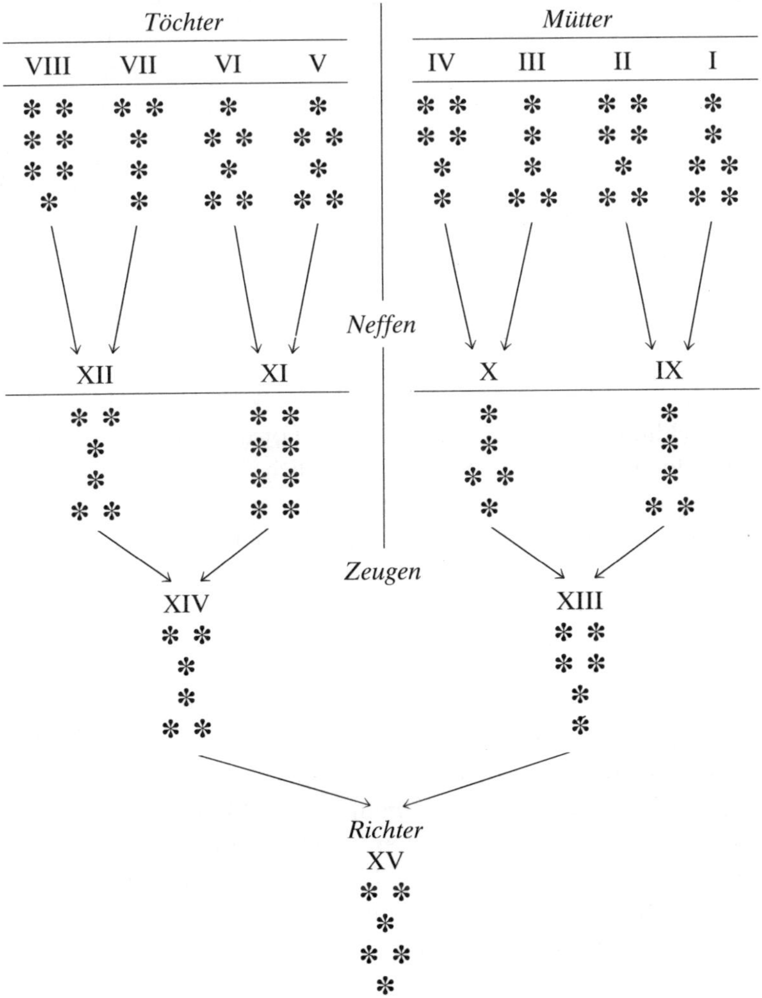

Töchter
Mütter
VIII
VII
VI
V
IV
III
II
I
Neffen
XII
XI
X
IX
Zeugen
XIV
XIII
Richter
XV

Wenn bei der Befragung trotz aller Sorgfalt widersprüchliche Antworten herauskommen, kann man einen Schlichter (oder obersten Richter) ermitteln. Dieser wird aus der ersten Mutter (I) und dem Richter (XV) gebildet. Bemühen Sie den Schlichter nur, wenn die Antwort Ihnen unklar ist. Befragen Sie ihn niemals, nur weil Ihnen die erhaltene Antwort nicht gefällt!

RICHTER XV	plus	MUTTER I				SCHLICHTER XVI
✻ ✻	+	✻	=	ungerade	=	✻
✻	+	✻	=	gerade	=	✻ ✻
✻ ✻	+	✻ ✻	=	gerade	=	✻ ✻
✻	+	✻ ✻	=	ungerade	=	✻

Das alles erscheint furchtbar kompliziert, doch dieser Eindruck täuscht. Es ist nur etwas umständlich zu erklären. Sobald wir die Entwicklung der Zeichen in grafischer Form darstellen, wird die Einfachheit des ganzen Vorgangs deutlich.

Aus der Art und Weise, wie der Richter ermittelt wird – er setzt sich zusammen aus verschiedenen Teilen aller anderen Zeichen – ergibt sich, daß er nur eine der folgenden acht möglichen Zeichen sein kann: Einnahme (Acquisitio), Ausgabe (Amissio), größeres Heil (Fortuna Major), kleineres Heil (Fortuna Minor), Volk (Populus), Weg (Via), Treffen (Conjunctio) oder Gefängnis (Carcer), d. h. es kommen nur diejenigen in Betracht, deren Gesamtzahl an Punkten entweder vier, sechs oder acht ergibt. Dies ermöglicht eine schnelle Gegenprobe, wenn nämlich ein Richter mit einer ungeraden Punktezahl auftaucht, sollten Sie ihre Berechnungen überprüfen. Zur Begründung für diese Behauptung siehe Anhang 5. Dies erklärt auch, warum die Tabellen für die Richter und Zeugenkombinationen in Kapitel 8 auf acht Richter begrenzt sind.

Das nächste Kapitel enthält eine Zusammenfassung der zuvor genannten Handlungsabläufe und Formeln, die Ihnen zeigt, wie Sie alles auf einem einzigen Blatt Papier darstellen können.

5

Die Befragungstechnik auf einen Blick

1. Wählen Sie den Zeitpunkt (Tag und Stunde), der für die Befragung am günstigsten ist (siehe Anhang 4).
2. Angenommen, Sie wollen gleich mit der Befragung beginnen, legen Sie sich alles bereit, was Sie dazu an Werkzeugen benötigen: Sandtablett, Schüssel mit Kieselsteinen oder Würfel, Bleistift und Papier.
3. Formulieren Sie Ihre Frage möglichst genau und schreiben Sie diese oben auf die Seite in Ihrem Heft. Bestimmen Sie, zu welchem Haus und Planeten Ihre Frage gehört und notieren Sie dies ebenfalls.
4. Zeichnen Sie das Pentagramm mit dem zugehörigen Siegel in der Mitte.
5. Bilden Sie sechzehn Reihen mit zufällig hingekritzelten Strichen. Tun Sie dies möglichst mit halbgeschlossenen Augen und mit leerem Geist oder konzentrieren Sie sich dabei auf Ihre Frage.
6. Unterteilen Sie die sechzehn Reihen in vier Vierergruppen.
7. Zählen Sie die Striche in jeder Reihe. Ergeben diese eine gerade Zahl, notieren Sie einen Punkt, im Falle einer ungeraden Zahl zwei Punkte.
8. Schreiben Sie die so ermittelten vier Zeichen nebeneinander auf das Blatt Papier, von rechts nach links. Dies sind die vier Mütter. Es empfiehlt sich, Fotokopien von dem nachstehenden Diagramm zu machen, und die erhaltenen Zeichen nach und nach in die entsprechenden Kästchen einzutragen.
9. Bilden Sie die Töchter. Die erste Tochter wird aus den Köpfen der Mütter I–IV gebildet, wobei das Zeichen von oben nach unten aufgebaut wird. Die zweite Tochter entsteht aus den Hälsen der Mütter, die dritte Tochter aus den Rümpfen und die vierte aus den Füßen.

10. Bilden Sie die Neffen. Der erste Neffe ergibt sich aus der Addition der Mütter I und II, der zweite aus den Müttern III und IV. Der dritte Neffe wird aus der Addition der ersten und zweiten Tochter (Zeichen V und VI) gebildet, der vierte Neffe aus der dritten und vierten Tochter (Zeichen VII und VIII).
11. Bilden Sie die beiden Zeugen. Der rechte Zeuge ergibt sich aus der Addition des ersten und zweiten Neffen (Zeichen IX und X). Der linke Zeuge ergibt sich aus der Addition des dritten und vierten Neffen (Zeichen XI und XII).
12. Bilden Sie den Richter aus der Addition der beiden Zeugen.
13. Legen Sie alle Zeichen von I bis XV aus.
14. Ist die Antwort an diesem Punkt noch nicht klar, so bilden Sie einen Schlichter, indem Sie die erste Mutter (Zeichen I) mit dem Richter (Zeichen XV) addieren.
15. Deuten Sie die Antwort unter Einbeziehung des Richters und der beiden Zeugen. Gehört Ihre Frage zu den Standardfragen, benutzen Sie die Schnellübersicht mit den Bedeutungen dieser Zeichen (siehe Kapitel 8).
16. Werden mehr Einzelheiten benötigt, so betrachten Sie die Mütter (Zeichen I–IV), was den Beginn (Zeichen I) und den Abschluß (Zeichen IV) der in Frage stehenden Angelegenheit betrifft.
17. Werden weitere Einzelheiten benötigt, so ordnen Sie die Figuren den astrologischen Häusern zu, wie in den Kapiteln über die Astro-Geomantik angegeben.

Obwohl diese Methode auf den ersten Blick recht kompliziert erscheint, werden Sie feststellen, daß nach zwei oder drei Befragungen die Handhabung fast automatisch gelingt. Es geht lediglich darum, die Abfolge genau einzuhalten. Dabei ist es hilfreich, wenn Sie sich eine Übersicht nach dem hier gezeigten Muster anfertigen und die Zeichen nach und nach in die Kästchen einsetzen. Dabei ist es Ihnen überlassen, ob Sie die moderne Form der Übersicht oder die traditionelle Form wählen.

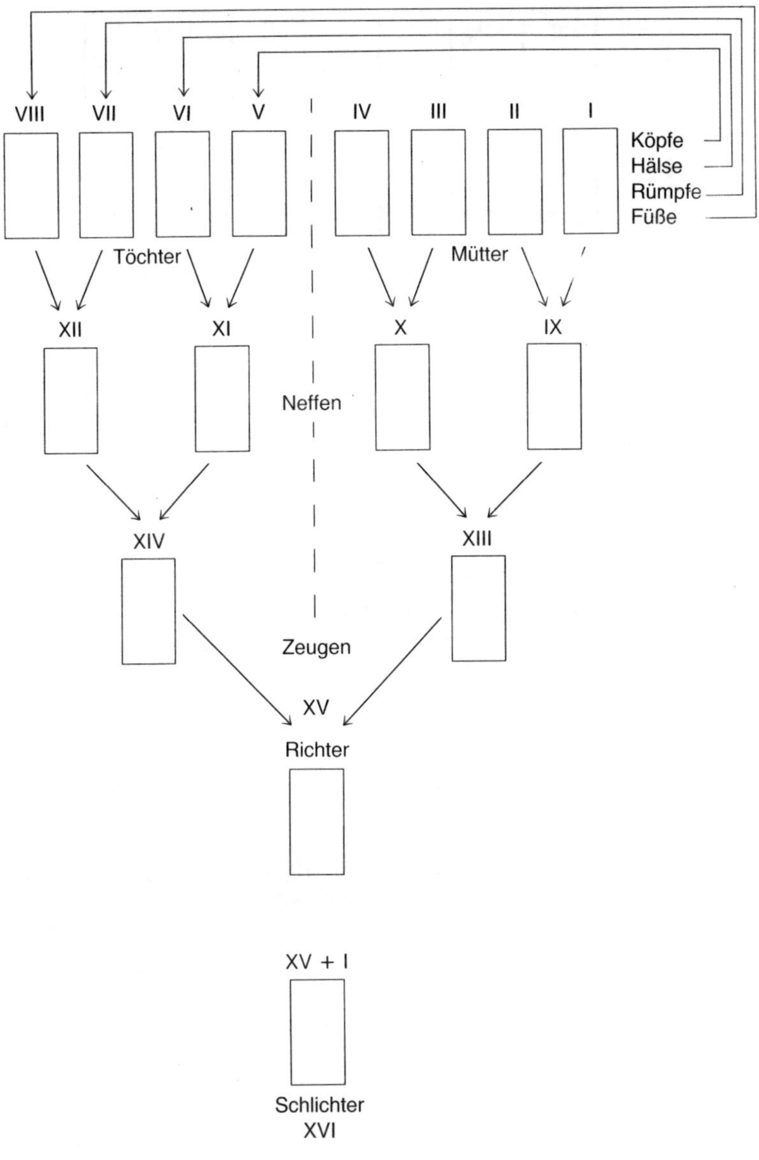

Abbildung 2a: *Moderne geomantische Tafel.*

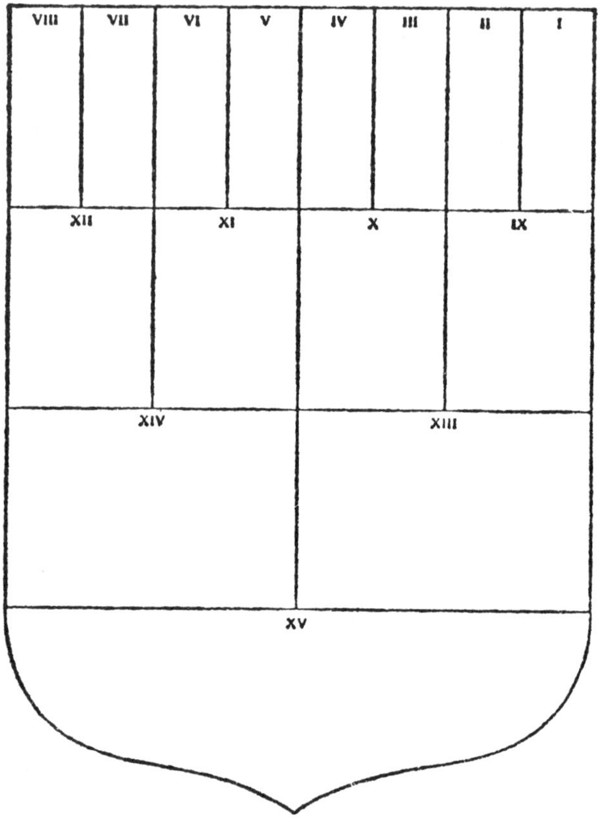

Abbildung 2b: *Traditionelle geomantische Tafel (aus der Zeit der Renaissance).*

6

Sechzehn Orakelzeichen

Bis hierher haben wir die Techniken kennengelernt, mit denen wir die vier Mütter mit Hilfe eines Sandtabletts oder Papiers, mit Kieselsteinen oder Würfeln erhalten. Außerdem können wir die vier Töchter, vier Neffen, zwei Zeugen, den Richter und, falls nötig, den Schlichter ermitteln.

Was geschieht nun? Wir müssen in der Lage sein, die Hieroglyphen zu entziffern: Wir haben eine Antwort in Form von geomantischen Zeichen, nun möchten wir eine Antwort in unserer Alltagssprache. Genau wie ein Digitalcomputer, der auch nur mit einem binären Code arbeitet, hat uns das Erdorakel eine Antwort geliefert, die so kryptisch ist, wie eine Rolle Lochstreifen, so unerforschbar wie eine Magnetplatte. Und so läßt sie sich übersetzen:

Wenn wir zunächst noch einmal zum Ende von Kapitel 1 zurückgehen, können wir die ungefähre Bedeutung jedes der sechzehn möglichen Zeichen erkennen, wie sie in jeder beliebigen Erdorakelbefragung vorkommen können. Ihre Bezeichnungen und Bedeutungen sind wie folgt:

Fortuna Major – größeres Heil

* *
* *
*
*

Fortuna Minor – kleineres Heil

*
*
* *
* *

Via – Weg

*
*
*
*

Populus – Volk

* *
* *
* *
* *

Acquisitio – Einnahme

* *
*
* *
*

Puella – Mädchen

*
* *
*
*

Conjunctio – Vereinigung

* *
*
*
* *

Puer – Knabe

*
*
* *
*

Carcer – Gefängnis

*
* *
* *
*

Caput Draconis – Drachenkopf

* *
*
*
*

Laetitia – Freude

*
* *
* *
* *

Amissio – Verlust

*
* *
*
* *

Albus – Weiß

* *
* *
*
* *

Rubeus – Rot

* *
*
* *
* *

Tristitia – Kummer

* *
* *
* *
*

Cauda Draconis – Drachenschwanz

*
*
*
* *

Nach Bartholomeus von Parma werden die geomantischen Zeichen in zwei Gruppen aufgeteilt:

Günstig	*Ungünstig*
Acquisitio	Amissio
Albus	Rubeus
Puella	Puer
Laetitia	Tristitia
Caput Draconis	Cauda Draconis
Populus	Via
Conjunctio	Carcer
Fortuna Major	Fortuna Minor

Jedem der sieben klassischen Planeten sind zwei geomantische Zeichen zugeordnet. So werden der Sonne, die in der Astrologie zu den glückbringenden Planeten zählt, größeres und kleineres Heil (Fortuna Major und Fortuna Minor) zugeordnet. Jupiter wird den Zeichen Einnahme (Acquisitio) und Freude (Laetitia) zugeordnet, während Mars verbunden wird mit Knabe oder Krieger (Puer) und der Farbe Rot (Rubeus) als Symbol für Blut und Krieg. Saturn, dem anderen unheilvollen Planeten, wird Gefängnis (Carcer) und Kummer (Tristitia) zugeschrieben. Der Mond steht für zwei Gegensätze, Weg (Via) – gemeint ist der Weg, den man allein geht – und Volk im Sinne von Volksmenge (Populus). Der Venus sind das Mädchen (Puella) und der Verlust (Amissio) zugeordnet. Zu Merkur gehören Treffen/Vereinigung (Conjunctio) und die Farbe Weiß (Albus).

Die übrigen Zeichen, Drachenkopf (Caput Draconis) und Drachenschwanz (Cauda Draconis) werden am Himmel durch die Mondknoten vertreten, das sind die Punkte, an denen der Mond die Ekliptik schneidet. Diese beiden letzteren befremden, weil sie keine Himmelskörper sind, sondern mathematische Punkte am Himmel. In der modernen Astrologie spielen sie keine so große Rolle, aber ihre alten Bedeutungen, insbesondere das Unheil des Drachenschwanzes, sind ganz wichtige Bestandteile eines Orakels.

Es gibt zwei Gründe für die Einführung astrologischer Begriffe an dieser Stelle. Erstens, weil diese später sehr nützlich sein werden, wenn es darum geht, die geomantischen Zeichen auf die astrologischen Häuser zu beziehen, was eine außerordentliche Erweiterung der üblichen geomantischen Praxis bedeutet. Man erhält dadurch mehr Einzelheiten und eine größere Genauigkeit. Und zweitens, was noch wichtiger ist, sie bringen Leben in die doch recht steif anmutenden geometrischen Formen der geomantischen Zeichen. Denn wer hätte nicht zumindest eine leise Vorstellung von den Eigenschaften der römischen Gottheiten, nach denen die Planeten benannt sind, oder erinnert sich vielleicht an die astrologische Bedeutung der Planeten, auf die wir in den folgenden Kapiteln noch näher eingehen werden.

Nun schauen Sie sich einmal in Ruhe die Übersicht (Abbildung 3a) an und achten Sie darauf, welche Zeichenpaare durch ihre Verbindung einem bestimmten Planeten zugeordnet werden.

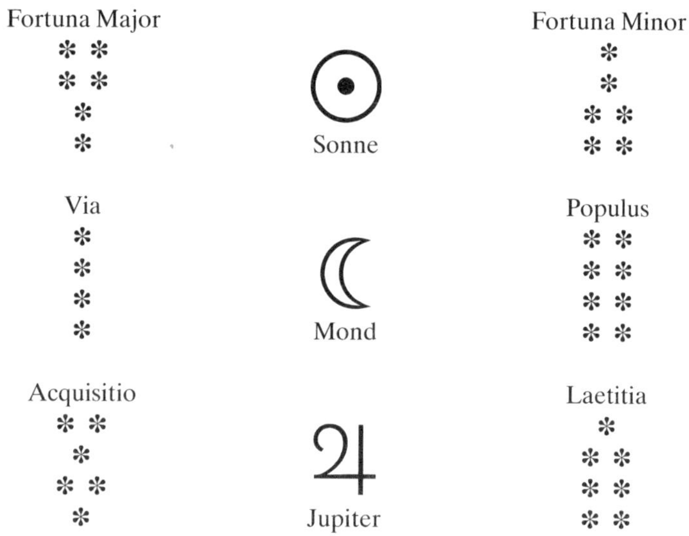

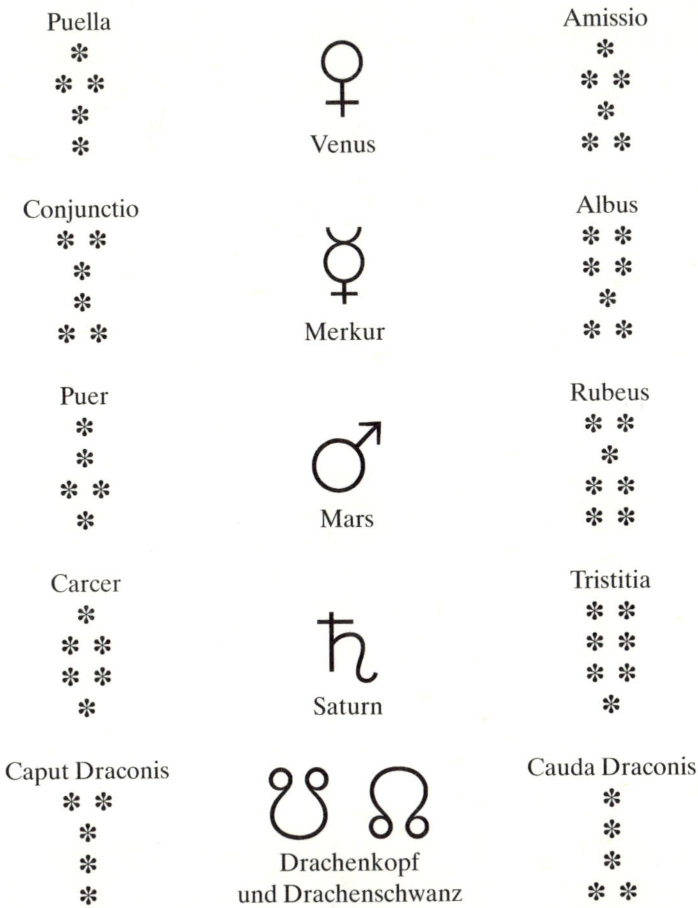

Abbildung 3a: *Zuordnung der sechzehn geomantischen Zeichen zu den Planeten.*

Fortuna Major ✻ ✻ ✻ ✻ ✻ ✻	Fortuna Minor ✻ ✻ ✻ ✻ ✻ ✻	Solis ☉
Via ✻ ✻ ✻ ✻	Populus ✻ ✻ ✻ ✻ ✻ ✻ ✻ ✻	Lunæ ☾
Acquisitio ✻ ✻ ✻ ✻ ✻ ✻	Lætitia ✻ ✻ ✻ ✻ ✻ ✻ ✻	Jovis ♃
Puella ✻ ✻ ✻ ✻ ✻	Amissio ✻ ✻ ✻ ✻ ✻ ✻	Veneris ♀
Conjunctio ✻ ✻ ✻ ✻ ✻ ✻	Albus ✻ ✻ ✻ ✻ ✻ ✻ ✻	Mercurii ☿
Puer ✻ ✻ ✻ ✻ ✻	Rubeus ✻ ✻ ✻ ✻ ✻ ✻ ✻	Martis ♂
Carcer ✻ ✻ ✻ ✻ ✻ ✻	Tristitia ✻ ✻ ✻ ✻ ✻ ✻ ✻	Saturni ♄

☊ Drachenkopf * * * * *	☋ Drachenschwanz * * * * *	

Abbildung 3 b: *Zuordnung der sechzehn geomantischen Zeichen zu den Planeten nach Cornelius Agrippa.*

Wir wollen nun die geomantischen Zeichen im einzelnen betrachten und mehr über ihre divinatorische Bedeutung und weitere Zuordnungen erfahren. In der Frage der Zuordnung zu den Zeichen des Tierkreises gehen die Meinungen der Fachleute auseinander. Wir verwenden hier die traditionellen Zuschreibungen des Ordens vom Golden Dawn. Eine Übersicht über die alternativen Zuschreibungen ist in Anhang 1 abgedruckt.

Die traditionellen Zuschreibungen beruhen auf den Tierkreiszeichen, die von dem jeweiligen Planeten beherrscht werden, dem das geomantische Zeichen zugeordnet ist. Auf diese Weise ist sichergestellt, daß Planet, Siegel und Element vollkommen übereinstimmen.

Zuerst wird jeweils das geomantische Zeichen mit seinem lateinischen Namen, dem Planeten, dem Element und dem astrologischen Zeichen genannt. Es folgen die verschiedenen divinatorischen Bedeutungen, die zur Entschlüsselung der vom Orakel gegebenen Antwort dienen. Die einfachste Form der Entschlüsselung besteht darin zu ermitteln, wo in diesen sechzehn möglichen Zeichen der Richter angesiedelt ist, dann die Bedeutung dieses Zeichens nachzulesen und für den Augenblick erst einmal das astrologische Material außer Betracht zu lassen. Wird mehr Information benötigt, lesen Sie noch die Bedeutung zu jedem der beiden Zeugen, die zum Urteil des Richters beigetragen haben.

Wenn die Kombination dieser drei Bedeutungen zu einer Antwort sich als schwierig erweist, gibt Ihnen Kapitel 8 eine Interpretation für *jede mögliche* Kombination von Richter und Zeugen, allerdings nur für eine begrenzte Anzahl möglicher Fragen.

Sie sehen nun, wie vielseitig die Geomantik ist; Sie können sie entweder dazu benutzen, ein rasches Urteil vom Richter und seinen Zeugen (siehe Kapitel 8) zu erhalten, oder Sie können Ihre eigenen intuitiven Fähigkeiten fördern, indem Sie die ausführlicheren Bedeutungen dieser drei Zeichen kombinieren, um so zu einer ergiebigeren Antwort zu gelangen. Hier nun die Erläuterungen zu jedem der acht Zeichen.

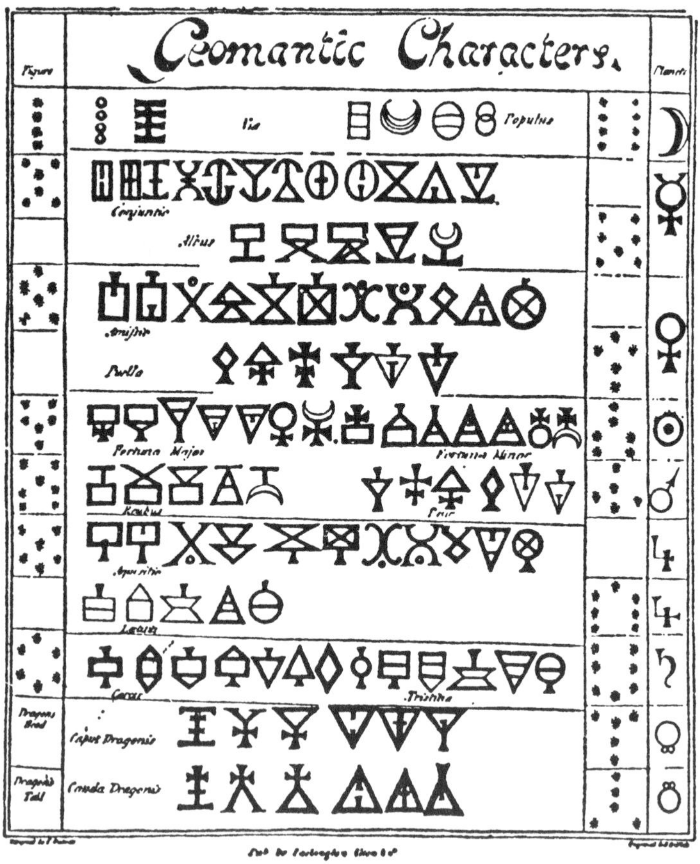

Abbildung 4: *Zeichen, die aus den geomantischen Bildern entstanden sind (aus: Francis Barrett,* The Magus).

1.	PUER	MARS	FEUER	WIDDER
	* * * * *	♂	△	♈

Das lateinische Wort *Puer* bedeutet Knabe. Das Zeichen steht außerdem für Gelb, bartlos, tollkühn, unüberlegt. Der Charakter dieses Zeichens hängt von seiner Position innerhalb des geomantischen Gesamtbildes ab. Grundsätzlich ist das Zeichen neutral, eher gut als schlecht. Die traditionelle Beschreibung zu Puer lautet: »Schlecht bei den meisten Fragen, mit Ausnahme solcher, die sich auf Krieg oder Liebe beziehen.« Puer ist die bösartige und destruktive Seite von Mars. Sohn, Bediensteter, Sklave, Page und Junggeselle werden ebenfalls mit diesem Begriff in Verbindung gebracht.

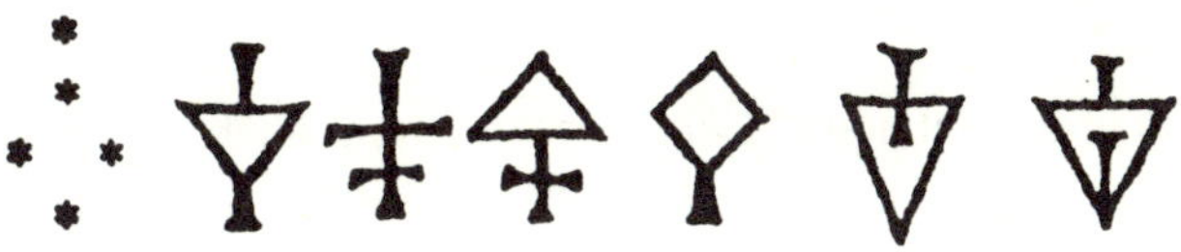

2.	AMISSIO	VENUS	ERDE	STIER
	* * * * * *	♀	🜃	♉

Amissio bedeutet Verlust, Ausschluß, etwas wird weggenommen: es ist ein ungünstiges Zeichen. Obwohl Venus astrologisch betrachtet günstig ist, steht das geomantische Zeichen Amissio genau für das Gegenteil. Traditionell gilt es als »gut für den Verlust materieller Güter und manchmal für Liebe, aber sehr schlecht für Gewinn«. Regardie liefert ein beredtes Beispiel für das Wirken von Amissio: »Wenn eine Frau das Orakel befragen würde, ob sie sich von ihrem Mann scheiden lassen soll, würde Amissio im entsprechenden Haus eine positive Antwort bedeuten. Was die Möglichkeit des Unterhalts anbetrifft, wäre die Figur allerdings negativ.« Dies sei noch einmal eine Ermahnung an den Fragesteller, die Frage sehr genau zu formulieren. Amissio ist die weniger glückliche Seite der Venus. Auch ein Verlust durch Tod gehört in diesen Zusammenhang. Zu den weiteren Symbolen gehören:

3.	ALBUS	MERKUR	LUFT	ZWILLINGE
	* * * * * * *	☿	🜁	♊

Wörtlich übersetzt heißt *Albus* weiß, leichenbleich. Divinatorisch bedeutet es u. a. weißhaarig, hell, Weisheit, Einsicht, klares Denken und alles, was mit Merkur in Verbindung gebracht wird. Die traditionelle Erklärung besagt: »gut für Gewinne, für einen neuen Ort und für das Eintreten in eine Unternehmung«. Damit zusammenhängende Vorstellungen sind u. a. blaß, licht (im Sinne von luziferischem Licht), weißer Anstrich, Zement, Eiweiß und Zeitungen.

4.	POPULUS	MOND	WASSER	KREBS
	* * * * * * * *	☾	🜄	♋

Populus meint das Volk, das eine Gemeinschaft oder einen Staat bildet, eine Versammlung oder Volksmenge. Das Zeichen ist im wesentlichen neutral und spiegelt seine Umgebung (bzw. die umgebenden geomantischen Zeichen) wider, ähnlich wie eine Volksmenge oder Versammlung. Das Wasserelement und der Mond, die diesem Zeichen zugeordnet sind, weisen auf dessen reflektierende Eigenschaften hin. Populus ist »manchmal gut und manchmal schlecht; gut bei Gutem und schlecht bei Schlechtem«. Es regiert den abnehmenden Teil des Mondzyklus' und gilt daher als weniger glückverheißend im Vergleich zu Via, welches den zunehmenden Mond beherrscht. Populus steht auch im Zusammenhang mit: ein Gast, eine Vielzahl, ein freier Staat, das Volk im Gegensatz zum Herrscher.

5.	FORTUNA MAJOR	SONNE	FEUER	LÖWE
	* * * * * *	⊙	△	♌

Fortuna bedeutet Chance, Glück, Los, Schicksal oder Heil. Fortuna Major steht für größeres Heil und ist der Sonne zugeordnet, der Quelle von Licht und Leben. Es ist ein sehr günstiges Zeichen. Fortuna Major bedeutet auch Sicherheit, eintretender Erfolg sowie Hilfe und Schutz von innen. Das Zeichen ist der Sonne »in ihrer vollen Würde«, d. h. in ihrem Tageslauf zugeschrieben. Weitere verwandte Vorstellungen: Eigentum, Besitz und eine gute Stellung im Leben.

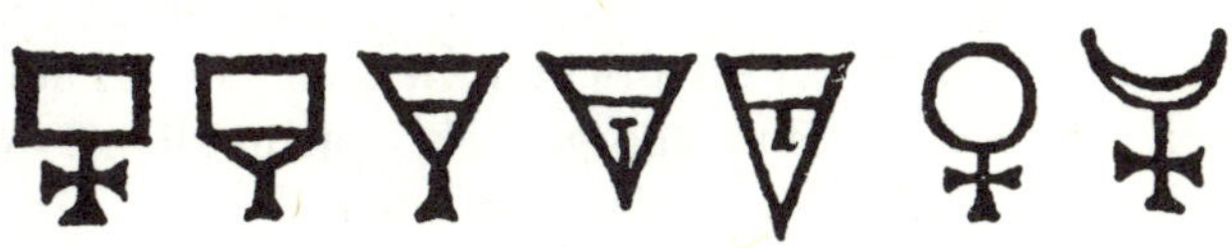

6.	CONJUNCTIO	MERKUR	ERDE	JUNGFRAU
	* * * * * *	☿	🜃	♍

Conjunctio bedeutet Treffen, Vereinigung oder Zusammenkunft. Es ist eher gut als schlecht, und seine frühere Definition lautete: »Gut bei Gutem, schlecht bei Schlechtem, Wiederkehr von Verlorenem.« Conjunctio ist glückverheißender als Albus, welches das zweite geomantische Zeichen darstellt, das Merkur zugeordnet ist. Zu Conjunctio gehören u. a. Vorstellungen wie Heirat, Verbündete, Beziehungen.

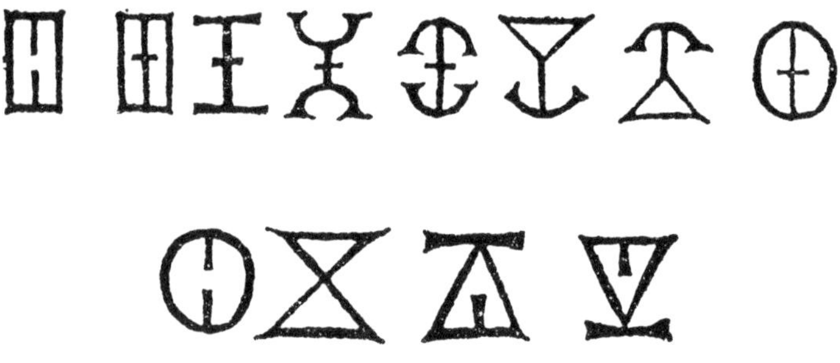

7.	PUELLA	VENUS	LUFT	WAAGE
	* * * * *	♀	🜁	♎

Puella bedeutet Mädchen oder Jungfrau. Die divinatorischen Bedeutungen umfassen: ein hübsches Gesicht, eine angenehme Tochter, eine junge Frau. Es ist nicht sehr glückverheißend; der bloße Besitz von Schönheit verspricht noch keine Güte. Puella ist die bessere Seite von Venus und galt als »gut in allen Fragen, insbesondere in solchen, die Frauen betreffen«.

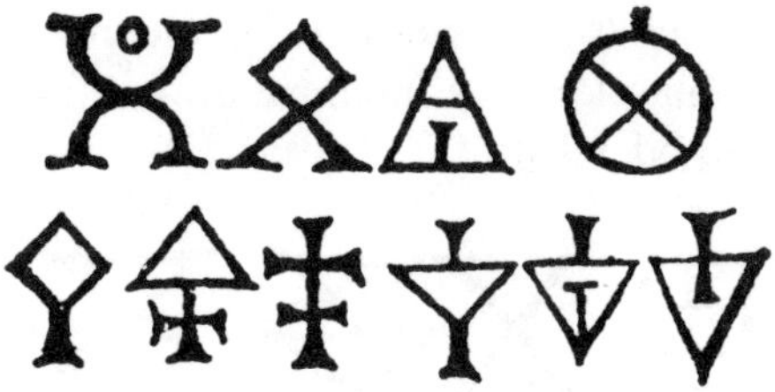

8.	RUBEUS	MARS	WASSER	SKORPION
	* * * * * * *	♂	▽	♏

Rubeus bedeutet rot oder rötlich. Divinatorisch steht es auch für Hitzkopf, Leidenschaft, Laster und ein heftiges Temperament. Es ist ein schlechtes Zeichen, das traditionell die ungünstigen Assoziationen zu Skorpion beinhaltet, einschließlich der leidenschaftlichen sexuellen Aspekte von Skorpion.

9.	ACQUISITIO	JUPITER	FEUER	SCHÜTZE
	* * * * * *	♃	△	♐

Acquisitio heißt Einnahmen oder Zunahme von vorhandenem Besitz oder Geld. Divinatorisch steht es auch für Erfolg, etwas erhalten, aufnehmen, bekommen, Gewinn und Heil; alles sind Attribute von Jupiter; es ist ein sehr gutes Zeichen. Die alte Bedeutung lautete: »generell gut für Profit und Gewinn«. Wenn dieses Zeichen als Richter erscheint, wird dadurch großer Erfolg angezeigt. Acquisitio ist die bessere Hälfte der beiden Zeichen, die von Jupiter beherrscht werden. In einem gewissen Sinne kommt der Gewinn oder die Einnahme als unmittelbares Ergebnis einer Anfrage oder Bitte.

10.	CARCER	SATURN	ERDE	STEINBOCK
	* * * * * *	♄	🜃	♑

Carcer bedeutet Gefängnis, Kerker, Zelle. Seine divinatorische Bedeutung umschließt: gebunden oder eingesperrt sein. Es kann gut oder schlecht sein, je nach Fragestellung. Traditionell gilt: Wenn Carcer im ersten Haus des geomantischen Diagramms auftritt, sollte die Orakelbefragung sofort abgebrochen und alle Hinweise vernichtet werden. Man sollte dann mehrere Stunden lang keinen erneuten Versuch machen, die Frage zu stellen. Die alte Bedeutung war: »allgemein schlecht, Verzögerung, Fesseln, Gitterstäbe, Einschränkung«. Carcer ist das schlechtere unter den beiden Saturn zugeordneten Zeichen.

11.	TRISTITIA	SATURN	LUFT	WASSERMANN
	* * * * * * *	♄	🜁	♒

Tristitia heißt Traurigkeit, Kummer und Melancholie. Die divinatorischen Bedeutungen sind auch: Perversion und Verdammnis; die alte Bedeutung war »schlecht in allen Dingen«, außer solch nützlichen Saturn-Eigenschaften wie Befestigung, Erdwall, Verschanzung, aber seltsamerweise auch Ausschweifung. Es kann sich außerdem beziehen auf ein mürrisches Wesen, schlechte Laune, Unnachsichtigkeit und Härte.

12.	LAETITIA	JUPITER	WASSER	FISCHE
	* * * * * * *	♃	🜄	♓

Laetitia heißt wörtlich Freude, ausgelassene Fröhlichkeit oder Entzücken. Es steht für Gesundheit und Lachen und ist ein sehr günstiges Zeichen, »gut für Freude, gegenwärtige oder zukünftige«. Zusätzliche Bedeutungen sind u. a.: eine gefällige Erscheinung, Schönheit und Anmut.

13.	CAUDA DRACONIS	SATURN UND MARS	FEUER	SKORPION
	* * * * *	♄ ♂	△	♏

Cauda Draconis, der Drachenschwanz, hat als divinatorische Bedeutungen: der Ausgang, das untere Königreich, die untere oder Ausgangsschwelle. Es ist »gut für Böses und um Angelegenheiten aller Art zu Ende zu bringen«. Es ist der Vorbote von Katastrophen und ist durch und durch von Übel. Wenn dieses Symbol ☋ im ersten Haus auftritt, sollte die Orakelbefragung abgebrochen und alle Zeichen zerstört werden. Auch in diesem Fall bietet sich die Planetenzuordnung (Saturn und Mars) an, weil die Zuschreibung zu den beiden sogenannten »Unheilbringer« die stärkste mögliche Planetenzuordnung ist. Jedoch sind sie in ihrer Bedeutung nicht annähernd so stark wie der Drachenschwanz.

14.	CAPUT DRACONIS	JUPITER UND VENUS	ERDE	STEINBOCK
	* * * * *	♃ ♀	🜃	♑

Caput Draconis ist der Drachenkopf. Er ist nach der Konstellation Draco benannt. Er bezieht sich auf den nördlichen Mondknoten, den Punkt, an dem die Umlaufbahn des Mondes die Ebene der Ekliptik schneidet. Zu seinen divinatorischen Bedeutungen zählen: der Eingang, die obere Schwelle oder das obere Königreich. Sein Symbol ist ☊. Die Planetenzuordnung ist lediglich eine versuchsweise Annäherung aus Gründen der Vollständigkeit: in

Wirklichkeit sind der Kopf und Schwanz des Drachen Himmelspunkte, die ihre Berechtigung ganz eigener Art haben.

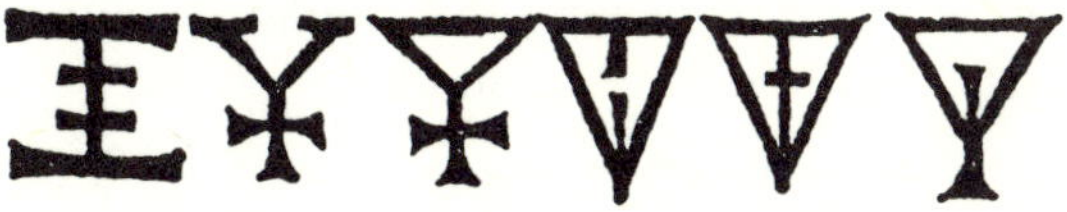

15.	FORTUNA MINOR	SONNE	FEUER	LÖWE
	* * * * * *	☉	△	♌

Fortuna Minor bedeutet das kleinere Heil, Hilfe und Schutz von außen; es ist nicht annähernd so günstig wie Fortuna Major. Genau wie letzteres ist es der Sonne zugeordnet, aber der nächtlichen Sonne, die »in geringeren Würden steht«. Gelegentlich wird Fortuna Minor das Luftelement zugeordnet, was einer größeren Ausgeglichenheit in der Zuordnung der Elemente zu den geomantischen Zeichen entspräche, weil dann jedem Element vier Zeichen zugeordnet wären und nicht ein Überhang beim Feuerelement entstünde.

16.	VIA	MOND	WASSER	KREBS
	* * * *	☾	▽	♋

Via bedeutet Straße oder Weg, wörtlich der Weg, auf dem man geht, daher steht es divinatorisch auch für die Reise. Das Zeichen ist im wesentlichen neutral, wie der Mond spiegelt es etwas wider. Via »schwächt allgemein das Günstige anderer Zeichen ab, ist aber gut für Reisen«. Via beherrscht die zunehmende Seite des Mondzyklus'. Weitere verwandte Bedeutungen sind: Autobahn, Passage, Luftröhre, Marsch, Methode.

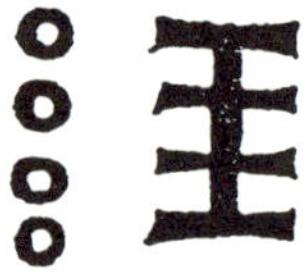

Es empfiehlt sich, die sechzehn geomantischen Zeichen mit ihrer divinatorischen Kurzbedeutung und den Planetenzuordnungen auswendig zu lernen. Natürlich können Sie sie im Verlauf der Orakelbefragung auch immer wieder nachschlagen, aber der Prozeß verläuft leichter und flüssiger, und es gibt Ihnen eine größere innere Sicherheit, wenn Sie die Bedeutungen vor Beginn des Orakels kennen.

Es geht besser mit dem Auswendiglernen, wenn man sie in Gruppen zusammenfaßt. Sie könnten zum Beispiel auch jedes einzelne Zeichen in ein Übungsheft eintragen, ein Zeichen pro Seite, und sie genau betrachten, bevor Sie ihre Bedeutungen lesen. Notieren Sie alles, was Ihnen an Assoziationen zur Form eines Zeichens einfällt, ohne sich Gedanken zu machen, ob diese richtig oder falsch sind. Auf diese Weise erwerben Sie ein Gefühl für die Zeichen, bevor Sie sich daranmachen, sie auswendig zu lernen.

Nachdem Sie nun eine Reihe von Intuitionen und Gefühlen zu jedem Zeichen entwickelt haben, vergleichen Sie sie mit den traditionellen Bedeutungen. Vermutlich werden Sie dabei eine Menge Übereinstimmungen finden.

Wenn Sie aber eher ein visueller und nicht so sehr ein verbaler Typ sind, könnte es für Sie hilfreich sein, die Zeichen in Gegensatzpaaren anzuordnen.

* * * *	Via und	* * * * * * * *	Populus

Die Einzellinie bei Via zeigt offensichtlich eine Straße, während Populus das am meisten bevölkerte Zeichen von allen ist, da es die größtmögliche Anzahl von Punkten aufweist, die ein geomantisches Zeichen haben kann.

* * * * *	Puella und	* * * * *	Puer

Mit etwas Fantasie kann man in diesen beiden Zeichen die sexuellen Merkmale eines Mädchens und eines Knaben sehen.

* * * * *	Cauda und	* * * * *	Caput Draconis

Hier handelt es sich offensichtlich um Schwanz und Kopf, die sich umgekehrt zueinander verhalten.

* * * * * * *	Laetitia und	* * * * * * *	Tristitia

Die Freude steht auf festem Grund, der Kummer macht den Eindruck, als könne er jeden Augenblick umfallen.

* * * * * *	Fortuna Major und	* * * * * *	Fortuna Minor

Diese beiden ergänzen einander und ähneln einem Quadrat an einem Stab, wobei das eine die Umkehrung des anderen ist. Fortuna Major ist das stärkere Zeichen von beiden.

*   *
  *
*   *
  *

Acquisitio und

  *
*   *
  *
*   *

Amissio

Die nach oben zeigenden Dreiecke oder Pfeile weisen auf den Verlust von Besitz hin, während die nach unten gerichteten Dreiecke Gewinn bringen.

*   *
  *
  *
*   *

Conjunctio und

  *
*   *
*   *
  *

Carcer

Auch diese stehen im Gegensatz zueinander. Conjunctio erinnert an die Form, die durch einen Kleber entsteht, der zwei Dinge miteinander verbindet; Carcer sieht aus wie ein Verschlag oder ein Gefängnis.

*   *
*   *
  *
*   *

Albus und

*   *
  *
*   *
*   *

Rubeus

Zwei weitere entgegengesetzte Formen, die für Weiß und Rot stehen.

Dies sollte an Anregungen genügen. Sicher sind Ihnen inzwischen eigene Bilder dazu eingefallen, und Sie haben schon wesentlich weniger Mühe, die Zeichen auseinanderzuhalten.

Wenden wir uns nun einigen typischen Anwendungsmöglichkeiten dieses Orakelsystems zu.

Nr.	*GEO-MANT. ZEI-CHEN*	*NAME*	*BEDEUTUNG*	*TIER-KREIS-ZEI-CHEN*	*ELEMENT*	*HERR-SCHER*	*PLA-NET*
1	✻ ✻ ✻ ✻ ✻	Puer	Knabe, Gelb, bartlos, tollkühn und unüberlegt; eher gut als schlecht.	♈	🜂	Bartzabel	♂
2	✻ ✻ ✻ ✻ ✻ ✻	Amissio	Verlust, Ausschluß, etwas wird weggenommen; ein ungünstiges Zeichen.	♉	🜃	Kedemel	♀
3	✻ ✻ ✻ ✻ ✻ ✻ ✻	Albus	Weiß, hell, Weisheit, Einsicht, klares Denken; ein gutes Zeichen.	♊	🜁	Taphtharatharath	☿
4	✻ ✻ ✻ ✻ ✻ ✻ ✻ ✻	Populus	Volk, Versammlung, Menge; ein neutrales Zeichen.	♋	🜄	Chashmodai	☾
5	✻ ✻ ✻ ✻ ✻ ✻	Fortuna Major	Größeres Heil, Hilfe, Sicherheit nimmt zu, Erfolg, Hilfe und Schutz von innen. Ein sehr gutes Zeichen.	♌	🜂	Sorath	☉
6	✻ ✻ ✻ ✻ ✻ ✻	Conjunctio	Vereinigung, Treffen, Zusammenkunft; eher gut als schlecht.	♍	🜃	Taphtharatharath	☿
7	✻ ✻ ✻ ✻ ✻	Puella	Ein Mädchen, schön, hübsches Gesicht, angenehm, jedoch nicht sehr glückverheißend.	♎	🜁	Kedemel	♀
8	✻ ✻ ✻ ✻ ✻ ✻ ✻	Rubeus	Rot, rötlich, Hitzkopf, Leidenschaft, heftiges Temperament; ein schlechtes Zeichen.	♏	🜄	Bartzabel	♂
9	✻ ✻ ✻ ✻ ✻ ✻	Acquisitio	Erhalten, enthalten, Erfolg, Einnahmen, aufnehmen, bekommen; ein gutes Zeichen.	♐	🜂	Hismael	♃
10	✻ ✻ ✻ ✻ ✻ ✻	Carcer	Gefängnis, Gebundensein; kann gut oder schlecht sein, je nach Fragestellung.	♑	🜃	Zazel	♄

Nr.	GEO-MANT. ZEI-CHEN	NAME	BEDEUTUNG	TIER-KREIS-ZEI-CHEN	ELEMENT	HERR-SCHER	PLA-NET
11	* * * * * * *	Tristitia	Traurigkeit, Verdammnis, Leiden, Kummer, Sorgen, Perversion, Bann; ein schlechtes Zeichen.	♒	🜁	Zazel	♄
12	* * * * * * *	Laetitia	Freude, Lachen, gesund, bärtig; ein gutes Zeichen.	♓	▽	Hismael	♃
13	* * * * *	Cauda Draconis	Untere Schwelle, Ausgehen, Drachenschwanz, Ausgang, unteres Königreich; ein schlechtes Zeichen.	☋	△	Zazel und Bartzabel	♄ ♂
14	* * * * *	Caput Draconis	Kopf, die Eingangsschwelle, obere Schwelle, Drachenkopf, Eingang, oberes Königreich; ein gutes Zeichen.	☊	🜃	Hismael und Kedemel	♃ ♀
15	* * * * * *	Fortuna Minor	Kleineres Heil, Hilfe, schwindende Sicherheit, Schutz und Hilfe von außen; kein sehr gutes Zeichen.	♌	△	Sorath	☉
16	* * * *	Via	Weg, Straße, Reise; weder gut noch schlecht.	♋	▽	Chashmodai	☾

Abbildung 5: *Vollständige Übersicht über die sechzehn geomantischen Zeichen.*

7
Die Augen des Fa

Um eine Ahnung davon zu vermitteln, wie genau eine professionelle Ausdeutung des Erdorakels sein kann, wollen wir uns drei Jahrhunderte zurückversetzen und Robert Fludds Bericht von einer seiner Deutungen hören.

Robert Fludd war ein englischer Arzt, Rosenkreuzer und mystischer Philosoph, der 1574 in Kent geboren wurde. Er studierte am St. John's College in Oxford und verbrachte dann fünf Jahre auf dem europäischen Kontinent, wo er 1605 seinen medizinischen Titel erwarb. Er war ein Anhänger von Paracelsus, dessen medizinische Forschung die gesamte mittelalterliche Medizin revolutionieren sollte. Fludd war Autor zahlreicher obskurer lateinischer Werke über Theosophie, Philosophie und Mathematik. Er behandelte diese Gebiete allerdings auf typisch mittelalterliche Weise, das heißt sie waren für ihn alle miteinander verbundene Teile *einer* göttlichen Wissenschaft und nicht separate Forschungsgebiete.

Sein Vater war Kriegsschatzmeister unter Elisabeth I. gewesen, so daß Robert Fludd einer recht hochgestellten Familie angehörte und genügend finanzielle Mittel besaß, um weite Reisen zu unternehmen und seine medizinischen Studien in Frankreich, Spanien, Italien und Deutschland zu betreiben. Er produzierte eine solche Fülle von komplizierten Abhandlungen, daß es heißt, er habe regelmäßig einen Sekretär beschäftigt, dem er seine zahlreichen Werke zu jeder Tageszeit diktierte.

Neben seinem Interesse für die Philosophie und Medizin wurde er ein Anhänger der Rosenkreuzer und verfaßte mehrere Werke zur Unterstützung dieser Bruderschaft, die erstmals zu Beginn des 17. Jahrhunderts unter den Gelehrten in Europa bekannt geworden war. Da Fludd ein einflußreicher Schriftsteller seiner Zeit war, basierte vieles, was später als rosenkreuzerisch betrachtet wurde, in Wirklichkeit auf Abhandlungen aus seiner Feder; es war also gar nicht direkt Material der Rosenkreuzer.

Fludd war auch in anderen Bereichen ein wichtiger Mann; so stand er beispielsweise in engem Briefkontakt mit dem Astronomen Kepler. Fludds Beitrag zur Astronomie lag eher im Bereich kosmologischer Spekulationen, aber Kepler spürte, daß diese Prinzipien beinhalteten, die er möglicherweise anwenden konnte, um daraus die physische Natur des Universums abzuleiten. Für einen Denker des 17. Jahrhunderts war es nicht ungewöhnlich, der Theorie des »wie oben so unten« anzuhängen und die Folgerungen aus einem Wissenschaftsbereich zur Beantwortung von Fragen in einem anderen zu benutzen.

Kepler war von den Theorien, die Fludd in seinem Werk *Utriusque Cosmi* darlegte, so fasziniert, daß er seiner eigenen Abhandlung über das Sonnensystem einen speziell an Fludd adressierten Anhang hinzufügte. Wo Fludd seinerseits ein Universum sah, das von einer lebendigen Seele durchdrungen und von spirituellen Wesenheiten, Engelsmächten und planetarischen Intelligenzen regiert wurde, nahm Kepler einen modernen Standpunkt ein und beschrieb das System in mathematischen Begriffen. In gewisser Weise stehen Fludd und Kepler stellvertretend für die Spaltung in den alten und den modernen Ansatz der Kosmologie. Fludd vertrat die Theorie Platons von der Weltenseele, in die die christlichen Vorstellungen seiner Zeit hineingewoben waren, während Kepler sich unmißverständlich nur an das hielt, was er mit Zahlen beweisen konnte.

In Fludds Spekulationen über die Schöpfung und Naturgeschichte mischten sich Theorien über Donnerkeile mit Vorträgen über Anatomie, Militärmanöver mit theologischen Theorien, religiösen Ausdeutungen und kabbalistischen Mutmaßungen. Für Fludd gab es keinen Unterschied, keine Trennlinie zwischen den Wissenschaften und der Religion.

Da für Fludd die Geometrie und die ihr verwandte Wissenschaft der Mathematik an der Wurzel des gesamten Kosmos angesiedelt war, ist es gar nicht verwunderlich, daß er die binäre Mathematik der Geomantik als ein zuverlässiges Mittel ansah, um die Zukunft zu erforschen. Fludd beschreibt in dem Abschnitt über »das innere Prinzip der terrestrischen Astrologie oder Geomantik« in seiner *Historia Macrocosmi* eine seiner Erfahrungen mit der Geomantik folgendermaßen: »Im Jahr 1601/1602 war ich gezwungen, den ganzen Winter in der Stadt Avignon zu verbringen, denn der Winter war sehr hart, es gab so viel Schnee auf dem St. Bernard, daß der Paß nach Italien vollständig blockiert war. Zusammen mit einer Reihe anderer junger Männer aus gutem Hause und von hoher Bildung (ehemalige Jesuitenschüler) war ich im Hause eines gewissen Hauptmanns einquartiert.

Eines Abends, während wir bei Tisch saßen und den Getränken zusprachen, diskutierte ich mit den anderen über philosophische Themen und bemerkte dabei, wie unterschiedlich die Meinungen über die geomantische Astrologie waren. Einige leugneten deren Brauchbarkeit samt und sonders; andere, denen ich mich an die Seite stellte, verteidigten vehement die Wahrheit dieser Kunst. Ich brachte viele Argumente vor und zeigte mich auf diese Weise recht versiert in der Geomantik. Nachdem die Mahlzeit beendet war, zog ich mich zurück, doch kaum hatte ich mein Zimmer erreicht, da suchte mich einer meiner Gefährten auf und bat mich, meine Kunstfertigkeit (in Geomantik) zur Lösung eines Problems, das für ihn von erheblicher Bedeutung war und ihm große Sorge bereitete, auf die Probe zu stellen. Obwohl ich einige Einwände vorbrachte, ließ ich mich schließlich durch sein flehentliches Bitten dazu überreden. Ich machte mich sofort daran, die Striche zu kritzeln, die die Antwort auf seine Frage darstellen sollten.

Seine Frage lautete, ob eine junge Frau, in die er sich heftig verliebt hatte, seine Liebe mit gleicher Leidenschaft, mit ihrem ganzen Körper und ihrer ganzen Seele erwiderte und ob sie ihn mehr als jeden anderen liebte. Nachdem ich die geomantische Tafel erstellt hatte, versicherte ich ihm, ich könne ihm das Wesen und die äußere Erscheinung seiner Geliebten beschreiben. Ich lieferte ihm also eine Beschreibung ihrer Größe und äußeren Gestalt und erwähnte auch ein eigenartiges und ziemlich auffälliges Mal, eine Art Warze auf ihrem linken Augenlid, worin mich der junge Mann bestätigte. Ich sagte auch, daß sie Weingärten besonders liebe, und auch diese Einzelheit bestätigte er mir erfreut. Ihre Mutter habe ihr Haus aus diesem Grunde inmitten von Weingärten gebaut. Schließlich gab ich ihm auf seine Frage folgende Antwort: daß seine Geliebte ihm untreu und keineswegs fest in ihrer Liebe zu ihm sei, und daß sie einen anderen mehr liebe als ihn. Worauf er mir antwortete, er habe dies schon lange befürchtet und nun sehe er es mit offenen Augen.

Eilig verließ er mein Zimmer und erzählte seinen Gefährten in bewundernden Worten von der Wahrheit und den Tugenden meiner Kunst. Einige unter ihnen, die das Mädchen ebenfalls gut kannten, bestritten heftig, daß sie ein Mal auf ihrem Augenlid habe, wie ich es beschrieben hatte, bis sie am folgenden Tag mit ihr sprachen und mit eigenen Augen die Richtigkeit meiner Behauptung bestätigt sahen, die ich mit Hilfe der Kunst der Geomantik aufgestellt hatte, und die selbst sie nie zuvor bemerkt hatten.«

Diese interessante Episode hätte allerdings ernsthafte Folgen für Fludd haben können, da Avignon als Papstresidenz etliche kirchliche Würdenträger beherbergte, die derartige Praktiken als ungesetzlich und schädlich, wenn nicht gar teuflisch brandmarkten. Lassen wir Fludd seine Erzählung fortsetzen:

»Auf diese Weise wurde ich bekannter als mir lieb war, was soweit ging, daß Gerüchte über diese Sache den Jesuiten zu Ohren kamen. Von Neid getrieben, gingen zwei von ihnen heimlich zum Palast des Papstes und berichteten dem stellvertretenden Legaten, es gäbe da einen gewissen Ausländer, einen Engländer, der Aussagen über künftige Ereignisse mit Hilfe der Geomantik gemacht habe, einer Wissenschaft, die nicht die Zustimmung der katholischen Kirche habe. Am folgenden Morgen wurde mir dies von einem der Palastvorsteher, namens Johann, berichtet.«

Johann vermochte Fludd zu beruhigen, denn er hatte die Antwort des stellvertretenden Legaten gehört: »Es ist gewiß kein so ernstes Vergehen, wie ihr es darstellt. Gibt es in Italien einen einzigen Kardinal, der nicht eine Ausdeutung seiner Geburt nach der astrologischen oder der geomantischen Methode besäße?«

Einige Tage darauf lud der stellvertretende Legat Fludd zu einem Essen und einer Diskussion über die Geomantik ein. Um ganz sicherzugehen, daß er einen Zeugen dabeihabe, falls ihm seine Worte später vor einem Gericht herumgedreht würden, nahm Fludd seinen alten Freund, Monsieur Malceau, den bekannten päpstlichen Apotheker mit. Nach den üblichen Formalitäten kam der Stellvertretende Legat auf den Grund seiner Einladung zu sprechen und fragte Fludd, was er wirklich von der

Geomantik halte. Auch wollte er wissen, wie es zugehen könne, daß eine wissenschaftliche Weissagungsmethode auf offenkundig ganz zufällig hingekritzelten Zeichen beruhen könne. Nun wußte Fludd, daß er nicht in eine Falle geraten war und sein Gesprächspartner wirklich etwas über den inneren Mechanismus und die logischen Grundlagen der Geomantik erfahren wollte. Entsprechend antwortete Fludd, daß »...die Grundlage und der Ursprung jener Striche, die von der Hand ausgeführt wurden, dem innersten Wesen des Menschen entsprangen, da die Bewegung der Hand ein Ausdruck der Seele sei. Ich fügte hinzu, daß die Fehler in der Geomantik nicht von der Seele verursacht werden, sondern daß die grobe Natur des Körpers die Absicht der Seele bisweilen verfälsche. Aus diesem Grunde gilt in dieser Kunst die allgemeine Regel, daß die Seele (des Geomantikers) in einer friedvollen Verfassung sein müsse und in einer Verfassung, wo der Körper der Seele gehorcht; auch dürften Körper und Seele nicht gestört sein, und man dürfe hinsichtlich der Frage keine vorbestimmte Meinung haben; die Seele (des Geomantikers) müsse wie ein gerechter und unparteiischer Richter sein... Ebenso ist es wichtig, daß der Fragesteller sich ganz auf seine Frage konzentriert und nicht durch andere Gedanken ablenken läßt.«

Wir wollen versuchen, dies anhand eines Orakelbeispiels von Aleister Crowley zu verdeutlichen:

»Wir nehmen einmal an, jemand möchte mit Hilfe der Geomantik herausfinden, ob er heiraten soll oder nicht, wobei unterstellt wird, daß vom Gefühl her eine eilige Entscheidung ansteht. Der Mann nimmt also seinen Stab und seinen Sand; er schreibt die Frage hinein, zeichnet das entsprechende Pentagramm und das Siegel des Geistes. (In diesem Fall das Siegel des Kedemel, des Herrschers in der Venus.) Bevor er die Striche macht, die zur Ermittlung der vier *Mütter* führen, muß er sich noch einmal streng prüfen. Er muß jeden Gedanken aus seinem Kopf verbannen, der eine Bindung an die versprochene Partnerin herstellen könnte. Er muß alle Gedanken verbannen, die ihn selbst betreffen, seine Ängste ebenso wie seine Leidenschaften... Solange sein Geist wenn auch noch so geringfügig und nur durch einen einzigen Aspekt der Angelegenheit getrübt ist, ist er nicht in der Lage, das Zeichen herzustellen ... er muß warten, bis der Impuls ihn die Striche in den Sand zeichnen läßt; dann, sobald er kommt, darf er nicht mehr absetzen bis zum Ende. An dieser Stelle taucht nun eine andere, technische Schwierigkeit auf. Man muß sechzehn Reihen Striche machen; besonders der Anfänger macht sich in Gedanken Sorgen, er könne vielleicht nicht genug Reihen gezeichnet haben, oder er hat Angst, er habe zu viele gemacht; aber ein Überhang schadet nicht. Überzählige Reihen zählen einfach nicht.

Man tut also gut daran, diese Befürchtung fahrenzulassen und sich einzig darum zu bemühen, daß man nicht zu früh aufhört. Wenn nun die Reihen fertiggezeichnet sind, ist der Akt, was die erforderlichen spirituellen Eigenschaften angeht, zunächst einmal vorüber. Die Ermittlung der Zeichen für die Beurteilung geschieht rein mechanisch.«

Nehmen wir einmal an, daß die folgenden Punkt- bzw. Strichreihen gezeichnet wurden:

```
* * * * * *
* * * * * * * *
* * * * *
* * * * * * * * *

* * *
* * * * * * * * *
* * * * *
* * * * * * * *

* * * * * *
* * * * * * * *
* * * * * * * * *
* * * * * * *

* * * * * * * *
* * * * * * * * *
* * * * * * *
* * * * * *
```

Übersetzen Sie diese nun in ungerade (ein Punkt) und gerade (zwei Punkte) und unterteilen Sie die sechzehn Reihen in vier Vierergruppen (Schritt 6 und 7 in der Zusammenfassung in Kapitel 5).

gerade	* *
gerade	* *
ungerade	*
ungerade	*
ungerade	*
ungerade	*
ungerade	*
gerade	* *
gerade	* *
gerade	* *
ungerade	*
ungerade	*
gerade	* *
ungerade	*
ungerade	*
gerade	* *

Schritt 8

Hieraus ermitteln wir die vier Mütter, die von rechts nach links notiert werden.

	IV	III	II	I
M	* *	* *	*	* *
Ü				
T	*	* *	*	* *
T				
E	*	*	*	*
R				
	* *	*	* *	*

Schritt 9

Nun gilt es, die Töchter aus den Müttern zu bilden. Das geschieht nach folgendem Schema:

alle Köpfe der Mütter bilden die erste Tochter V
alle Hälse der Mütter bilden die zweite Tochter VI
alle Rümpfe der Mütter bilden die dritte Tochter VII
alle Füße der Mütter bilden die vierte Tochter VIII.

Notieren Sie diese ebenfalls von rechts nach links:

	VIII	VII	VI	V
T	*	*	* *	* *
Ö				
C	* *	*	*	*
H				
T	*	*	* *	* *
E				
R	* *	*	*	* *

Schritt 10

Nun kommen wir zu den Neffen, die nach der Additionsformel ermittelt werden:

Mutter I + Mutter II = Neffe IX
Mutter III + Mutter IV = Neffe X
Tochter V + Tochter VI = Neffe XI
Tochter VII + Tochter VIII = Neffe XII

Sie werden ebenfalls von rechts nach links notiert:

	XII	XI	X	IX
N	* *	* *	* *	*
E				
F	*	* *	*	*
F				
E	* *	* *	* *	* *
N				
	*	*	*	*

Schritt 11

Auch die Zeugen werden durch Addition ermittelt:

Neffe IX + Neffe X = Zeuge XIII
Neffe XI + Neffe XII = Zeuge XIV

	XIV	XIII
Z	* *	*
E		
U	*	* *
G		
E	* *	* *
N		
	* *	* *

Schritt 12

Die beiden Zeugen werden addiert und bilden den Richter.
Zeuge XIII + Zeuge XIV = Richter XV

	XV
R	*
I	*
C	
H	*
T	
E	* *
R	* *

Schritt 13

Bevor wir mit der Ausdeutung beginnen, stellen wir noch einmal alle fünfzehn Zeichen auf der hierfür vorgesehenen Tafel dar (siehe auch Geomantische Tafel, S. 49 und 50)

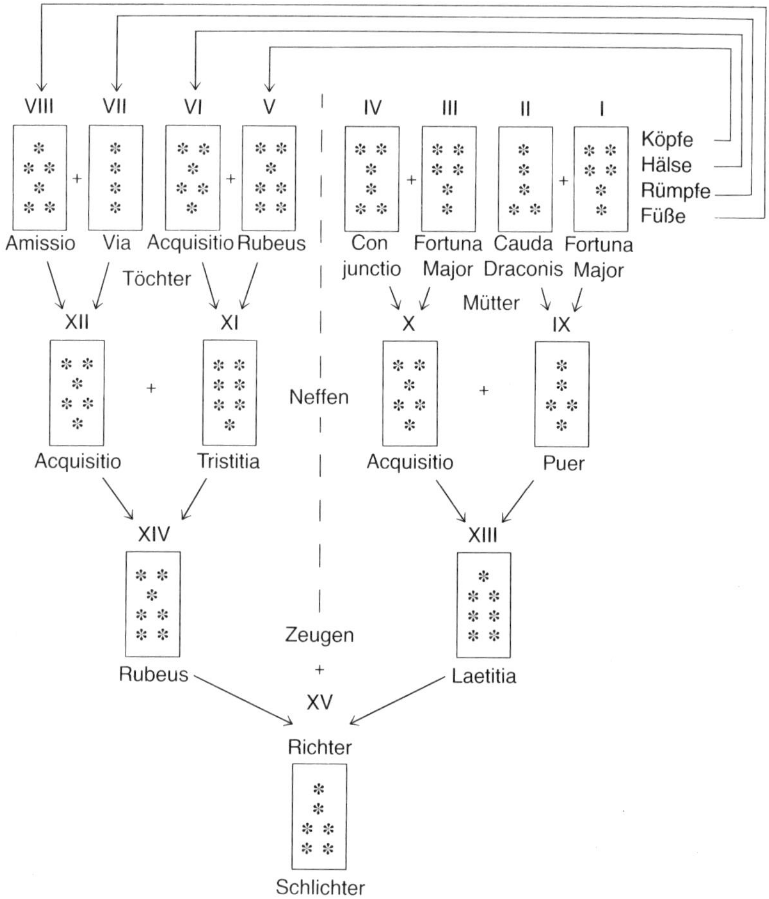

Abbildung 15: *Ein typisches astro-geomantisches Diagramm (aus: Cornelius Agrippas* Abhandlung über die Geomantie, Magische Werke, Bd. IV)

Interpretation

Nachdem wir nun die mechanische Ermittlung der fünfzehn Zeichen und ihre Darstellung auf der Tafel abgeschlossen haben, beginnt die Arbeit der Ausdeutung (Schritte 14 bis 15 in der Zusammenfassung in Kapitel 5). Bevor wir die Bedeutung der geomantischen Tafel bestimmen können, müssen wir die Namen aller fünfzehn Zeichen ermitteln. In der Tafel ist jedem Zeichen bereits sein Name zugeordnet. Achten Sie insbesondere darauf, welche Zeichen in den Kästchen der Zeugen und des Richters stehen. Wenn Ihnen diese Zeichen und ihre Namen nicht mehr geläufig sind, schreiben Sie sie aus Abbildung 5, S. 71/72 ab.

Da es sich hier nicht um eine Frage handelt, die unter den Fragestellungen in Kapitel 8 abgehandelt ist, können Sie dort nicht einfach in den Tabellen zu Richter und Zeugen nachsehen. Wir wollen sie daher hier der Reihe nach behandeln. Der *Richter* ist Fortuna Minor, was hinsichtlich seines allgemeinen Charakters bei Bartholomeus von Parma zu den ungünstigen Zeichen gezählt wird. Im einzelnen bedeutet es »kleineres Glück, Vorsicht beim Hinausgehen, Hilfe und Schutz von außen«; es ist der nächtlichen Sonne zugeordnet, d. h. der kalten, verborgenen oder besiegten Sonne. Das alles klingt nicht besonders vielversprechend für eine Ehe; betrachten wir also die Zeugen, aus denen der Richter gebildet wurde.

Linker Zeuge: Es ist das Zeichen Rubeus, was soviel heißt wie rot, rötlich, Hitzkopf, Leidenschaft, Laster und heftiges Temperament; ein schlechtes Zeichen, das die traditionell ungünstigen Assoziationen zum Skorpion abdeckt. Auch die leidenschaftlichen sexuellen Aspekte von Skorpion sind darin enthalten. Hierdurch wird einiges Licht auf die Frage geworfen. Die Anziehung ist eher durch starkes sexuelles Begehren mit der Komponente Gewalt und Leidenschaft gekennzeichnet als durch Liebe.

Rechter Zeuge: Hier haben wir Laetitia, was wörtlich bedeutet: »Freude unverhohlen ausgedrückt«, außerdem steht dieses Zeichen für eine erfreuliche Erscheinung, Schönheit und Anmut. Obwohl das Zeichen günstig ist, bestätigt es doch in schönster Weise, was wir schon wissen, daß nämlich der erwünschten Ehe hauptsächlich die sexuelle Anziehung zugrundeliegt, ohne daß tiefere Gefühle oder ein längerwährendes Glück im Spiel wären. Dies erklärt auch, warum Fortuna Minor zu den bedingt günstigen Zeichen zählt: die sexuelle Anziehung und Lust machen Spaß, sind aber keine Voraussetzung für den Erfolg der Ehe, und darum ging es ja bei dieser Frage.

Ist dies nicht eine recht deutliche Antwort? Sollte die Antwort mehrdeutig sein, können Sie immer noch den *Schlichter* (Zeichen XVI) bemühen, der aus der Addition der Zeichen I und XV, der ersten Mutter und dem Richter, gebildet wird. Sie sollten aber keinen Schlichter bilden, wenn Sie bereits eine zufriedenstellende Antwort erhalten haben; es wäre unhöfliches Beharren gegenüber einer völlig ausreichenden Antwort durch das Orakel!

Schritt 16

Wenn mehr Einzelheiten gewünscht werden, betrachten Sie die *erste Mutter* (Zeichen I), um Näheres über den Ursprung der Angelegenheit zu erfahren. Hier steht das Zeichen Fortuna Major, was darauf hindeutet, daß die Beziehung mit einem günstigen Zeichen begonnen hatte (»größeres Heil«), das ebenfalls dem Löwen und der Sonne zugeordnet ist, allerdings der Sonne bei Tage. Sowohl die erste Mutter als auch der Richter sind also der Sonne und dem Löwen zugeordnet, aber die Beziehung hat sich gewandelt von der Sonne bei Tage zur nächtlichen Sonne – kurz: die Beziehung kühlt ab und geht ihrem Ende entgegen. Zu den divinatorischen Bedeutungen von Fortuna Major zählen auch noch: »Sicherheit, eintretender Erfolg, Schutz und Hilfe von innen«, was auf den Beginn der Beziehung verweist, wo es vielleicht bei einem Partner den Wunsch gab, den anderen zu beschützen oder sich um ihn zu kümmern.

Die Beendigung oder das Ende der Beziehung wird durch das Zeichen IV dargestellt, hier: Conjunctio oder »die Vereinigung«, ein Zeichen, das eher gut als schlecht ist, jedoch »gut mit Gutem oder schlecht mit Schlechtem«. Die Vorstellung von Heirat gehört unter anderem zu diesem Zeichen.

Dies ist nun wiederum besonders interessant, denn es deutet darauf hin, daß die Ehe, trotz der Warnung des Richters, der das kleinere Glück verheißt, sehr wahrscheinlich dennoch zustandekommen wird. Da Conjunctio »Gutes bei Gutem und Schlechtes bei Schlechtem« bedeutet, wird die Mischung aus Rubeus und Laetitia (heftige sexuelle Anziehung und gutes Aussehen) die beiden in eine Ehe hineinziehen, die allerdings in ihrer Qualität abnehmen wird wie die Tagessonne (Zeichen I, Fortuna Major) sich zur nächtlichen Sonne (Zeichen XV, Fortuna Minor) wandelt.

Crowley bringt den Vorgang der Interpretation auf den Punkt, indem er die Bedeutung einer vorurteilsfreien, meditativen Geistesverfassung unterstreicht, um die korrekte Deutung der durch die geomantische Tafel gelieferten Informationen zu gewährleisten: »Bei der Beurteilung kommt es noch einmal ganz auf die innersten und äußersten Fähigkeiten des Interpreten an. Er sollte alle ihm zur Verfügung stehenden intellektuellen Informationsquellen ausschöpfen und sich daraus sein Urteil bilden. Dann aber sollte er seine Gedanken von allem, was er gerade formuliert hat, vollständig lösen und seinen Geist auf das Gesamtbild konzentrieren, fast so, als wäre es Gegenstand seiner Meditation. Es muß kaum noch einmal betont werden, daß bei beiden Prozessen das Loslassen der eigenen Parteilichkeit genauso wichtig ist wie im ersten Teil der Orakelbefragung.«

Damit haben wir zunächst einmal die Grenze dessen erreicht, was wir an Informationen aus der Tabelle gewinnen können, bis wir in Kapitel 10 zur Astro-Geomantik kommen. Wir wollen an dieser Stelle eine Pause einlegen und uns eine Abkürzungsmethode ansehen, mit der wir schnelle Antworten aus einer geomantischen Tafel ablesen können, ohne unsere Urteilsfähigkeit oder Intuition einsetzen zu müssen. Das nächste Kapitel nimmt, wie ein Computer, die Daten in Form des Richters und der beiden Zeugen an und druckt unmittelbar die Antwort auf Ihre Frage aus. Natürlich sollte diese Antwort nicht ganz so ernst genommen werden wie bei einer »richtigen« Orakelbefragung.

8
Das geomantische Kurzprogramm

Dieses Kapitel dient eher der Unterhaltung. Man könnte es mit einem Computer vergleichen, aus dem man eine Antwort aufgrund des eingegebenen Materials automatisch abrufen kann. In diesem Kapitel wollen wir dieses Prinzip einmal auf die Geomantik anwenden. Das einzugebende Material ist natürlich Ihre Frage und das Ergebnis auf Ihrem Sandtablett oder Papier, woraus nach der üblichen Methode die Mütter, Töchter, Neffen, Zeugen und der Richter abzuleiten sind.

Sie geben Ihre Information ein (die Frage), kritzeln Ihre sechzehn Reihen mit Strichen, ermitteln die beiden Zeugen und den Richter, schlagen diese im vorliegenden Kapitel nach – und schon haben Sie die Antwort! Sie finden hier jede mögliche Kombination von Zeugen und Richtern und dazu eine kurze Antwort auf gewisse Standardfragen. Einzige Voraussetzung ist, daß Ihre Frage zu den nachfolgenden Standardfragen gehört. In allen Fällen kann sich diese Frage entweder auf Sie selbst oder auf eine andere Person beziehen. Die Fragen sind von 1 bis 15* numeriert, so daß Sie die für Sie zutreffende Antwort unter derselben Nummer auf den Antwortseiten wiederfinden können.

Fragen

1. Was für ein Leben ist mir bestimmt?
2. Werde ich reich werden?
3. Soll ich dieses Vorhaben verwirklichen?
4. Wie wird dieses Vorhaben ausgehen?
5. Wird das erwartete Kind ein Junge oder ein Mädchen?
6. Sind die (Haus-)Angestellten ehrlich?

* (Von den im Original vorgesehenen 16 Fragen wurde die Frage nach der Todesursache aus Gründen der Verantwortlichkeit gestrichen. Anm d. Ü.)

7. Wird sich der Patient bald von seiner Krankheit erholen?
8. Werde ich meine Liebste/meinen Liebsten für mich gewinnen?
9. Werde ich die Erbschaft bekommen?
10. Werde ich den Prozeß gewinnen?
11. Werde ich die Stelle bekommen?
12. Wird der erwartete Brief eintreffen?
13. Wird die Reise ein Erfolg werden?
14. Werden bald gute Nachrichten eintreffen?
15. Wird es gelingen, den Gegner zu besiegen?

Nehmen wir an, Sie möchten eine schnelle und einfache Antwort auf die Frage »Wird es ein Junge oder ein Mädchen?«, also die Frage Nr. 5.

Benutzen Sie, wie üblich, Ihr Papier oder Ihr Sandtablett. Ermitteln Sie die vier Mütter und leiten Sie daraus die Töchter, Neffen, die beiden Zeugen und den Richter ab. Nehmen wir an, die beiden Zeugen wären Populus (linker Zeuge) und Acquisitio (rechter Zeuge) und der sich daraus ergebende Richter ist ebenfalls Acquisitio.

Nun schlagen Sie S. 90 auf, wo Sie das Register von Zeugen und Richtern nach S. 93 verweist. Dort wird Ihre Frage (Nr. 5) mit »Sohn« beantwortet. Die Antworten, die fast immer recht kurz sind, sind Teilen eines deutschen Werkes über die Geomantik aus dem 16. Jahrhundert entnommen und stellen den Versuch dar, ein Kompendium von Antworten zu liefern, um die Orakelbefragungen zu erleichtern.

Ihre möglichen Fragestellungen sind hier natürlich auf die obengenannten 15 Fragen begrenzt, und man hätte viele andere Fragen auswählen können, aber diese »Abkürzung« besteht im wesentlichen aus nichts anderem. Sie soll auch kein Ersatz sein für eine sorgsame Analyse und Ausdeutung der Zeichen, bei denen Sie Ihre eigene Intuition und die bisher gelieferten Informationen einsetzen. Trotz allem sind fast zweitausend Antworten in diesem einen Kapitel gespeichert!

Wer sich für die mathematische Seite interessiert: Bei jeder geomantischen Operation können acht mögliche Zeichen als Richter auftauchen. Diese Richter kommen auf zwei Arten zustande (Addition des linken mit dem rechten Zeugen oder des rechten mit dem linken Zeugen) aus acht Kombinationen von Zeugen, bei einer Gesamtmenge von sechzehn Fragen. Die Multiplikation ergibt dann: $8 \times 2 \times 8 \times 16 = 2048$ mögliche Antworten, das entspricht 2^{11}. Beachten Sie, daß der Richter immer die zentrale Figur ist, die von den Zeugen flankiert wird. Achten Sie beim Aufsuchen in den Tabellen genau darauf, welches der rechte und welches der linke Zeuge ist. Wegen des binären Charakters der Rechenoperationen, aus denen der Richter ermittelt wird, gibt es nur acht mögliche Richter (aus einer Gesamtmenge von sechzehn geomantischen Zeichen). Es gibt je einen Richter pro Planet, mit Ausnahme von Sonne und Mond, die jeweils zwei Zeichen darstellen. In den nachfolgenden Tabellen erscheinen die Richter in dieser Reihenfolge:

♃	Acquisitio
♀	Amissio
☉	Fortuna Major Fortuna Minor
☾	Populus Via
☿	Conjunctio
♄	Carcer

Ermitteln Sie zunächst die Seiten, die für das Zeichen Ihres Richters zutreffen und schauen Sie dann nach, welche Kombination von Zeugen Sie haben (auf rechts und links achten!). Die Antwort finden Sie nun unter derselben Nummer wie Ihre Frage.

Diese Antworten sind nach den folgenden Grundregeln entstanden:

1. Ein guter Richter, der aus zwei guten Zeugen gebildet wurde, ist gut.
2. Ein schlechter Richter, der aus zwei schlechten Zeugen gebildet wurde, ist schlecht.
3. Ein guter Richter, der aus einem guten und einem schlechten Zeugen gebildet wurde, bedeutet Erfolg, aber Verzögerung und viel Scherereien.

4. Sind die beiden Zeugen gut und der Richter schlecht, wird das Ergebnis zwar erreicht, sich aber am Ende als ungünstig erweisen.
5. Ist der erste Zeuge gut und der zweite schlecht, wird der Erfolg sehr zweifelhaft sein.
6. Ist der erste Zeuge schlecht und der zweite gut, wird ein ungünstiger Anfang eine gute Wende nehmen.

So finden Sie Ihren Richter und Ihre Zeugen:

RICHTER	ZEUGEN			SEITE
Acquisitio ♃	Populus	+	Acquisitio	93
	Via	+	Amissio	94
	Puer	+	Laetitia	95
	Rubeus	+	Tristitia	96
	Albus	+	Caput Draconis	97
	Puella	+	Cauda Draconis	98
	Conjunctio	+	Fortuna Major	99
	Carcer	+	Fortuna Minor	100
Amissio ♀	Populus	+	Amissio	101
	Via	+	Acquisitio	102
	Albus	+	Laetitia	103
	Puella	+	Tristitia	104
	Puer	+	Caput Draconis	105
	Rubeus	+	Cauda Draconis	106
	Carcer	+	Fortuna Major	107
	Conjunctio	+	Fortuna Minor	108
Fortuna Major ☉	Populus	+	Fortuna Major	109
	Via	+	Fortuna Minor	110
	Conjunctio	+	Acquisitio	111
	Puella	+	Laetitia	112
	Caput Draconis	+	Rubeus	113
	Cauda Draconis	+	Puer	114
	Amissio	+	Carcer	115
	Albus	+	Tristitia	116

Acquisitio als Richter

LINKER ZEUGE	RICHTER	RECHTER ZEUGE
☾	* *	♃
Populus.	*	Acquisitio.
* *	* *	* *
* *	*	*
* *		* *
* *		*

Acquisitio.

♃

1. In der Jugend schwach, danach stark.
2. In der Jugend reich, danach arm.
3. Hegen Sie keine Zweifel.
4. Gut.
5. Sohn.
6. Zuverlässig, aber habgierig.
7. Nein.
8. Erfolg nach langem Warten.
9. Letztendlich wird es etwas geben.
10. Der Richter ist günstig gesonnen.
11. Günstige Aussichten für Rechtsanwälte.
12. Langsam.
13. Günstig.
14. Mittelmäßige Nachrichten.
15. Sieg.

LINKER ZEUGE	RICHTER	RECHTER ZEUGE
♃	* *	☾
Acquisitio.	*	Populus.
* *	* *	* *
*	*	* *
* *		* *
*		* *

Acquisitio.

♃

1. Ein langes und glückliches Leben.
2. Reichtum im Alter.
3. Erfolg.
4. Das Ziel wird langsam erreicht.
5. Sohn.
6. Vertrauen Sie ihnen nicht zu sehr.
7. Er stirbt nach langer Krankheit.
8. Erfolg.
9. Erfolg, es wird aber seine Zeit brauchen.
10. Geld wird den Ausschlag geben.
11. Kein Erfolg.
12. Ja.
13. Günstig, aber langsam.
14. Gute Nachrichten.
15. Sieg.

LINKER ZEUGE	RICHTER	RECHTER ZEUGE
☾	* *	♀
Via.	*	Amissio.
*	* *	*
*	*	* *
*		*
*		* *

Acquisitio.

♃

1. Durchschnittlich.
2. Zu Anfang ein wenig Reichtum, am Ende gar nichts.
3. Zweifelhafter Erfolg.
4. Mittelmäßig.
5. Tochter.
6. Diebisch.
7. Nein.
8. Unbeständiger Partner.
9. Die Erbschaft ist nicht gut.
10. Erfolg durch Frauen.
11. Günstig für Damen von hohem Stand.
12. Nein.
13. Eine gute Reise zu Lande in weiblicher Gesellschaft.
14. Nur mittelmäßige Nachrichten.
15. Sieg.

LINKER ZEUGE	RICHTER	RECHTER ZEUGE
♀	* *	☾
Amissio.	*	Via.
*	* *	*
* *	*	*
*		*
* *		*

Acquisitio.

♃

1. Ein kurzes Leben.
2. Unbeständiges Glück.
3. Viele Enttäuschungen.
4. Schwieriger Anfang, aber ein gutes Ende.
5. Tochter.
6. Unbrauchbar.
7. Nein.
8. Er/sie kann durch Strategie gewonnen werden.
9. Das Erbe ist schlecht.
10. Sie verlieren.
11. Unbeständiges Glück.
12. Ja.
13. In keiner Weise günstig.
14. Nichts von Bedeutung.
15. Ihr Gegner ist stärker.

LINKER ZEUGE	RICHTER	RECHTER ZEUGE
♂	* *	♃
Puer.	*	Laetitia.
*	* *	*
*	*	* *
* *		* *
*		* *

Acquisitio.

♃

1. In der Jugend stark, im Alter schwach.
2. Was ererbt ist, geht fast alles verloren.
3. Mißerfolg.
4. Ein guter Anfang und ein schlechtes Ende.
5. Sohn.
6. Zuverlässig.
7. Genesung.
8. Wünsche gehen in Erfüllung.
9. Eine gute Erbschaft.
10. Gewinn.
11. Geistliche haben Erfolg.
12. Ja.
13. Keine Hindernisse.
14. Nachrichten über Beförderung im Amt.
15. Der Gegner verliert.

LINKER ZEUGE	RICHTER	RECHTER ZEUGE
♃	* *	♂
Laetitia.	*	Puer.
*	* *	*
* *	*	*
* *		* *
* *		*

Acquisitio.

♃

1. In der Jugend schwach, im Alter stark.
2. Am Ende Erfolg.
3. Erfolg.
4. Der Anfang schlecht, das Ende gut.
5. Sohn.
6. Vertrauenswürdig.
7. Genesung.
8. Nehmen Sie (das Angebot) an.*
9. Gute Erbschaft, die durch Gesetz erworben wird.
10. Sie verlieren.
11. Geistliche haben Erfolg.
12. Nein.
13. Vorsicht vor Räubern.
14. Schlechte Nachrichten.
15. Der Gegner gewinnt.

LINKER ZEUGE	RICHTER	RECHTER ZEUGE
♂	* *	♄
Rubeus.	*	Tristitia.
* *	* *	* *
*	*	* *
* *		* *
* *		*

Acquisitio.

♃

1. Ein schmerzvolles und schwächliches Leben.
2. Was Sie gewinnen, wird wieder genommen werden.
3. Der Plan wird aufgegeben werden.
4. Schlecht.
5. Sohn.
6. Unzuverlässig.
7. Nein.
8. Verlust durch Nachlässigkeit.
9. Die Erbschaft ist wertlos.
10. Sie gewinnen, aber es wird keinen Vorteil einbringen.
11. Kein Glück außer im Krieg.
12. Der Überbringer kommt nicht.
13. Die Reise wird das Leben kosten.
14. Wertlose Nachrichten.
15. Sieg durch Strategie.

LINKER ZEUGE	RICHTER	RECHTER ZEUGE
♄	* *	♂
Tristitia.	*	Rubeus.
* *	* *	* *
* *	*	*
* *		* *
*		* *

Acquisitio.

♃

1. Ein kurzes und schmerzvolles Leben.
2. Geben Sie sich keinen Illusionen hin; lassen Sie sich nicht verführen.
3. Hören Sie auf, daran zu denken.
4. Schlecht.
5. Sohn.
6. Sie stehlen heimlich und offen.
7. Nein.
8. Vergebliches Hoffen.
9. Erbschaft.
10. Sie verlieren.
11. Kein Glück.
12. Man wartet vergebens.
13. Verletzung auf der Reise.
14. Schlechte Nachrichten.
15. Der Gegner gewinnt durch Täuschung.

LINKER ZEUGE	RICHTER	RECHTER ZEUGE
☿	* *	☊
Albus.	*	Caput Draconis.
* *	* *	* *
* *	*	*
*		*
* *		*

Acquisitio.

♃

1. Ein glückliches Alter.
2. Reichtum durch Heirat und Angestellte.
3. Halten Sie Ihr Vorhaben geheim.
4. Wie gewünscht.
5. Tochter.
6. Vertrauenswürdig, diskret.
7. Gefahr.
8. Erfolg.
9. Langsamer Erfolg.
10. Der Gegner hat den Vorteil.
11. Günstig für Geistliche und Damen.
12. Bald.
13. Günstig.
14. Gute Nachrichten.
15. Sie werden einen Vergleich schließen.

LINKER ZEUGE	RICHTER	RECHTER ZEUGE
☊	* *	☿
Caput Draconis.	*	Albus.
* *	* *	* *
*	*	* *
*		*
*		* *

Acquisitio.

♃

1. Ein langes Leben.
2. Reichtum durch Schreiben.
3. Günstiger Ausgang.
4. Gut.
5. Tochter.
6. Ehrlich, fleißig.
7. Genesung nach langer Krankheit.
8. Letztendlich Erfolg.
9. Beträchtliche Erbschaft.
10. Vergleich.
11. Günstig für Merkur-Typen.
12. Bald.
13. Gut, aber langsam.
14. Angenehme Nachrichten.
15. Der Gegner ist schwach und wünscht Einigung.

LINKER ZEUGE	RICHTER	RECHTER ZEUGE
♀	✻ ✻	☋
Puella.	✻	Cauda Draconis.
✻	✻ ✻	✻
✻ ✻	✻	✻
✻		✻
✻		✻ ✻

Acquisitio.

♃

1. In der Jugend schwächlich, im Alter glücklich.
2. Die Partnerin verursacht Ihren Ruin.
3. Ist das Vorhaben ein Diebstahl, wird es gelingen.
4. Das Ende ist besser als der Anfang.
5. Sohn.
6. Diebisch, ausschweifend.
7. Nein.
8. Es sind Feinde im Wege.
9. Die Erbschaft wird in fremde Hände fallen.
10. Sie werden verlieren, weil Venus gegen Sie ist.
11. Kein Glück.
12. Nein.
13. Sehr gefährlich.
14. Nachrichten über Krieg.
15. Ihr Gegner ist stärker als Sie.

LINKER ZEUGE	RICHTER	RECHTER ZEUGE
☋	✻ ✻	♀
Cauda Draconis.	✻	Puella.
✻	✻ ✻	✻
✻	✻	✻ ✻
✻		✻
✻ ✻		✻

Acquisitio.

♃

1. Ein nicht sehr langes Leben. Schwächlich im Alter.
2. Wohlstand durch Heirat.
3. Günstig bei Liebesangelegenheiten.
4. Das Ende ist sehr zweifelhaft.
5. Sohn.
6. Diebisch, ausschweifend.
7. Nein.
8. Erfolg.
9. Erbschaft.
10. Gewinn durch den Einfluß von Frauen.
11. Günstig für Damen.
12. Ja.
13. Glückliche Reise, aber große Ausgaben.
14. Nachrichten über Liebesangelegenheiten.
15. Sie werden Ihren böswilligen Feind besiegen.

LINKER ZEUGE	RICHTER	RECHTER ZEUGE
☿	* *	☉
Conjunctio.	*	Fortuna Major.
* *	* *	* *
*	*	* *
*		*
* *		*

Acquisitio.

♃

1. Ein glückliches Leben und sehr hohes Alter.
2. Große Reichtümer.
3. Guter Erfolg.
4. Gut.
5. Tochter.
6. Nützlich.
7. Genesung.
8. Erfolg durch Verhandlung.
9. Ausgezeichnete Erbschaft.
10. Gewinn.
11. Günstig für hohe Positionen.
12. Nicht so bald wie erwartet.
13. Günstig, aber langsam.
14. Glückliche Nachrichten.
15. Begegnen Sie dem Gegner ohne Furcht.

LINKER ZEUGE	RICHTER	RECHTER ZEUGE
☉	* *	☿
Fortuna Major.	*	Conjunctio.
* *	* *	* *
* *	*	*
*		*
*		* *

Acquisitio.

♃

1. Ein langes Leben.
2. Reichtum durch Handel.
3. Zweifelhafter Erfolg.
4. Mittelmäßig.
5. Tochter.
6. Vertrauenswürdig.
7. Nein.
8. Ein gewisser Erfolg.
9. Erbschaft.
10. Vergleich.
11. Günstig, wenn es mit Schreiben zu tun hat.
12. Bald.
13. Rasch und günstig.
14. Vorteilhafte Nachrichten.
15. Sieg.

LINKER ZEUGE	RICHTER	RECHTER ZEUGE
♄	* *	☉
Carcer.	*	Fortuna Minor.
*	* *	*
* *	*	*
* *		* *
*		* *

Acquisitio.

♃

1. Durchschnittliche Lebenserwartung.
2. Reichtum durch Damen.
3. Am Ende Erfolg.
4. Mittelmäßig.
5. Sohn.
6. Eingebildet, arbeitsscheu.
7. Genesung.
8. Erfolg.
9. Der Gegner erhält die Erbschaft.
10. Gewinn.
11. Etwas Erfolg.
12. Nein.
13. Mittelmäßig.
14. Briefe von hochstehenden Persönlichkeiten.
15. Sie werden nicht gewinnen.

LINKER ZEUGE	RICHTER	RECHTER ZEUGE
☉	* *	♄
Fortuna Minor.	*	Carcer.
*	* *	*
*	*	* *
* *		* *
* *		*

Acquisitio.

♃

1. Durchschnittliche Lebenserwartung.
2. Wenig wird durch große Mühe erworben.
3. Sie werden aufhören, daran zu denken.
4. Langsamer Erfolg.
5. Tochter.
6. Faul, eingebildet.
7. Nein.
8. Erfolg, wenn es sich um eine Witwe handelt.
9. Die Erbschaft ist gering.
10. Der Gegner gewinnt.
11. Günstig auf dem Lande.
12. Nein.
13. Langsam und viel Ärger.
14. Die Nachrichten sind wertlos.
15. Der Gegner wird siegen.

Amissio als Richter

LINKER ZEUGE	RICHTER	RECHTER ZEUGE
☾	*	♀
Populus.	* *	Amissio.
* *	*	*
* *	* *	* *
* *		*
* *		* *

Amissio.

♀

1. Schwächlich, ein kurzes Leben.
2. Reichtum geht leicht verloren.
3. Liebe zur Unzeit ist schädlich.
4. Schlecht.
5. Sohn.
6. Nachlässig, unzuverlässig.
7. Genesung.
8. Wunscherfüllung.
9. Die Erbschaft wird sehr mager.
10. Der Gegner ist im Vorteil.
11. Erfolg durch höfliches, vornehmes Auftreten.
12. Verzögerung.
13. Störung durch Wasser.
14. Der Inhalt betrifft Liebesangelegenheiten.
15. Sie werden alle Gegner besiegen.

LINKER ZEUGE	RICHTER	RECHTER ZEUGE
♀	*	☾
Amissio.	* *	Populus.
*	*	* *
* *	* *	* *
*		* *
* *		* *

Amissio.

♀

1. Ein kurzes und schwächliches Leben.
2. Kleines Vermögen.
3. Enttäuschung.
4. Nicht erfolgreich.
5. Sohn.
6. Schnell, aber ausschweifend.
7. Nein.
8. Sie verlieren sie/ihn durch eine lange Reise.
9. Eine andere Person erhält die Erbschaft.
10. Keine der beiden Parteien wird einen Vorteil haben.
11. Ungünstig.
12. Bald.
13. Er wird seine Geliebte besuchen.
14. Nachrichten über Reisen.
15. Der Gegner wird nicht schaden.

LINKER ZEUGE	RICHTER	RECHTER ZEUGE
☾	*	♃
Via.	* *	Acquisitio.
*	*	* *
*	* *	*
*		* *
*		*

Amissio.

♀

1. Gesunde Jugend, schwaches Alter.
2. Je älter, desto ärmer.
3. Die Aussicht ist gut.
4. Gut.
5. Sohn.
6. Ehrlich.
7. Eine lange Krankheit.
8. Erfolg.
9. Die Erbschaft erhalten Sie durch weibliche Hilfe.
10. Sieg.
11. Sie werden gern aufgenommen.
12. Lange Verzögerung.
13. Verzögert.
14. Frohe Nachrichten.
15. Sie sind dem Gegner überlegen.

LINKER ZEUGE	RICHTER	RECHTER ZEUGE
♃	*	☾
Acquisitio.	* *	Via.
* *	*	*
*	* *	*
* *		*
*		*

Amissio.

♀

1. Durchschnittliche Lebenserwartung.
2. Armut in der Jugend und im Alter. Reichtum in den mittleren Jahren.
3. Die Chancen sind schlecht.
4. Mittelmäßig.
5. Tochter.
6. Gut, aber unbeständig.
7. Genesung.
8. Durch Ihre Unbeständigkeit werden Sie ihn/sie verlieren.
9. Nicht Sie erhalten die Erbschaft.
10. Sie verlieren.
11. Günstig auf einer Reise.
12. Ja.
13. Schnelle Reise zu Land und zu Wasser.
14. Unwichtige Nachrichten.
15. Machtvolle Gegner.

LINKER ZEUGE	RICHTER	RECHTER ZEUGE
☿		☿
Albus.		Laetitia.
* *	*	*
* *	* *	* *
*	*	* *
* *	* *	* *

Amissio.

♀

1. Ein langes Leben und Gesundheit.
2. Reichtum durch Dienstleistung.
3. Der Wunsch geht in Erfüllung.
4. Der Anfang ist besser als das Ende.
5. Sohn.
6. Zuverlässig und gut.
7. Genesung.
8. Erfolg.
9. Sie werden den besten Teil bekommen.
10. Gewinn.
11. Ehrenvolle Ämter in der Kirche.
12. Gewiß.
13. Sehr gut.
14. Angenehme Nachrichten.
15. Der Gegner wird Ihnen nicht schaden.

LINKER ZEUGE	RICHTER	RECHTER ZEUGE
♃		☿
Laetitia.		Albus.
*	*	* *
* *	* *	* *
* *	*	*
* *	* *	* *

Amissio.

♀

1. Ein langes, fröhliches Leben.
2. Je älter, desto reicher.
3. Sehr gute Aussichten.
4. Das Ende wird Ihre Fähigkeit unter Beweis stellen.
5. Tochter.
6. Ehrlich und nützlich.
7. Nein.
8. Sie gewinnen sie/ihn durch Schreiben.
9. Ein anderer wird den besten Teil bekommen.
10. Freundschaftliche Beilegung.
11. Ihre Schreibfeder wird Ihre Empfehlung sein.
12. Der Brief ist schon angekommen.
13. Günstig.
14. Gute Nachrichten.
15. Sie sollten sich um eine Beilegung des Streits bemühen.

LINKER ZEUGE	RICHTER	RECHTER ZEUGE
♀ Puella. * * * * *	* * * * * *	♄ Tristitia. * * * * * * *

Amissio.

♀

1. Ein langes, mühsames Leben.
2. Ein wenig Reichtum durch Landwirtschaft und harte Arbeit.
3. Sinnloses Vorhaben.
4. Wertlos.
5. Tochter.
6. Arbeitsscheu und unehrlich.
7. Genesung.
8. Verlust durch Nachlässigkeit.
9. Geringe Erbschaft.
10. Der Gegner gewinnt.
11. Nicht günstig auf dem Lande.
12. Nein.
13. Langsam.
14. Schlechte Nachrichten.
15. Der Gegner gewinnt.

LINKER ZEUGE	RICHTER	RECHTER ZEUGE
♄ Tristitia. * * * * * * *	* * * * * *	♀ Puella. * * * * *

Amissio.

♀

1. Durchschnittliche Lebenserwartung. Mühevoll.
2. Vermögen durch Heirat.
3. Erfolg wenn es sich um eine Liebesangelegenheit handelt.
4. Mittelmäßig.
5. Sohn.
6. Nicht sehr vertrauenswürdig.
7. Wird an Kraft gewinnen.
8. Mit größter Wahrscheinlichkeit Erfolg.
9. Sie dürfen auf bescheidene Erbschaft hoffen.
10. Gewinn durch Damen von Rang.
11. Alle Gunst durch weiblichen Einfluß.
12. Briefe von Damen.
13. Mittelmäßig.
14. Der Inhalt dreht sich um Liebesangelegenheiten.
15. Seien Sie wachsam vor Betrug.

LINKER ZEUGE	RICHTER	RECHTER ZEUGE
♂	*	☊
Puer.	* *	Caput Draconis.
*	*	* *
*	* *	*
* *		*
*		*

Amissio.

♀

1. Stark in der Jugend, danach schwächlich.
2. Ein wenig Reichtum durch Heirat.
3. Dieses Mal sind Sie erfolgreich.
4. Glücklich.
5. Tochter.
6. Gut.
7. Gewinnt langsam an Kraft.
8. Keine Heirat.
9. Eine kleine Erbschaft.
10. Günstiger Ausgang.
11. Glück bei Gericht.
12. Langsam.
13. Günstig.
14. Sehr angenehme Nachrichten.
15. Sie sind im Vorteil.

LINKER ZEUGE	RICHTER	RECHTER ZEUGE
☊	*	♂
Caput Draconis.	* *	Puer.
* *	*	*
*	* *	*
*		* *
*		*

Amissio.

♀

1. Kränklich in der Jugend, danach stärker.
2. Kein Reichtum zu erwarten, außer auf gewaltsame Weise.
3. Kein Erfolg.
4. Blutig.
5. Sohn.
6. Durchschnittlich.
7. Wird an Kraft zunehmen.
8. Heirat.
9. Es gibt nichts zu erben.
10. Der Gegner gewinnt.
11. Günstig im Krieg.
12. Bald.
13. Gefährlich.
14. Nachrichten über Krieg.
15. Der Gegner ist zu schlau für Sie.

LINKER ZEUGE	RICHTER	RECHTER ZEUGE
♂	*	☋
Rubeus.	* *	Cauda Draconis.
* *	*	*
*	* *	*
* *		*
* *		* *

Amissio.

♀

1. In der Jugend schwächlich; im Alter gesund.
2. Einiger Wohlstand im Alter.
3. Das Vorhaben wird aufgegeben.
4. Ungünstig.
5. Sohn.
6. Unbrauchbar.
7. Nein.
8. Heirat.
9. Eine andere Person wird erben.
10. Der Gegner ist im Vorteil.
11. Gehen Sie aufs Land oder in den Krieg.
12. Sehr langsam.
13. Gefahr droht von Räubern und Frauen.
14. Unangenehme Nachrichten.
15. Ihr Gegner ist zu stark für Sie.

LINKER ZEUGE	RICHTER	RECHTER ZEUGE
☋	*	♂
Cauda Draconis.	* *	Rubeus.
*	*	* *
*	* *	*
*		* *
* *		* *

Amissio.

♀

1. Ein langes Leben. Schwaches Alter.
2. Beträchtliche Mittel.
3. Erfolg.
4. Glücklich.
5. Tochter.
6. Durchschnittlich.
7. Nein.
8. Es kommt nichts zustande.
9. Sie erben einen kleinen Betrag.
10. Das Urteil wird nicht zu Ihren Gunsten sein.
11. Eine gute Stelle bei Gericht.
12. Bald.
13. Günstig.
14. Gute Nachrichten.
15. Sie sind dem Gegner überlegen.

LINKER ZEUGE	RICHTER	RECHTER ZEUGE
♄	*	☉
Carcer.	* *	Fortuna Major.
*	*	* *
* *	* *	* *
* *		*
*		*

Amissio.

♀

1. Ein langes Leben.
2. Überfluß.
3. Es wird einigen Erfolg geben.
4. Wie gewünscht.
5. Tochter.
6. Gut und nützlich.
7. Dieses Mal kommt er davon.
8. Mißerfolg.
9. Personen von hoher Stellung werden die Erbschaft mit Ihnen teilen.
10. Das Urteil fällt zu Ihren Gunsten aus.
11. Erfolg in Sicht.
12. Nein.
13. Günstig, aber langsam.
14. Nachrichten über Personen von hohem Rang.
15. Fassen Sie Mut!

LINKER ZEUGE	RICHTER	RECHTER ZEUGE
☉	*	♄
Fortuna Major.	* *	Carcer.
* *	*	*
* *	* *	* *
*		* *
*		*

Amissio.

♀

1. Ein langes Leben.
2. Vermögen durch Landwirtschaft und Bergbau.
3. Was jetzt schwierig scheint, wird klarer werden.
4. Durchschnittlicher, langsamer Erfolg.
5. Tochter.
6. Gut und nützlich.
7. Nein.
8. Verwerfen Sie alle Gedanken an Heirat.
9. Die Erbschaft ist für Sie bestimmt.
10. Der Gegner wird verurteilt werden.
11. Ihr Glück liegt auf dem Lande.
12. Nein.
13. Günstig, aber langsam.
14. Briefe über landwirtschaftliche Angelegenheiten.
15. Sie sollten besser Abstand nehmen.

LINKER ZEUGE	RICHTER	RECHTER ZEUGE
☿	*	☉
Conjunctio.	* *	Fortuna Minor.
* *	*	*
*	* *	*
*		* *
* *		* *

Amissio.

♀

1. Ein ziemlich langes, ereignisreiches Leben.
2. Reichtümer durch Erwerb von ehrenvollen Stellungen.
3. Es wird gut werden.
4. Gut.
5. Sohn.
6. Sehr eingebildet.
7. Erholt sich.
8. Gewisser Erfolg.
9. Erbschaft nach einer Auseinandersetzung.
10. Der Gegner bietet Vergleich an.
11. Vorteil.
12. Langsame Botschaften.
13. Durchschnittlich.
14. Angenehme Nachrichten.
15. Fassen Sie Mut und packen Sie die Sache an.

LINKER ZEUGE	RICHTER	RECHTER ZEUGE
☉	*	☿
Fortuna Minor.	* *	Conjunctio.
*	*	* *
*	* *	*
* *		*
* *		* *

Amissio.

♀

1. Ein durchschnittlich langes und wechselhaftes Leben.
2. Reichtum durch Handel.
3. Es wird aufgegeben werden.
4. Mittelmäßig.
5. Zwillinge.
6. Durchschnittlich.
7. Nein.
8. Sie müssen ihn/sie bekommen.
9. Die Erbschaft geht verloren.
10. Sie werden einen Vergleich wünschen.
11. Ihr Glück liegt im Handel.
12. Der Überbringer betritt das Haus.
13. Günstig.
14. Gute Nachrichten.
15. Ihr Gegner hat sehr viel Glück.

Fortuna Major als Richter

LINKER ZEUGE	RICHTER	RECHTER ZEUGE
☾	* *	☉
Populus.	* *	Fortuna Major.
* *	*	* *
* *	*	* *
* *		*
* *		*

Fortuna Major.

☉

1. Ein langes, zufriedenes Leben.
2. Reiche Besitztümer.
3. Packen Sie es an!
4. Das Ende wird sehr gut sein.
5. Tochter.
6. Geeignet.
7. Erholt sich.
8. Die anderen Bewerber werden zurücktreten müssen.
9. Die Erbschaft ist sicher.
10. Gewinn.
11. Sie werden finden, wonach Sie suchen.
12. Langsam.
13. Die Reise zu Lande wird günstig sein.
14. Lustige Nachrichten.
15. Greifen Sie an!

LINKER ZEUGE	RICHTER	RECHTER ZEUGE
☉	* *	☾
Fortuna Major.	* *	Populus.
* *	*	* *
* *	*	* *
*		* *
*		* *

Fortuna Major.

☉

1. Ein langes, glückliches Leben.
2. Überfluß durch Dinge, die mit Wasser zusammenhängen.
3. Der Wunsch geht in Erfüllung.
4. Wie gewünscht.
5. Tochter.
6. Gut.
7. Nein.
8. Nichts kann Sie abhalten.
9. Vorteil bei einer anderen Person.
10. Sie verlieren.
11. Günstig auf dem Wasser oder für Dinge, die im Zusammenhang damit stehen.
12. Der Überbringer wird bald eintreffen.
13. Glückliche Reise zu Wasser.
14. Durchschnittliche Nachrichten.
15. Gehen Sie dem Gegner aus dem Weg.

LINKER ZEUGE	RICHTER	RECHTER ZEUGE
☾	* *	⊙
Via.	* *	Fortuna Minor.
*	*	*
*	*	*
*		* *
*		* *

Fortuna Major.

⊙

1. Durchschnittliche Lebenserwartung.
2. Armut.
3. Teilweise Erfolg.
4. Das Ende ist besser als der Anfang.
5. Tochter.
6. Sehr eingebildet.
7. Genesung.
8. Erfolg.
9. Erbschaft.
10. Günstige Aussicht.
11. Eine gewisse Gefahr ist damit verbunden.
12. Er ist unterwegs.
13. Günstig.
14. Gute Nachrichten.
15. Sieg.

LINKER ZEUGE	RICHTER	RECHTER ZEUGE
⊙	* *	☾
Fortuna Minor.	* *	Via.
*	*	*
*	*	*
* *		*
* *		*

Fortuna Major.

⊙

1. Ein kurzes Leben, voller Enttäuschungen.
2. Sehr wenig Vermögen.
3. Enttäuschung.
4. Nur mittelmäßig.
5. Tochter.
6. Vertrauenswürdig.
7. Genesung.
8. Erfolg ist sehr zweifelhaft.
9. Keine Erbschaft.
10. Der Gegner gewinnt.
11. Ungünstig.
12. Bald.
13. Mittelmäßig.
14. Einigermaßen gute Nachrichten.
15. Der Gegner ist stärker.

LINKER ZEUGE	RICHTER	RECHTER ZEUGE
☿	* *	♃
Conjunctio.	* *	Acquisitio.
* *	*	* *
*	*	*
*		* *
* *		*

Fortuna Major.

☉

1. Ein langes Leben.
2. Ausreichende Mittel.
3. Erfolg.
4. Gut.
5. Sohn.
6. Geeignet.
7. Trotz aller Hoffnungen wird er sterben.
8. Heirat.
9. Unerwartete Erbschaft.
10. Sie gewinnen, wenn Sie einen Vergleich anstreben.
11. Günstig für Rechtsanwälte.
12. Der Überbringer ist unterwegs.
13. Ein sehr gutes Ende.
14. Nachrichten wie gewünscht.
15. Ihr Gegner bietet Einigung an.

LINKER ZEUGE	RICHTER	RECHTER ZEUGE
♃	* *	☿
Acquisitio.	* *	Conjunctio.
* *	*	* *
*	*	*
* *		*
*		* *

Fortuna Major.

☉

1. Ein langes Leben.
2. Durchschnittliches Vermögen.
3. Erfolg.
4. Durchschnittlich.
5. Sohn.
6. Ehrlich und nützlich.
7. Nein.
8. Sie werden bekommen, was Sie möchten.
9. Der Gewinn wird nicht sehr groß sein.
10. Vergleich mit Verlust.
11. Einiger Erfolg bei kaufmännischen Stellen.
12. Bald.
13. Mittelmäßig.
14. Einigermaßen gute Nachrichten.
15. Bemühen Sie sich um Beilegung des Streits.

LINKER ZEUGE	RICHTER	RECHTER ZEUGE
♀ Puella. * * * * *	* * * * * *	♃ Laetitia. * * * * * * *

Fortuna Major.

☉

1. Ein langes und gesundes Leben.
2. Überfluß.
3. Erfolg.
4. Wie gewünscht.
5. Sohn.
6. Gut.
7. Genesung.
8. Er/sie liebt Sie mit großer Zärtlichkeit.
9. Erbschaft und Glück.
10. Ein gutes Ende.
11. Günstig für geistliche Ämter.
12. Der Brief wird zurückgehalten.
13. Schnell und erfolgreich.
14. Nur gute Nachrichten.
15. Der Gegner ist feige und ungerecht.

LINKER ZEUGE	RICHTER	RECHTER ZEUGE
♃ Laetitia. * * * * * * *	* * * * * *	♀ Puella. * * * * *

Fortuna Major.

☉

1. Ein glückliches und gesundes Leben.
2. Reichtümer durch Heirat.
3. Erfolg, wenn es sich um eine Liebesangelegenheit handelt.
4. Erfreulich.
5. Sohn.
6. Lebhaft, aber ehrlich.
7. Genesung.
8. Wunscherfüllung.
9. Günstige Aussicht.
10. Der Gegner gewinnt.
11. Glück durch Damen.
12. Der Überbringer wird bald eintreffen.
13. Fröhlich und angenehm.
14. Die Nachrichten betreffen Liebesangelegenheiten.
15. Der Gegner ist weise, gerecht und mächtig.

LINKER ZEUGE	RICHTER	RECHTER ZEUGE
☊	* *	♂
Caput Draconis.	* *	Rubeus.
* *	*	* *
*	*	*
*		* *
*		* *

Fortuna Major.

☉

1. Ein kurzes, mühseliges Leben.
2. Armut in der Jugend, Reichtum im Alter.
3. Die Rechnung war ohne den Wirt gemacht.
4. Das Ende wird die ganze Sache ruinieren.
5. Tochter.
6. Diebisch.
7. Der Tod wird ihn erlösen.
8. Sie sind in Lebensgefahr wegen Ihrer/s Liebsten.
9. Sie könnten einen Prozeß erben.
10. Der Richter ist auf Seiten Ihres Gegners.
11. Mars ist gegen Sie.
12. Bald.
13. Gefährlich.
14. Die Nachrichten sind nutzlos.
15. Ihr Gegner trachtet danach, Sie zu zerstören.

LINKER ZEUGE	RICHTER	RECHTER ZEUGE
♂	* *	☊
Rubeus.	* *	Caput Draconis.
* *	*	* *
*	*	*
* *		*
* *		*

Fortuna Major.

☉

1. Ein kurzes, kränkliches Leben.
2. Was in der Jugend gewonnen wurde, wird im Alter verloren.
3. Etwas Erfolg.
4. Gut.
5. Tochter.
6. Intelligent, aber unehrlich.
7. Genesung.
8. Freude.
9. Mehrere Erbschaften.
10. Günstiges Urteil.
11. Günstig in Gesellschaft von Damen.
12. Langsam.
13. Günstig.
14. Gute Nachrichten.
15. Sieg.

LINKER ZEUGE	RICHTER	RECHTER ZEUGE
☋	* *	♂
Cauda Draconis.	* *	Puer.
*	*	*
*	*	*
*		* *
* *		*

Fortuna Major.

☉

1. Nichts als Unglück. Ein kurzes Leben.
2. Ihr Besitz wird Ihnen gewaltsam genommen.
3. Luftschlösser.
4. Der Anfang schlecht; das Ende etwas besser.
5. Sohn.
6. Unehrlich, nutzlos.
7. Er liegt auf dem Sterbelager.
8. Zwischen Lipp' und Kelches Rand schwebt der dunklen Mächte Hand.
9. Es wird sich nicht lohnen, das Erbe zu besitzen.
10. Der Gegner verliert.
11. Man findet nichts.
12. Sie warten vergebens.
13. Sie tun gut daran, zu Hause zu bleiben.
14. Tiefe Enttäuschung.
15. Sie sind Ihrem Gegner überlegen.

LINKER ZEUGE	RICHTER	RECHTER ZEUGE
♂	* *	☋
Puer.	* *	Cauda Draconis.
*	*	*
*	*	*
* *		*
*		* *

Fortuna Major.

☉

1. Ein kurzes, schmerzvolles Leben.
2. Armut und Not.
3. Es wird fehlschlagen.
4. Nutzlos.
5. Sohn.
6. Faul und unehrlich.
7. Er sollte sich auf das Sterben vorbereiten.
8. Es ist nutzlos an Heirat zu denken.
9. Die Anwälte werden die Erbschaft unter sich aufteilen.
10. Der Prozeß wird verloren.
11. Überall ungünstig, außer im Krieg.
12. Nein.
13. Viel Unglück.
14. Nichts Erfreuliches.
15. Der Gegner ist zu stark für Sie.

LINKER ZEUGE	RICHTER	RECHTER ZEUGE
☿	* *	♄
Amissio.	* *	Carcer.
*	*	*
* *	*	* *
*		* *
* *		*

Fortuna Major.

☉

1. Ein kurzes Leben, aber eine starke Konstitution.
2. Reichtümer durch Landwirtschaft oder Bergbau.
3. Langsamer Erfolg.
4. Mittelmäßig.
5. Tochter.
6. Durchschnittlich.
7. Nein.
8. Heirat.
9. Es wird sehr wenig zu erben sein.
10. Die Aussichten sind schlecht.
11. Gehen Sie aufs Land.
12. Nein.
13. Einigermaßen günstig.
14. Weder gute noch schlechte Nachrichten.
15. Der Vorteil liegt bei Ihnen.

LINKER ZEUGE	RICHTER	RECHTER ZEUGE
♄	* *	☿
Carcer.	* *	Amissio.
*	*	*
* *	*	* *
* *		*
*		* *

Fortuna Major.

☉

1. Ein langes, aber kränkliches Leben.
2. Wechselhaftes Glück.
3. Sinnlose Gedanken um die Liebe.
4. Gut.
5. Tochter.
6. Träge und unehrlich.
7. Genesung.
8. Die Verlobung wird gelöst.
9. Vergebliche Hoffnungen auf Erbschaft.
10. Keine der beiden Seiten wird gewinnen.
11. Schlagen Sie es sich aus dem Kopf.
12. Der Brief wird endlich eintreffen.
13. Langsam.
14. Unbedeutende Nachrichten.
15. Zweifelhafter Ausgang.

LINKER ZEUGE	RICHTER	RECHTER ZEUGE
☿	✻ ✻	♄
Albus.	✻ ✻	Tristitia.
✻ ✻	✻	✻ ✻
✻ ✻	✻	✻ ✻
✻		✻ ✻
✻ ✻		✻

Fortuna Major.

☉

1. Ein langes, schwermütiges Leben.
2. Großer Reichtum durch Landwirtschaft oder Bergbau.
3. Erfolg, aber langsam.
4. Einigermaßen gut.
5. Tochter.
6. Faul, aber ehrlich.
7. Nein.
8. Am Ende Erfolg.
9. Einigermaßen Glück.
10. Sie verlieren durch eigene Nachlässigkeit.
11. Auf dem Lande ist es besser für Sie geeignet als in der Stadt.
12. Langsam.
13. Im Durchschnitt gut.
14. Die Nachrichten sind nicht viel wert.
15. Der Gegner behält die Oberhand.

LINKER ZEUGE	RICHTER	RECHTER ZEUGE
♄	✻ ✻	☿
Tristitia.	✻ ✻	Albus.
✻ ✻	✻	✻ ✻
✻ ✻	✻	✻ ✻
✻ ✻		✻
✻		✻ ✻

Fortuna Major.

☉

1. Ein langes, gesundes Leben.
2. Reichtümer durch Schreiben.
3. Erfolg.
4. Wie gewünscht.
5. Tochter.
6. Ehrlich.
7. Genesung.
8. Die Hochzeitsglocken werden läuten.
9. Glück.
10. Gewinn.
11. Günstig im Bereich der Gesetzgebung.
12. Gute Briefe, die schnell eintreffen werden.
13. Glücklich und schnell.
14. Gute Nachrichten.
15. Sieg.

Fortuna Minor als Richter

LINKER ZEUGE	RICHTER	RECHTER ZEUGE
☾	*	⊙
Populus.	*	Fortuna Minor.
* *	* *	*
* *	* *	*
* *		* *
* *		* *

Fortuna Minor.

⊙

1. Durchschnittliches Lebensalter. Wechselhaft.
2. Beträchtliche Reichtümer.
3. Es wird gelingen.
4. Gut.
5. Sohn.
6. Nicht die besten.
7. Nein.
8. Heirat.
9. Gute Erbschaft.
10. Gewinn.
11. Wechselhaft.
12. Nein.
13. Glücklich und schnell.
14. Gute Nachrichten.
15. Hüten Sie sich vor zu vielen Gegnern.

LINKER ZEUGE	RICHTER	RECHTER ZEUGE
⊙	*	☾
Fortuna Minor.	*	Populus.
*	* *	* *
*	* *	* *
* *		* *
* *		* *

Fortuna Minor.

⊙

1. Ein langes, recht glückliches Leben.
2. Einige Mittel durch Überseehandel.
3. Es hat keine Lebenskraft.
4. Durchschnittlich.
5. Tochter.
6. Gut genug.
7. Nein.
8. Enttäuschung.
9. Zweifelhafte Aussichten auf Erbschaft.
10. Sie verlieren.
11. Ihr Glück liegt auf dem Wasser.
12. Ja.
13. Schnell und glücklich.
14. Mittelmäßige Nachrichten.
15. Der Feind wird keinen Schaden anrichten.

LINKER ZEUGE	RICHTER	RECHTER ZEUGE
♄	*	♃
Carcer.	*	Acquisitio.
*	* *	* *
* *	* *	*
* *		* *
*		*

Fortuna Minor.

☉

1. Ein langes, gesundes Leben.
2. Reichtum durch juristische Tätigkeit.
3. Es wird dazu kommen.
4. Gut.
5. Tochter.
6. Gut.
7. Nein.
8. Heirat.
9. Es gibt Grund zu Hoffnung auf Erbschaft.
10. Gewinn.
11. Günstig für Rechtsanwälte.
12. Nein.
13. Günstig.
14. Zweifelhafte Nachrichten.
15. Der Gegner ist harmlos.

LINKER ZEUGE	RICHTER	RECHTER ZEUGE
♃	*	♄
Acquisitio.	*	Carcer.
* *	* *	*
*	* *	* *
* *		* *
*		*

Fortuna Minor.

☉

1. Ein langes, gesundes Leben.
2. Reichtum durch Arbeiten, die im Zusammenhang mit Saturn stehen.
3. Mißerfolg.
4. Durchschnittlich.
5. Sohn.
6. Ehrlich und fleißig.
7. Nein.
8. Jeder Versuch ist nutzlos.
9. Vergebliche Hoffnung auf Erbschaft.
10. Sie verlieren, weil sie nicht zur rechten Zeit zur Stelle sind.
11. Unheil.
12. Nein.
13. Langsam.
14. Im Durchschnitt gute Nachrichten.
15. Halten Sie sich fern.

LINKER ZEUGE	RICHTER	RECHTER ZEUGE
♂	*	♃
Rubeus.	*	Laetitia.
* *	* *	*
*	* *	* *
* *		* *
* *		* *

Fortuna Minor.

☉

1. Ein langes, gesundes Leben.
2. Reichtum durch Miete und Pacht.
3. Es wird dazu kommen.
4. Gut.
5. Sohn.
6. Gut.
7. Genesung.
8. Sie werden im Regen stehengelassen.
9. Gute Erbschaft.
10. Gewinn.
11. Günstig für geistliche Ämter.
12. Bald.
13. Günstig.
14. Gute Nachrichten.
15. Ihr Gegner wird nachgeben.

LINKER ZEUGE	RICHTER	RECHTER ZEUGE
♃	*	♂
Laetitia.	*	Rubeus.
*	* *	* *
* *	* *	*
* *		* *
* *		* *

Fortuna Minor.

☉

1. Ein kurzes, krankes Leben.
2. Verlust von Besitz.
3. Es wird in die falsche Richtung gehen.
4. Ungünstig.
5. Sohn.
6. Diebisch.
7. Nein.
8. Heirat.
9. Wertlose Erbschaft.
10. Sie verlieren.
11. Günstig in der Armee.
12. Die Briefe werden gestohlen.
13. Ungünsig.
14. Unangenehme Nachrichten.
15. Der Gegner wird als Sieger hervorgehen.

LINKER ZEUGE	RICHTER	RECHTER ZEUGE
♂	*	♄
Puer.	*	Tristitia.
*	* *	* *
*	* *	* *
* *		* *
*		*

Fortuna Minor.

☉

1. Ein langes und sehr glückliches Leben.
2. Wenig wird durch viel Arbeit erworben.
3. Äußerst zweifelhafter Erfolg.
4. Zweifelhaft.
5. Tochter.
6. Faul.
7. Nein.
8. Es wird keine Heirat geben, weil Sie zu sorglos sind.
9. Gute Erbschaft.
10. Sie werden am Ende gewinnen.
11. Erwarten Sie nichts.
12. Nein.
13. Verzögerung.
14. Traurige Nachrichten.
15. Der Gegner muß unterliegen.

LINKER ZEUGE	RICHTER	RECHTER ZEUGE
♄	*	♂
Tristitia.	*	Puer.
* *	* *	*
* *	* *	*
* *		* *
*		*

Fortuna Minor.

☉

1. Ein kurzes und schmerzhaftes Leben.
2. Sie werden gar nichts besitzen.
3. Jeder Versuch ist nutzlos.
4. Vergeblich.
5. Sohn.
6. Unehrlich.
7. Nein.
8. Erfolg.
9. Wertlose Erbschaft.
10. Sie verlieren.
11. Die Sterne stehen dagegen.
12. Bald.
13. Gefährlich.
14. Schlechte Nachrichten.
15. Der Gegner ist im Vorteil.

LINKER ZEUGE	RICHTER	RECHTER ZEUGE
♀	*	☊
Puella.	*	Caput Draconis.
*	* *	* *
* *	* *	*
*		*
*		*

Fortuna Minor.

☉

1. Ein angenehmes, aber nicht sehr langes Leben.
2. Die Umstände sind gut.
3. Manches daran ist wahr, manches nicht.
4. Langsam.
5. Tochter.
6. Gut.
7. Nein.
8. Kein Erfolg.
9. Erbschaft.
10. Es kommt zum Vergleich.
11. Das Glück ist Ihnen hold.
12. Langsam.
13. Langsam, aber glücklich.
14. Gute Nachrichten.
15. Die ganze Feindseligkeit ist nur ein Zeitvertreib.

LINKER ZEUGE	RICHTER	RECHTER ZEUGE
☊	*	♀
Caput Draconis.	*	Puella.
* *	* *	*
*	* *	* *
*		*
*		*

Fortuna Minor.

☉

1. Durchschnittliche Lebensdauer. Gute Umstände.
2. Vermögen durch Heirat.
3. Der Wunsch geht in Erfüllung.
4. Gut.
5. Sohn.
6. Vertrauenswürdig.
7. Genesung.
8. Erfolg.
9. Erbschaft von Damen.
10. Gewinn.
11. Es gibt einige Hoffnung.
12. Ja.
13. Lustig und glücklich.
14. Angenehme Nachrichten.
15. Eine Beilegung ist ratsam.

LINKER ZEUGE	RICHTER	RECHTER ZEUGE
☿	✻	☋
Albus.	✻	Cauda Draconis.
✻ ✻	✻ ✻	✻
✻ ✻	✻ ✻	✻
✻		✻
✻ ✻		✻ ✻

Fortuna Minor.

☉

1. Ein kurzes, aber gesundes Leben.
2. Armut und Not.
3. Sie haben sich verrechnet.
4. Wertlos.
5. Sohn.
6. Nutzlos.
7. Nein.
8. Alle Bemühungen sind vergebens.
9. Keine Erbschaft.
10. Der Prozeß ist bereits verloren.
11. Kein Glück.
12. Nein.
13. Unglücklich.
14. Nachrichten ohne jeden Wert.
15. Der Gegner ist zu schlau für Sie.

LINKER ZEUGE	RICHTER	RECHTER ZEUGE
☋	✻	☿
Cauda Draconis.	✻	Albus.
✻	✻ ✻	✻ ✻
✻	✻ ✻	✻ ✻
✻		✻
✻ ✻		✻ ✻

Fortuna Minor.

☉

1. Ein langes, aber krankes Leben.
2. Reichtum durch Handel.
3. Erfolg.
4. Gut.
5. Tochter.
6. Gut.
7. Nein.
8. In diesem Falle niemals.
9. Gute Erbschaft.
10. Gewinn.
11. Ein Vorteil erwartet Sie.
12. Sehr bald.
13. Günstig.
14. Gute Nachrichten.
15. Sie werden der Meister sein.

LINKER ZEUGE	RICHTER	RECHTER ZEUGE
☿	✻	♀
Conjunctio.	✻	Amissio.
✻ ✻	✻ ✻	✻
✻	✻ ✻	✻ ✻
✻		✻
✻ ✻		✻ ✻

Fortuna Minor.

☉

1. Ein kurzes und schwächliches Leben.
2. Armut.
3. Alles vergeblich.
4. Wertlos.
5. Sohn.
6. Wertlos.
7. Genesung.
8. Heirat.
9. Wertloses Erbe.
10. Sie verlieren.
11. Kein Glück.
12. Der Überbringer trifft nicht ein.
13. Ungünstig.
14. Wertlose Nachrichten.
15. Ein starker Gegner.

LINKER ZEUGE	RICHTER	RECHTER ZEUGE
♀	✻	☿
Amissio.	✻	Conjunctio.
✻	✻ ✻	✻ ✻
✻ ✻	✻ ✻	✻
✻		✻
✻ ✻		✻ ✻

Fortuna Minor.

☉

1. Durchschnittliche Lebenserwartung; Krankheit.
2. Durchschnittliche Mittel.
3. Etwas Erfolg.
4. Durchschnittlich.
5. Zwillinge.
6. Durchschnittlich.
7. Nein.
8. Heirat.
9. Die Erbschaft ist nicht sehr bedeutsam.
10. Es wird zum Vergleich kommen.
11. Günstig im Handelsbereich.
12. Bald.
13. Im Durchschnitt gut.
14. Weder gute noch schlechte Nachrichten.
15. Es wird kein Leid geschehen.

LINKER ZEUGE	RICHTER	RECHTER ZEUGE
☾	*	⊙
Via.	*	Fortuna Major.
*	* *	* *
*	* *	* *
*		*
*		*

Fortuna Minor.

⊙

1. Ein langes, gesundes Leben.
2. Reichtümer.
3. Erfüllung.
4. Gut.
5. Tochter.
6. Vertrauenswürdig.
7. Genesung.
8. Erfolg.
9. Glück.
10. Gewinn.
11. Dieses Mal sehr günstig.
12. Langsam.
13. Günstig.
14. Gute Nachrichten.
15. Sieg.

LINKER ZEUGE	RICHTER	RECHTER ZEUGE
⊙	*	☾
Fortuna Minor.	*	Via.
* *	* *	*
* *	* *	*
*		*
*		*

Fortuna Minor.

⊙

1. Ein kurzes, aber sehr glückliches Leben.
2. Etwas Vermögen.
3. Der Plan wird fallengelassen.
4. Zweifelhaft.
5. Tochter.
6. Durchschnittlich.
7. Nein.
8. Kein Erfolg.
9. Wertloses Erbe.
10. Sie verlieren.
11. Ungünstig.
12. Bald.
13. Schnell und glücklich.
14. Nachrichten von durchschnittlicher Art.
15. Meiden Sie den Gegner.

Populus als Richter

LINKER ZEUGE	RICHTER	RECHTER ZEUGE
♃	* *	♃
Acquisitio.	* *	Acquisitio.
* *	* *	* *
*	* *	*
* *		* *
*		*

Populus.

☾

1. Lang und glücklich.
2. Überfluß.
3. Sie werden den Gedanken fallenlassen.
4. Durchschnittlich.
5. Tochter.
6. Vertrauenswürdig.
7. Nein.
8. Wunscherfüllung.
9. Gute Erbschaft.
10. Zweifelhafter Ausgang.
11. Günstig.
12. Verzögerung.
13. Langsam, aber günstig.
14. Gute Nachrichten.
15. Sie werden dem Gegner kein Leid zufügen.

LINKER ZEUGE	RICHTER	RECHTER ZEUGE
☾	* *	☾
Populus.	* *	Populus.
* *	* *	* *
* *	* *	* *
* *		* *
* *		* *

Populus.

☾

1. Ein langes Leben.
2. Wohlstand im Überfluß.
3. Ihre Träume werden sich nicht erfüllen.
4. Zweifelhaft.
5. Tochter.
6. Ehrlich.
7. Nein.
8. Heirat.
9. Sie werden enttäuscht sein.
10. Die Dinge stehen sehr schlecht für Sie.
11. Sie werden hereingelegt.
12. Bald.
13. Günstig und gesund.
14. Durchschnittliche Nachrichten.
15. Beide Gegner haben gleiche Chancen.

LINKER ZEUGE	RICHTER	RECHTER ZEUGE
♃	* *	♃
Laetitia.	* *	Laetitia.
*	* *	*
* *	* *	* *
* *		* *
* *		* *

Populus

☾

1. Ein langes, gesundes Leben.
2. Reichtümer.
3. Die Idee ist sehr gut.
4. Gut.
5. Sohn.
6. Gut.
7. Genesung.
8. Erfolg.
9. Ein Vermögen durch Erbschaft.
10. Vergleich.
11. Glück.
12. Bald.
13. Günstig.
14. Gute Nachrichten.
15. Beilegung.

LINKER ZEUGE	RICHTER	RECHTER ZEUGE
♀	* *	♀
Amissio.	* *	Amissio.
*	* *	*
* *	* *	* *
*		*
* *		* *

Populus.

☾

1. Sehr schwache Gesundheit.
2. Armut und Not.
3. Die Pläne werden zerstört.
4. Wertlos.
5. Tochter.
6. Nutzlos.
7. Nein.
8. Keinerlei Aussicht auf Erfolg.
9. Vergebliches Hoffen auf Erbschaft.
10. Sie verlieren.
11. Sie werden nichts erreichen.
12. Bald.
13. Ungünstig.
14. Schlechte Nachrichten.
15. Verlust auf beiden Seiten.

LINKER ZEUGE	RICHTER	RECHTER ZEUGE
☊	* *	☊
Caput Draconis.	* *	Caput Draconis.
* *	* *	* *
*	* *	*
*		*
*		*

Populus.

☾

1. Ein durchschnittlich gesundes Leben.
2. Reichtum durch Dienstleistungen.
3. Es wird klappen, aber langsam.
4. Gut.
5. Tochter.
6. Gut.
7. Genesung.
8. Sie werden ihn/sie allem zum Trotz bekommen.
9. Gute Erbschaft.
10. Vergleich.
11. Glück.
12. Der Brief ist unterwegs.
13. Ungünstig.
14. Gute Nachrichten.
15. Keiner von beiden schadet dem anderen.

LINKER ZEUGE	RICHTER	RECHTER ZEUGE
♄	* *	♄
Tristitia.	* *	Tristitia.
* *	* *	* *
* *	* *	* *
* *		* *
*		*

Populus.

☾

1. Ein langes und mühsames Leben.
2. Ein wenig Reichtum durch harte Arbeit.
3. Verpaßter Erfolg.
4. Schmerzhaft.
5. Tochter.
6. Nutzlos.
7. Nein.
8. Kein Erfolg.
9. Wertlose Erbschaft.
10. Sie verlieren.
11. Es ist nichts zu erwarten.
12. Nein.
13. Langsam.
14. Nutzlose Nachrichten.
15. Ein durchtriebener Gegner.

LINKER ZEUGE	RICHTER	RECHTER ZEUGE
♀	✻ ✻	♀
Puella.	✻ ✻	Puella.
✻	✻ ✻	✻
✻ ✻	✻ ✻	✻ ✻
✻		✻
✻		✻

Populus.

☾

1. Ein langes und glückliches Leben.
2. Reichtum.
3. Erfüllung.
4. Gut.
5. Sohn.
6. Gut.
7. Genesung.
8. Erfolg.
9. Erbschaft.
10. Vergleich.
11. Kein Glück.
12. Ja.
13. Fröhlich.
14. Erfreuliche Nachrichten.
15. Der Gegner wird Ihnen keinen Schaden zufügen.

LINKER ZEUGE	RICHTER	RECHTER ZEUGE
☋	✻ ✻	☋
Cauda Draconis.	✻ ✻	Cauda Draconis.
✻	✻ ✻	✻
✻	✻ ✻	✻
✻		✻
✻ ✻		✻ ✻

Populus.

☾

1. Ein schwächliches Leben.
2. Armut und Unglück.
3. Es ist nutzlos.
4. Ungünstig.
5. Sohn.
6. Unehrlich.
7. Nein.
8. Große Enttäuschung.
9. Keine Erbschaft.
10. Sie verlieren.
11. Kein Glück.
12. Nein.
13. Ungünstig.
14. Wertlose Nachrichten.
15. Der Gegner taugt zu nichts.

LINKER ZEUGE	RICHTER	RECHTER ZEUGE
☿	* *	☿
Albus.	* *	Albus.
* *	* *	* *
* *	* *	* *
*		*
* *		* *

Populus.

1. Ein langes und glückliches Leben.
2. Reichtümer durch Dienstleistungen.
3. Es wird verwirklicht werden.
4. Gut.
5. Tochter.
6. Gut.
7. Nein.
8. Erfolg.
9. Gute Erbschaft.
10. Vergleich.
11. Sein Schreibstil wird ihn empfehlen.
12. Bald.
13. Glücklich.
14. Gute Nachrichten.
15. Harmloser Gegner.

LINKER ZEUGE	RICHTER	RECHTER ZEUGE
♂	* *	♂
Puer.	* *	Puer.
*	* *	*
*	* *	*
* *		* *
*		*

Populus.

☾

1. Ein durchschnittlich langes, aber schwaches Leben.
2. Armut durch Diebstahl.
3. Mißerfolg.
4. Nutzlos.
5. Sohn.
6. Wertlos.
7. Nein.
8. Sie werden abgewiesen.
9. Keine Erbschaft.
10. Der Richter ist parteiisch.
11. Glück im Krieg.
12. Nein.
13. Schnell.
14. Nutzlose Nachrichten.
15. Der Gegner ist gefährlich.

LINKER ZEUGE	RICHTER	RECHTER ZEUGE
☉	* *	☉
Fortuna Major.	* *	Fortuna Major.
* *	* *	* *
* *	* *	* *
*		*
*		*

Populus.

☾

1. Ein langes und glückliches Leben.
2. Überfluß.
3. Es wird weitergehen.
4. Glücklich.
5. Tochter.
6. Gut.
7. Genesung.
8. Mit Sicherheit Erfolg.
9. Reiche Erbschaft.
10. Der Prozeß ist schon gewonnen.
11. Günstig unter Machthabern.
12. Langsam.
13. Ungünstig.
14. Gute Nachrichten.
15. Der Gegner wird nachgeben.

LINKER ZEUGE	RICHTER	RECHTER ZEUGE
♂	* *	♂
Rubeus.	* *	Rubeus.
* *	* *	* *
*	* *	*
* *		* *
* *		* *

Populus.

☾

1. Ein kurzes und ungesundes Leben.
2. Verlust durch Diebstahl.
3. Ein falscher Anfang.
4. Schlecht.
5. Sohn.
6. Unehrlich.
7. Nein.
8. Sie werden fortgeschickt.
9. Nichts als Prozesse.
10. Der Richter ist gegen Sie.
11. Kein Glück.
12. Nein.
13. Ungünstig.
14. Wertlose Nachrichten.
15. Blutrünstiger Gegner.

LINKER ZEUGE	RICHTER	RECHTER ZEUGE
⊙	* *	⊙
Fortuna Minor.	* *	Fortuna Minor.
*	* *	*
*	* *	*
* *		* *
* *		* *

Populus

☾

1. Ein durchschnittliches, wechselhaftes Leben.
2. Zufriedenstellender Wohlstand.
3. Unkorrektheit.
4. Gut.
5. Sohn.
6. Gut.
7. Wird an Kraft gewinnen.
8. Sie werden viel Glück haben.
9. Erbschaft wird gewonnen durch sehr viele Streitigkeiten.
10. Schlechte Aussichten.
11. Unbeständigkeit.
12. Bald.
13. Rasch und günstig.
14. Nicht sehr gute Nachrichten.
15. Sie werden dem Gegner keinen Schaden zufügen.

LINKER ZEUGE	RICHTER	RECHTER ZEUGE
☾	* *	☾
Via.	* *	Via.
*	* *	*
*	* *	*
*		*
*		*

Populus.

☾

1. Ein langes und glückliches Leben.
2. Einnahmen im Handel mit Silber.
3. Pläne sind wertlos.
4. Erträglich.
5. Tochter.
6. Erträglich.
7. Nein.
8. Heirat.
9. Durchschnittliche Erbschaft.
10. Einigermaßen Erfolg.
11. Kein Glück.
12. Bald.
13. Rasch und glücklich.
14. Durchschnittliche Nachrichten.
15. Gelingen.

LINKER ZEUGE	RICHTER	RECHTER ZEUGE
☿	* *	☿
Conjunctio.	* *	Conjunctio.
* *	* *	* *
*	* *	*
*		*
* *		* *

Populus.

☾

1. Ein durchschnittlich langes Leben.
2. Einigermaßen erfolgreich.
3. Wird sich als richtig erweisen.
4. Gut.
5. Sohn.
6. Gut.
7. Nein.
8. Erfolg.
9. Vergleich mit dem Gegner.
10. Vergleich.
11. Günstig im kaufmännischen Bereich.
12. Ja.
13. Einigermaßen glücklich.
14. Einigermaßen gute Nachrichten.
15. Beilegung des Streits.

LINKER ZEUGE	RICHTER	RECHTER ZEUGE
♄	* *	♄
Carcer.	* *	Carcer.
*	* *	*
* *	* *	* *
* *		* *
*		*

Populus.

☾

1. Ein langes und mühseliges Leben.
2. Reichtümer durch Landwirtschaft.
3. Sie werden den Gedanken fallenlassen.
4. Mittelmäßig.
5. Tochter.
6. Sie arbeiten hart aber auf dumme Weise.
7. Nein.
8. Keine Aussichten auf Erfolg.
9. Eine durchschnittliche Erbschaft.
10. Ungünstige Aussichten.
11. Kein Glück.
12. Langsam.
13. Günstig.
14. Einigermaßen gute Nachrichten.
15. Der Gegner wird Ihnen keine Schaden zufügen.

Via als Richter

LINKER ZEUGE	RICHTER	RECHTER ZEUGE
☾	*	☾
Via.	*	Populus.
*	*	* *
*	*	* *
*		* *
*		* *

Via.

☾

1. Ein langes Leben.
2. Ausreichende Mittel.
3. Vergebliche Mühe.
4. Mittelmäßig.
5. Tochter.
6. Durchschnittlich.
7. Nein.
8. Erfolg.
9. Erbschaft ohne jeden Wert.
10. Gewinn.
11. Wechselhaftes Glück.
12. Bald.
13. Rasch und glücklich.
14. Einigermaßen gute Nachrichten.
15. Sie sind Meister.

LINKER ZEUGE	RICHTER	RECHTER ZEUGE
☾	*	☾
Populus.	*	Via.
* *	*	*
* *	*	*
* *		*
* *		*

Via.

☾

1. Ein kurzes Leben.
2. Mittelmaß.
3. Vergebliche Hoffnung.
4. Ungünstig.
5. Tochter.
6. Nutzlos.
7. Nein.
8. Erfolg.
9. Die Erbschaft ist nicht der Rede wert.
10. Sie haben den richtigen Zeitpunkt verpaßt.
11. Alles ist gegen Sie.
12. Bald.
13. Günstig zu Lande.
14. Kleinigkeiten.
15. Der Gegner stellt sich als Meister heraus.

LINKER ZEUGE	RICHTER	RECHTER ZEUGE
♃	*	♀
Acquisitio.	*	Amissio.
* *	*	*
*	*	* *
* *		*
*		* *

Via.

☾

1. Ein kurzes, aber gesundes Leben.
2. Unbeständigkeit.
3. Nutzlos, es zu versuchen.
4. Bedauerlich.
5. Sohn.
6. Vertrauenswürdig.
7. Genesung.
8. Alle Versuche sind vergebens.
9. Die Erbschaft wird mehr schaden als nutzen.
10. Sie verlieren.
11. Die Stelle ist wertlos.
12. Bald.
13. Rasch und glücklich.
14. Unangenehme Nachrichten.
15. Der Gegner bleibt oben.

LINKER ZEUGE	RICHTER	RECHTER ZEUGE
♀	*	♃
Amissio.	*	Acquisitio.
*	*	* *
* *	*	*
*		* *
* *		*

Via.

☾

1. Ein langes, aber kein starkes Leben.
2. Einigermaßen erfolgreich.
3. Guter Erfolg.
4. Durchschnittlich.
5. Sohn.
6. Gut.
7. Genesung.
8. Natürlich Erfolg.
9. Gute Erbschaft.
10. Gewinn.
11. Erfolg unter Rechtsanwälten.
12. Langsam.
13. Verzögerung, aber günstig.
14. Nachrichten wie gewünscht.
15. Der Gegner wird davonlaufen.

LINKER ZEUGE	RICHTER	RECHTER ZEUGE
♃	*	☊
Laetitia.	*	Caput Draconis.
*	*	* *
* *	*	*
* *		*
* *		*

Via.

☾

1. Ein durchschnittliches und gesundes Leben.
2. Ausreichende Mittel.
3. Ein Fehler.
4. Gut.
5. Tochter.
6. Vertrauenswürdig.
7. Genesung.
8. Erfolg.
9. Erbschaft.
10. Vergleich.
11. Es ist keine besonders gute Stelle.
12. Langsam.
13. Sie werden die Reise nicht bereuen.
14. Erfreuliche Nachrichten.
15. Der Gegner wird zum Freund.

LINKER ZEUGE	RICHTER	RECHTER ZEUGE
☊	*	♃
Caput Draconis.	*	Laetitia.
* *	*	*
*	*	* *
*		* *
*		* *

Via.

☾

1. Ein langes und freudvolles Leben.
2. Überfluß.
3. Erfolg.
4. Ausgezeichnet.
5. Sohn.
6. Gut.
7. Genesung.
8. Ihr Herzenswunsch geht in Erfüllung.
9. Gute Erbschaft.
10. Sie werden Glück haben.
11. Günstig bei geistlichen Ämtern.
12. Der Brief ist unterwegs.
13. Günstig.
14. Erfreuliche Nachrichten.
15. Sie werden die Oberhand gewinnen.

LINKER ZEUGE	RICHTER	RECHTER ZEUGE
♄	*	☋
Tristitia.	*	Cauda Draconis.
* *	*	*
* *	*	*
* *		*
*		* *

Via.

☾

1. Ein kurzes und schmerzvolles Leben.
2. Sehr wenig.
3. Mißerfolg.
4. Unglücklich.
5. Tochter.
6. Unzuverlässig und faul.
7. Nein.
8. Der Partner betrügt Sie.
9. Die Erbschaft ist gefährlich.
10. Sie verlieren.
11. Kein Glück.
12. Bald.
13. Nicht sehr gut.
14. Schlechte Nachrichten.
15. Ein starker Gegner.

LINKER ZEUGE	RICHTER	RECHTER ZEUGE
☋	*	♄
Cauda Draconis.	*	Tristitia.
*	*	* *
*	*	* *
*		* *
* *		*

Via.

☾

1. Ein elendes, aber langes Leben.
2. Ein wenig Reichtum durch harte Arbeit.
3. Es ist wie Wasser in einem Sieb tragen.
4. Schlecht.
5. Tochter.
6. Faul.
7. Nein.
8. Ihr Angebot wird zurückgewiesen.
9. Es gibt wenig zu erben.
10. Gewinn.
11. Mehr Glück zu Lande als zu Wasser.
12. Nein.
13. Verzögerung.
14. Traurige Nachrichten.
15. Der Gegner verliert.

LINKER ZEUGE	RICHTER	RECHTER ZEUGE
♀	*	♂
Puella.	*	Rubeus.
*	*	* *
* *	*	*
*		* *
*		* *

Via.

☾

1. Ein kurzes Leben.
2. Es sieht schlecht aus.
3. Enttäuschung.
4. Vollkommen wertlos.
5. Sohn.
6. Unehrlich.
7. Nein.
8. Machen Sie weiter.
9. Die Erbschaft entzieht sich.
10. Sie verlieren.
11. Hohe Positionen sind für Sie nicht gut.
12. Nein.
13. Gefährlich.
14. Schlechte Nachrichten.
15. Der Gegner ist im Vorteil.

LINKER ZEUGE	RICHTER	RECHTER ZEUGE
♂	*	♀
Rubeus.	*	Puella.
* *	*	*
*	*	* *
* *		*
* *		*

Via.

☾

1. Ein durchschnittliches Leben.
2. Mittelmaß.
3. Guter Erfolg.
4. Sehr gut.
5. Sohn.
6. Gut.
7. Genesung.
8. Sie werden bald hocherfreut sein.
9. Erbschaft.
10. Gewinn.
11. Glück.
12. Bald.
13. Glücklich.
14. Gute Nachrichten.
15. Sie sind dem Gegner überlegen.

LINKER ZEUGE	RICHTER	RECHTER ZEUGE
♂	*	☿
Puer.	*	Albus.
*	*	* *
*	*	* *
* *		*
*		* *

Via.

☾

1. Ein langes, aber schwächliches Leben.
2. Mittelmaß.
3. Fehlschlag.
4. Erfreulich.
5. Tochter.
6. Gut.
7. Nein.
8. Heirat.
9. Erbschaft.
10. Gewinn.
11. Gute Aussichten.
12. Gewiß.
13. Günstig.
14. Gute Nachrichten.
15. Sie werden den Gegner in Verlegenheit bringen.

LINKER ZEUGE	RICHTER	RECHTER ZEUGE
☿	*	♂
Albus.	*	Puer.
* *	*	*
* *	*	*
*		* *
* *		*

Via.

☾

1. Ein kurzes Leben.
2. Es steht schlecht.
3. Fehlschlag.
4. Mittelmäßig.
5. Sohn.
6. Unehrlich.
7. Nein.
8. Heirat.
9. Es steht schlecht.
10. Sie verlieren.
11. Schwierig.
12. Nein.
13. Wertlos.
14. Schlechte Nachrichten.
15. Der Gegner wird Sie besiegen.

LINKER ZEUGE	RICHTER	RECHTER ZEUGE
☿	*	♄
Conjunctio.	*	Carcer.
* *	*	*
*	*	* *
*		* *
* *		*

Via.

☾

1. Ein langes Leben.
2. Es steht schlecht.
3. Fehlschlag.
4. Nutzlos.
5. Tochter.
6. Faul.
7. Nein.
8. Heirat.
9. Erbschaft.
10. Vergleich.
11. Kein Glück.
12. Ja.
13. Mittelmäßig.
14. Schlechte Nachrichten.
15. Der Gegner siegt.

LINKER ZEUGE	RICHTER	RECHTER ZEUGE
♄	*	☿
Carcer.	*	Conjunctio.
*	*	* *
* *	*	*
* *		*
*		* *

Via.

☾

1. Durchschnittliche Lebenserwartung.
2. Mittelmaß.
3. Es wird verwirklicht.
4. Weder gut noch schlecht.
5. Tochter.
6. Durchschnittlich.
7. Er wird verreisen.
8. Sie werden viel Glück haben.
9. Erbschaft kommt zur rechten Zeit.
10. Der Prozeß wird zu Ihren Gunsten entschieden werden.
11. Einigermaßen gute Aussichten.
12. Ja.
13. Einigermaßen gut.
14. Weder gute noch schlechte Nachrichten.
15. Der Gegner verliert.

LINKER ZEUGE	RICHTER	RECHTER ZEUGE
☉	*	☉
Fortuna Major.	*	Fortuna Major.
* *	*	*
* *	*	*
*		* *
*		* *

Via.

☾

1. Ein gutes und langes Leben.
2. Mehr als genug Mittel.
3. Es wird verschwinden.
4. Gut.
5. Sohn.
6. Erträglich.
7. Genesung.
8. Er/sie kann nicht entkommen.
9. Es steht gut.
10. Sie verlieren.
11. Wechselhaftes Glück.
12. Ja.
13. Günstig.
14. Einigermaßen gute Nachricht.
15. Der Feind siegt.

LINKER ZEUGE	RICHTER	RECHTER ZEUGE
☉	*	☉
Fortuna Minor.	*	Fortuna Major.
*	*	* *
*	*	* *
* *		*
* *		*

Via.

☾

1. Ein langes, aber unglückliches Leben.
2. Ausreichende Mittel.
3. Es steht gut.
4. Gut.
5. Tochter.
6. Ehrlich.
7. Genesung.
8. Erfolg.
9. Gute Erbschaft.
10. Gewinn.
11. Glück.
12. Langsam.
13. Verzögerung.
14. Freudige Nachrichten.
15. Sieg.

Conjunctio als Richter

LINKER ZEUGE	RICHTER	RECHTER ZEUGE
☿	* *	☾
Conjunctio.	*	Populus.
* *	*	* *
*	* *	* *
*		* *
* *		* *

Conjunctio.

☿

1. Ein langes Leben, mittelmäßige Gesundheit.
2. Mittelmaß.
3. Fehler.
4. Weder gut noch schlecht.
5. Tochter.
6. Durchschnittlich.
7. Nein.
8. Erfolg.
9. Es gibt nicht viel zu holen.
10. Sie verlieren.
11. Kein Glück.
12. Bald.
13. Rasch.
14. Falschmeldungen.
15. Der Gegner wünscht Frieden.

LINKER ZEUGE	RICHTER	RECHTER ZEUGE
☾	* *	☿
Populus.	*	Conjunctio.
* *	*	* *
* *	* *	*
* *		*
* *		* *

Conjunctio.

☿

1. Durchschnittliche Gesundheit, ein kurzes Leben.
2. Ein wenig Reichtum durch Handel.
3. Eine vertrackte Angelegenheit.
4. Weder gut noch schlecht.
5. Zwillinge.
6. Durchschnittlich.
7. Nein.
8. Heirat.
9. Gute Erbschaft.
10. Vergleich.
11. Eine schlechte Stelle.
12. Bald.
13. Gut.
14. Weder gute noch schlechte Nachrichten.
15. Sie werden eine Beilegung des Streits wünschen.

LINKER ZEUGE	RICHTER	RECHTER ZEUGE
♃	* *	☉
Acquisito.	*	Fortuna Major.
* *	*	* *
*	* *	* *
* *		*
*		*

Conjunctio.

☿

1. Ein langes, gesundes Leben.
2. Überfluß.
3. Erfolg.
4. Froh.
5. Tochter.
6. Gut.
7. Nein.
8. Es gibt keinen, der Ihnen den Partner nehmen könnte.
9. Reiche Erbschaft.
10. Gewinn.
11. Glück.
12. Bald.
13. Günstig, aber lang.
14. Nachrichten wie gewünscht.
15. Der Gegner wird bezwungen.

LINKER ZEUGE	RICHTER	RECHTER ZEUGE
☉	* *	♃
Fortuna Major.	*	Acquisitio.
* *	*	* *
* *	* *	*
*		* *
*		*

Conjunctio.

☿

1. Ein glückliches und gesundes Leben.
2. Mittelmaß.
3. Erfolg.
4. Weder gut noch schlecht.
5. Sohn.
6. Gut genug.
7. Nein.
8. Heirat.
9. Sichere Erbschaft.
10. Gewinn.
11. Glück unter Rechtsanwälten.
12. Langsam.
13. Langsam.
14. Gute Nachrichten.
15. Der Gegner bleibt siegreich.

LINKER ZEUGE	RICHTER	RECHTER ZEUGE
♀	* *	☉
Amissio.	*	Fortuna Minor.
*	*	*
* *	* *	*
*		* *
* *		* *

Conjunctio.

☿

1. Ein schwächliches und kurzes Leben.
2. Geringe Mittel.
3. Betrogene Hoffnung.
4. Einigermaßen gut.
5. Sohn.
6. Nicht die besten.
7. Genesung.
8. Wunscherfüllung.
9. Schlechte Erbschaft.
10. Wechselhaftes Glück.
11. Erfolg.
12. Bald.
13. Vergebens.
14. Nutzlose Nachrichten.
15. Sie werden erfolgreich sein.

LINKER ZEUGE	RICHTER	RECHTER ZEUGE
☉	* *	♀
Fortuna Minor.	*	Amissio.
*	*	*
*	* *	* *
* *		*
* *		* *

Conjunctio.

☿

1. Schwächliche Gesundheit.
2. Wenig Beständigkeit.
3. Enttäuschung.
4. Zweifelhaft.
5. Sohn.
6. Nutzlos.
7. Nein.
8. Heirat.
9. Denken Sie nicht mehr daran!
10. Sie verlieren.
11. Kein Glück.
12. Bald.
13. Schlecht.
14. Wertlose Nachrichten.
15. Sie verlieren.

LINKER ZEUGE	RICHTER	RECHTER ZEUGE
♃	* *	☋
Laetitia.	*	Cauda Draconis.
*	*	*
* *	* *	*
* *		*
* *		* *

Conjunctio.

☿

1. Ein kurzes, aber gesundes Leben.
2. Es steht schlecht.
3. Alles vergebens.
4. Nutzlos.
5. Tochter.
6. Unzuverlässig.
7. Nein.
8. Die Verlobung wird gelöst werden.
9. Der Gegner bekommt die Erbschaft.
10. Sie verlieren.
11. Kein Glück.
12. Bald.
13. Schnell.
14. Gute Nachrichten.
15. Der Gegner wird siegreich sein.

LINKER ZEUGE	RICHTER	RECHTER ZEUGE
☋	* *	♃
Cauda Draconis.	*	Laetitia.
*	*	*
*	* *	* *
*		* *
* *		* *

Conjunctio.

☿

1. Ein langes und glückliches Leben.
2. Genügende Mittel.
3. Erfolg.
4. Gut.
5. Sohn.
6. Ehrlich.
7. Genesung.
8. Erfolg.
9. Erfolg.
10. Gewinn.
11. Eine gute Aussicht.
12. Der Brief wird kommen.
13. Günstig.
14. Frohe Nachrichten.
15. Der Feind wird das Feld räumen müssen.

LINKER ZEUGE	RICHTER	RECHTER ZEUGE
☊	* *	♄
Caput Draconis.	*	Tristitia.
* *	*	* *
*	* *	* *
*		* *
*		*

Conjunctio.

☿

1. Ein langes Leben.
2. Mittelmaß.
3. Fehlschlag.
4. Weder gut noch schlecht.
5. Tochter.
6. Unehrlich.
7. Nein.
8. Vergebliches Hoffen.
9. Schlechte Aussicht auf Erbschaft.
10. Sie verlieren.
11. Die Sterne stehen gegen Sie.
12. Der Brief ist unterwegs.
13. Unangenehm.
14. Wertlose Nachrichten.
15. Ihr Gegner wird Ihr Richter sein.

LINKER ZEUGE	RICHTER	RECHTER ZEUGE
♄	* *	☊
Tristitia.	*	Caput Draconis.
* *	*	* *
* *	* *	*
* *		*
*		*

Conjunctio.

☿

1. Ein langes Leben.
2. Gute Bedingungen.
3. Erfüllung.
4. Gut.
5. Tochter.
6. Vertrauenswürdig.
7. Nein.
8. Erfolg.
9. Erfolg.
10. Erfolg.
11. Das Schicksal ist Ihnen hold.
12. Der Brief wird kommen.
13. Günstig.
14. Gute Nachrichten.
15. Der Gegner verliert.

LINKER ZEUGE	RICHTER	RECHTER ZEUGE
☉	* *	♃
Fortuna Major.	*	Acquisitio.
* *	*	* *
* *	* *	*
*		* *
*		*

Conjunctio.

☿

1. Ein langes, glückliches Leben.
2. Überfluß.
3. Es wird verwirklicht werden.
4. Gut.
5. Sohn.
6. Gut.
7. Genesung.
8. Erfolg.
9. Den besten Teil bekommt ein anderer.
10. Der Gegner gewinnt.
11. Die Rechtsanwälte stehen auf Ihrer Seite.
12. Langsam.
13. Verzögerung.
14. Gute Nachrichten.
15. Ihr Gegner wird Herr der Lage sein.

LINKER ZEUGE	RICHTER	RECHTER ZEUGE
♃	* *	☉
Acquisitio.	*	Fortuna Major.
* *	*	* *
*	* *	* *
* *		*
*		*

Conjunctio.

☿

1. Glücklich.
2. Ausreichende Mittel.
3. Erfolg.
4. Günstig.
5. Tochter.
6. Ehrlich.
7. Nein.
8. Sie werden ein Paar.
9. Gute Erbschaft.
10. Gute Aussichten.
11. Günstig.
12. Der Brief wird schließlich kommen.
13. Die Reise wird verschoben.
14. Frohe Nachrichten.
15. Der Gegner wird geschlagen.

LINKER ZEUGE	RICHTER	RECHTER ZEUGE
♂	* *	☿
Rubeus.	*	Albus.
* *	*	* *
*	* *	* *
* *		*
* *		* *

Conjunctio.

☿

1. Ein langes Leben.
2. Durchschnittlicher Reichtum.
3. Erfolg.
4. Gut.
5. Tochter.
6. Vertrauenswürdig.
7. Nein.
8. Heirat.
9. Gute Erbschaft.
10. Gewinn.
11. Günstig.
12. Bald.
13. Gefährlich.
14. Gute Nachrichten.
15. Der Gegner verliert.

LINKER ZEUGE	RICHTER	RECHTER ZEUGE
☿	* *	♂
Albus.	*	Rubeus.
* *	*	* *
* *	* *	*
*		* *
* *		* *

Conjunctio.

☿

1. Ein kurzes Leben.
2. Es steht schlecht.
3. Eine falsche Kalkulation.
4. Schlecht.
5. Sohn.
6. Nutzlos.
7. Nein.
8. Enttäuschung.
9. Die Erbschaft wird Ihnen schaden.
10. Sie verlieren.
11. Es wird die Hölle für Sie sein.
12. Nein.
13. Langsam.
14. Verdrießliche Nachrichten.
15. Der Gegner verliert.

LINKER ZEUGE	RICHTER	RECHTER ZEUGE
☾	* *	♄
Via.	*	Carcer.
*	*	*
*	* *	* *
*		* *
*		*

Conjunctio.

☿

1. Ein kurzes Leben.
2. Ein wenig Reichtum durch harte Arbeit.
3. Vom Regen in die Traufe.
4. Weder gut noch schlecht.
5. Tochter.
6. Faul.
7. Nein.
8. Heirat.
9. Einigermaßen gute Erbschaft.
10. Sie werden endlich gewinnen.
11. Heimliche Feinde.
12. Nein.
13. Verzögerung.
14. Gute Nachrichten.
15. Sieg.

LINKER ZEUGE	RICHTER	RECHTER ZEUGE
♄	* *	☾
Carcer.	*	Via.
*	*	*
* *	* *	*
* *		*
*		*

Conjunctio.

☿

1. Ein kurzes Leben.
2. Es steht schlecht.
3. Enttäuschung.
4. Weder gut noch schlecht.
5. Tochter.
6. Durchschnittlich.
7. Nein.
8. Heirat.
9. Keine Erbschaft.
10. Sie verlieren.
11. Nichts zu erwarten.
12. Gewiß.
13. Schnell.
14. Weder gute noch schlechte Nachrichten.
15. Der Gegner wird nichts gewinnen.

Carcer als Richter

LINKER ZEUGE	RICHTER	RECHTER ZEUGE
♄ Carcer. * * * * * *	* * * * * *	☾ Populus. * * * * * * * *

Carcer.

♄

1. Ein langes Leben.
2. Es steht gut.
3. Es wird Störungen geben.
4. Durchschnittlich.
5. Tochter.
6. Durchschnittlich.
7. Nein.
8. Ohne Zweifel Erfolg.
9. Der Gegner bekommt das Erbe.
10. Sie verlieren.
11. Es steht weder gut noch schlecht.
12. Eine Botschaft.
13. Schnell.
14. Weder gute noch schlechte Nachrichten.
15. Der Gegner muß das Feld räumen.

LINKER ZEUGE	RICHTER	RECHTER ZEUGE
☾ Populus. * * * * * * * *	* * * * * *	♄ Carcer. * * * * * *

Carcer.

♄

1. Ein langes Leben.
2. Einigermaßen gutes Vermögen auf dem Lande.
3. Rückzug.
4. Mittelmäßig.
5. Tochter.
6. Durchschnittlich.
7. Nein.
8. Hören Sie auf, an sie/ihn zu denken.
9. Die Dinge stehen schlecht.
10. Zu spät.
11. Es ist nichts zu bekommen.
12. Briefe.
13. Verzögerung.
14. Schlechte Nachrichten.
15. Der Gegner siegt.

LINKER ZEUGE	RICHTER	RECHTER ZEUGE
♃ Acquisitio. * * * * * *	* * * * * *	☉ Fortuna Minor. * * * * * *

Carcer.

♄

1. Ein kurzes und glückliches Leben.
2. Mittelmaß.
3. Vergebliche Hoffnung.
4. Gut.
5. Sohn.
6. Gut.
7. Genesung.
8. Heirat.
9. Die Erbschaft ist gegen Sie.
10. Sie verlieren.
11. Sie haben Glück, aber das Glück ist wechselhaft.
12. Ja.
13. Bald.
14. Mittelmäßige Nachrichten.
15. Sie verlieren.

LINKER ZEUGE	RICHTER	RECHTER ZEUGE
☉ Fortuna Minor. * * * * * *	* * * * * *	♃ Acquisitio. * * * * * *

Carcer.

♄

1. Ein langes Leben.
2. Mittelmaß.
3. Es wird vorangehen.
4. Gut.
5. Sohn.
6. Vertrauenswürdig.
7. Nein.
8. Heirat.
9. Gute Erbschaft.
10. Gewinn.
11. Kein Glück.
12. Bald.
13. Günstig.
14. Gute Nachrichten.
15. Der Gegner kehrt zurück.

LINKER ZEUGE	RICHTER	RECHTER ZEUGE
♀	*	☉
Amissio.	* *	Fortuna Major.
*	* *	* *
* *	*	* *
*		*
* *		*

Carcer.

♄

1. Ein langes Leben.
2. Großes und dauerhaftes Vermögen.
3. Es wird langsam vorangehen.
4. Glücklich.
5. Tochter.
6. Optimal.
7. Genesung.
8. Erfolg.
9. Große Erbschaft.
10. Gewinn.
11. Ein guter Anfang.
12. Briefe.
13. Günstig.
14. Gute Nachrichten.
15. Der Gegner unterliegt.

LINKER ZEUGE	RICHTER	RECHTER ZEUGE
☉	*	♀
Fortuna Major.	* *	Amissio.
* *	* *	*
* *	*	* *
*		*
*		* *

Carcer.

♄

1. Ein kurzes Leben.
2. Armut und Not.
3. Die Idee stimmt.
4. Schlecht.
5. Sohn.
6. Nutzlos.
7. Nein.
8. Venus ist gegen Sie.
9. Ein anderer wird sich daran erfreuen.
10. Gewinn.
11. Ungünstige Sterne.
12. Der Brief wurde geraubt.
13. Die Reise wird Ihnen einen Verlust einbringen.
14. Die Nachricht ist scheußlich.
15. Ihr Gegner wird die Oberhand gewinnen.

LINKER ZEUGE	RICHTER	RECHTER ZEUGE
♃	*	♄
Laetitia.	* *	Tristitia.
*	* *	* *
* *	*	* *
* *		* *
* *		*

Carcer.

♄

1. Ein langes Leben.
2. Es steht schlecht.
3. Enttäuschung.
4. Schlecht.
5. Tochter.
6. Faul.
7. Nein.
8. Zu sehr später Stunde Erfolg.
9. Erfolg.
10. Die Entscheidung fällt gegen Sie aus.
11. Alles arbeitet gegen Sie.
12. Nein.
13. Verzögerung.
14. Schlechte Nachrichten.
15. Der Gegner kommt ganz groß heraus.

LINKER ZEUGE	RICHTER	RECHTER ZEUGE
♄	*	♃
Tristitia.	* *	Laetitia
* *	* *	*
* *	*	* *
* *		* *
*		* *

Carcer.

♄

1. Ein langes, schmerzvolles Leben.
2. Reiche Mittel.
3. Erfolg.
4. Gut.
5. Sohn.
6. Vertrauenswürdig.
7. Genesung.
8. Keine Aussicht auf Erfolg.
9. Sehr günstige Aussichten.
10. Gewinn.
11. Sehr günstig.
12. Bald.
13. Günstig.
14. Erfreuliche Nachrichten.
15. Der Gegner muß nachgeben.

LINKER ZEUGE	RICHTER	RECHTER ZEUGE
♀	*	☿
Puella.	* *	Albus.
*	* *	* *
* *	*	* *
*		*
*		* *

Carcer.

♄

1. Ein langes Leben.
2. Es steht gut.
3. Es ist gut durchdacht.
4. Gut.
5. Tochter.
6. Gut.
7. Nein.
8. Die Sterne sind gegen Sie.
9. Die Erbschaft ist nicht sehr groß.
10. Gewinn.
11. Gratulation.
12. Bald.
13. Günstig.
14. Gute Nachrichten.
15. Der Gegner wird Zweitbester sein.

LINKER ZEUGE	RICHTER	RECHTER ZEUGE
☿	*	♀
Albus.	* *	Puella.
* *	* *	*
* *	*	* *
*		*
* *		*

Carcer.

♄

1. Ein kurzes, aber glückliches Leben.
2. Mittelmaß.
3. Es steht gut.
4. Weder gut noch schlecht.
5. Sohn.
6. Vertrauenswürdig.
7. Genesung.
8. Erfolg.
9. Kleine Erbschaft.
10. Gewinn.
11. Sehr günstig.
12. Bald.
13. Günstig.
14. Gute Nachrichten.
15. Der Sieg ist zweifelhaft.

LINKER ZEUGE	RICHTER	RECHTER ZEUGE
♂	*	♂
Rubeus.	* *	Puer.
* *	* *	*
*	*	*
* *		* *
* *		*

Carcer.

♄

1. Ein kurzes, unglückliches Leben.
2. Armut und Elend.
3. Fehler.
4. Eine Verhaftung und Gefängnisstrafe.
5. Sohn.
6. Unehrlich.
7. Nein.
8. Kein Erfolg.
9. Die Erbschaft schadet.
10. Sie verlieren.
11. Hindernisse.
12. Nein.
13. Ungünstig.
14. Nutzlose Nachrichten.
15. Der Gegner wird siegen.

LINKER ZEUGE	RICHTER	RECHTER ZEUGE
♂	*	♂
Puer.	* *	Rubeus.
*	* *	* *
*	*	*
* *		* *
*		* *

Carcer.

♄

1. Ein langes Leben.
2. Verlust von Eigentum.
3. Lassen Sie es bleiben.
4. Not.
5. Sohn.
6. Diebisch.
7. Nein.
8. Die Heirat wird auf ewig verschoben.
9. Nichts als Streitigkeiten.
10. Sie gewinnen, werden aber keinen Vorteil daraus ziehen.
11. Lassen Sie die Finger davon.
12. Nein.
13. Gefährlich.
14. Werfen Sie die Nachricht ins Feuer.
15. Sieg.

LINKER ZEUGE	RICHTER	RECHTER ZEUGE
☊	*	☋
Caput Draconis.	* *	Cauda Draconis.
* *	* *	*
*	*	*
*		*
*		* *

Carcer.

♄

1. Ein kurzes Leben.
2. Armut.
3. Eine falsche Kalkulation.
4. Schlecht.
5. Sohn.
6. Habgierig.
7. Nein.
8. Kein Erfolg.
9. Für Sie gibt es nichts zu erben.
10. Sie verlieren.
11. Die Stellung ist gefährlich.
12. Nein.
13. Ungünstig.
14. Nutzlose Nachrichten.
15. Der Gegner ist zu verschlagen.

LINKER ZEUGE	RICHTER	RECHTER ZEUGE
☋	*	☊
Cauda Draconis.	* *	Caput Draconis.
*	* *	* *
*	*	*
*		*
* *		*

Carcer.

♄

1. Ein kurzes und unglückliches Leben.
2. Durchschnittliche Mittel.
3. Erfolg.
4. Gut.
5. Tochter.
6. Gut.
7. Nein.
8. Keine Heirat.
9. Erbschaft.
10. Gewinn.
11. Glück.
12. Langsam.
13. Langsam.
14. Erfreuliche Nachrichten.
15. Der Gegner verliert das Spiel.

LINKER ZEUGE	RICHTER	RECHTER ZEUGE
☿	*	☾
Conjunctio.	* *	Via.
* *	* *	*
*	*	*
*		*
* *		*

Carcer.

♄

1. Ein kurzes und schmerzvolles Leben.
2. Armut.
3. Enttäuschung.
4. Weder gut noch schlecht.
5. Tochter.
6. Durchschnittlich.
7. Nein.
8. Die Verlobung wird gelöst werden.
9. Schlechte Aussichten auf Erbschaft.
10. Sie verlieren.
11. Kein Glück.
12. Eine Botschaft.
13. Schnell.
14. Mittelmäßige Nachrichten.
15. Der Gegner wünscht Frieden.

LINKER ZEUGE	RICHTER	RECHTER ZEUGE
☾	*	☿
Via.	* *	Conjunctio.
*	* *	* *
*	*	*
*		*
*		* *

Carcer.

♄

1. Durchschnittliche Lebenserwartung.
2. Mittelmaß.
3. Schlechte Aussichten.
4. Schlecht.
5. Zwillinge.
6. Durchschnittlich.
7. Nein.
8. Erfolg.
9. Es reicht für das Begräbnis.
10. Der Prozeß wird zu Ihren Gunsten entschieden.
11. Alles sieht schlecht aus.
12. Der Überbringer ist nah.
13. Einträglich.
14. Gute Nachrichten.
15. Sieg.

9
Wie unten auf Erden, so oben am Himmel

Je mehr Sie Übung in der Handhabung der grundlegenden Form des Erdorakels haben, desto mehr wird Ihnen klar, daß die Zeichen von Richter und Zeugen tatsächlich nicht viel mehr darstellen als abgeleitete Zusammenfassungen der zwölf vorangehenden Zeichen – der Mütter, Töchter und Neffen. Daraus folgt, daß der Gebrauch der Richter/Zeugen-Tabellen eine Spur zu mechanisch und aufgrund der stark vereinfachten Antworten auch irreführend sein kann.

Sie ahnen vielleicht schon, daß Sie mit etwas mehr Übung in der Ausdeutung und unter Einbeziehung weiterer Faktoren zu ergiebigeren Interpretationen gelangen können. Dies wird durch die Verbindung des astrologischen Systems mit dem geomantischen System möglich.

Bevor Sie aber einen Schreck bekommen, daß es nun sehr kompliziert wird, sei betont, daß kein astrologisches Vorwissen erforderlich ist. Alles, was Sie brauchen, ist in diesem Buch enthalten, obwohl natürlich ein wenig Hintergrundstudium nicht schadet. Auch bedarf es nicht komplizierter Berechnungen, da dieser Teil der Astrologie für die geomantische Deutung nicht benötigt wird; Tafeln mit Planeten- und Tierkreisdaten (Ephemeriden) werden nicht herangezogen. Bevor wir zur Anwendung der Astrologie auf die geomantische Interpretation gelangen, wollen wir kurz einige Grundlagen der Astrologie betrachten. Was die Geomantik anbetrifft, so dient die Astrologie in diesem Zusammenhang lediglich als Werkzeug zur Ausdeutung, so daß wir nicht in die Tiefe zu gehen brauchen.

Wir lassen die relativen Positionen des Sonnensystems, in dem die Planeten um die Sonne kreisen, einmal ganz außer acht. Statt dessen schauen wir uns das Universum aus dem Blickwinkel eines Menschen an, der auf der Erde steht und zum Himmelsgewölbe aufsieht. Dabei spielen die komplizierten Systeme von Planeten- und Sternenbahnen keine Rolle. Was uns hingegen sehr wohl interessiert, sind die Winkel, die die Planeten und Sterne zueinander bilden, sowie ihre Beziehung zu dem Punkt auf der Erde, auf dem wir stehen.

Wenn wir ein astrologisches System für Menschen erfinden sollten, die auf der Sonne geboren sind, wäre das üblicherweise praktizierte Modell des (heliozentrischen) Sonnensystems genau das richtige. Uns geht es aber hier um die Beziehungen der Planeten und Sterne *zur Erde*, so daß es keinen Sinn machen würde, über ihre jeweiligen Beziehungen zur Sonne zu reden.

Stellen Sie sich vor, daß Sie bei Nacht mit beiden Füßen fest auf der Erde stehen und zu dem großen blauschwarzen, nächtlichen Himmelsgewölbe hinaufschauen. Die Nacht ist von Sternen erleuchtet, wobei ein Streifen, die Milchstraße, dichter erscheint als der Rest.

Halten Sie nun besonders Ausschau nach Sternengruppen, die eine auffallende Form haben. Vielleicht sehen Sie die drei hellleuchtenden und in gleichem Abstand zueinander stehenden Sterne des Orion oder, in der südlichen Halbkugel, das deutlich erkennbare Südliche Kreuz. Betrachten Sie alles aufmerksam; nach ein oder zwei Stunden wird es so aussehen, als hätten sich diese Sterne am Himmel ein Stück weiter bewegt. Das läßt sich auch für andere Sternengruppen feststellen. Was muß es bei den frühen Menschen für ein Erstaunen ausgelöst haben, als sie sahen, daß der ganze Himmel sich um die Erde zu drehen schien, wobei einige Sterne am Horizont auftauchten, andere die Himmelshöhen durchquerten und wieder andere auf der gegenüberliegenden Seite am Horizont verschwanden. Jeder Stern wahrt seine Stellung in bezug auf die anderen Sterne. Die Menschen, die dieses Phänomen beobachteten, dachten nicht an die Drehung der Erde; für sie war die Erde der Bezugspunkt, und sie wählten bestimmte Sternengruppen aus, die sich unablässig um die Erde zu drehen schienen, und nannten sie Konstellationen.

Die Tierkreiszeichen

Aufgrund der wahrgenommenen Bewegung des Himmelszelts, war es natürlich erforderlich, einen festen Bezugspunkt zu finden, an dem man den Lauf von Sonne, Mond und Planeten messen konnte. Dazu wurden zwölf besonders auffällige Konstellationen ausgewählt, die ungefähr in einem sechzehn Grad breiten Streifen um die Erde angesiedelt sind. Die dienten als Markierungen am Himmel, nach denen sich die Bewegungen der Planeten und von Sonne und Mond bestimmen ließen. Diese zwölf Konstellationen nannte man die zwölf Zeichen des Tierkreises (Zodiak). Alle zu jener Zeit sichtbaren Planeten einschließlich des Mondes bewegten sich zwischen der Erde und diesem Himmelsstreifen, und jeder Planet folgte seinem eigenen Lauf. Die Konstellationen wurden nach Tieren und anderen Bildern, die man in ihnen zu erkennen glaubte, benannt:

Widder	♈	Waage	♎
Stier	♉	Skorpion	♏
Zwillinge	♊	Schütze	♐
Krebs	♋	Steinbock	♑
Löwe	♌	Wassermann	♒
Jungfrau	♍	Fische	♓

Seit der Zeit, in der sie ihre Namen erhielten, haben sich die Konstellationen etwas aus den Positionen, in denen sie zuerst gesichtet wurden, entfernt. Man spricht in diesem Zusammenhang von der »Präzesion der Äquinoxe« (das langsame Vorrücken des Fixsternhimmels durch die Bewegung der Erdachse). Das muß uns aber hier nicht beschäftigen, weil die Tierkreiszeichen in der oben genannten Form auch heute noch als Markierungen für dieselben zwölf Abschnitte am Himmel dienen, selbst wenn sie gegenüber den ursprünglichen Konstellationen ein wenig verschoben sind. Die Haupteigenschaften dieser zwölf Zeichen werden im nachfolgenden Kapitel kurz wiedergegeben.

Soweit zum Sternenzelt, das sich als Ganzes zu drehen scheint, wobei die Sterne am östlichen Horizont auf- und am westlichen Horizont untergehen. Im Laufe von achtundvierzig Stunden steigt also jedes der zwölf Tierkreiszeichen im Osten empor, zieht seine Bahn über den Himmel und geht wie die Sonne im Westen unter.

Mit diesem Sternenband wandert nun auch der am nächsten gelegene Stern, die Sonne. Beobachtet man die Sonne über mehrere Tage, so hat man den Eindruck, als würde sie mit einem bestimmten Zeichen des Tierkreises über den Himmel wandern, um dann mit demselben Zeichen wiederaufzugehen. Allerdings steht die Sonne nicht das ganze Jahr über im selben Teil des Tierkreises. Sie scheint sich jeweils einen Monat lang in einem einzelnen Tierkreiszeichen aufzuhalten, so daß sie im Laufe eines Jahres einmal mit jedem der zwölf Zeichen über den Himmel gewandert ist.

Aus diesem Grunde kann man sagen, daß die Sonne ungefähr vom 21. März bis zum 20. April im Zeichen Widder steht, vom 21. April bis zum 20. Mai im Stier, usw. In diesen Zeiten wandert die Sonne mit dem Zeichen über den Himmel.

Nun können aber auch alle klassischen Planeten: Venus, Merkur, Mars, Saturn und Jupiter in dem einen oder anderen Tierkreiszeichen zu verschiedenen Jahreszeiten beobachtet werden. Auch der Mond, der von unseren Vorfahren zu den Planeten gezählt wurde, bewegt sich durch den Tierkreis. Die Planeten laufen allerdings viel langsamer oder schneller durch den Tierkreis als die Sonne, so daß jeder Planet das Tierkreiszeichen in unterschiedlicher Geschwindigkeit wechselt.

Die Häuser

Nun ist ein weiteres System zur Einteilung notwendig, da die Tierkreiszeichen als Teil des Sternenhimmels beweglich sind und uns kein feststehendes Maßsystem liefern. Zu diesem Zweck haben die Astrologen das System der *Häuser* erfunden. Die Häuser bilden ein nur in der Vorstellung vorhandenes, aber feststehendes Raster mit der Erde als Mittelpunkt, dessen Ausrichtung jeweils von dem Punkt auf der Erde abhängig ist, an dem der Beobachter steht und zum Himmel aufsieht. Die zwölf festehenden Häuserabschnitte werden an den Himmel projiziert (siehe Abbildung 6).

Im Kreis
Richtung der sichtbaren Bewegung der Fixterne
A – Standort des Beobachters
B – Rand des östlichen Horizonts
C – Rand des westlichen Horizonts
D – Punkt direkt über dem Beobachter/ der Erde
● – Die Erde

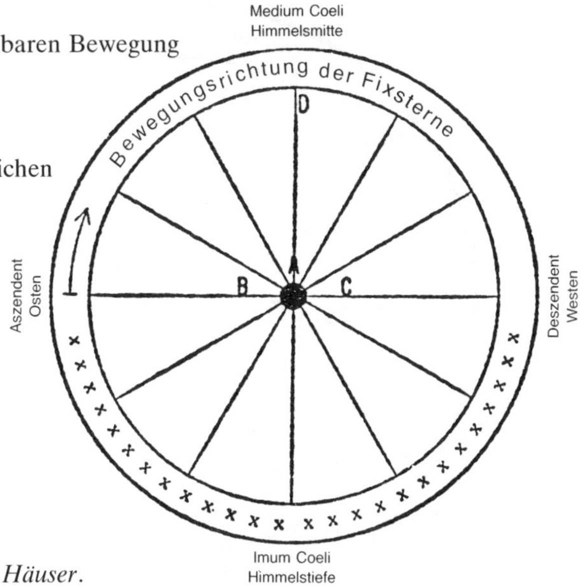

Abbildung 6: *Die Häuser.*

Schauen Sie sich noch einmal die Abbildung an. Etwas daran ist ungewöhnlich. Der östliche Horizont befindet sich auf der linken Seite. Dies entspricht der traditionellen Art, astrologische Karten zu zeichnen im Gegensatz zu geographischen Karten, die normalerweise genau umgekehrt gezeichnet werden. Auch an die Art, wie die Häuser numeriert sind, werden Sie sich gewöhnen müssen.

Schauen Sie sich nun Abbildung 7 an. Das Tierkreiszeichen im ersten Haus wird Aszendent genannt, da bei der Reise der Sterne und Tierkreiszeichen durch das feststehende Häuserraster im Uhrzeigersinn dieses Zeichen als erstes am östlichen Horizont aufgeht. Fassen wir noch einmal zusammen: Als erstes haben wir ein bewegliches Bezugssystem: es sind die Tierkreiszeichen, die sich täglich einmal von Ost nach West um die Erde drehen. Mit ihnen wandert die Sonne, allerdings wechselt sie im Laufe eines Jahres von einem Zeichen ins andere, wobei sie jeweils etwa einen Monat lang in jedem Zeichen verweilt. Das zweite Bezugssystem ist feststehend; es sind die zwölf Häuser, wobei das erste Haus

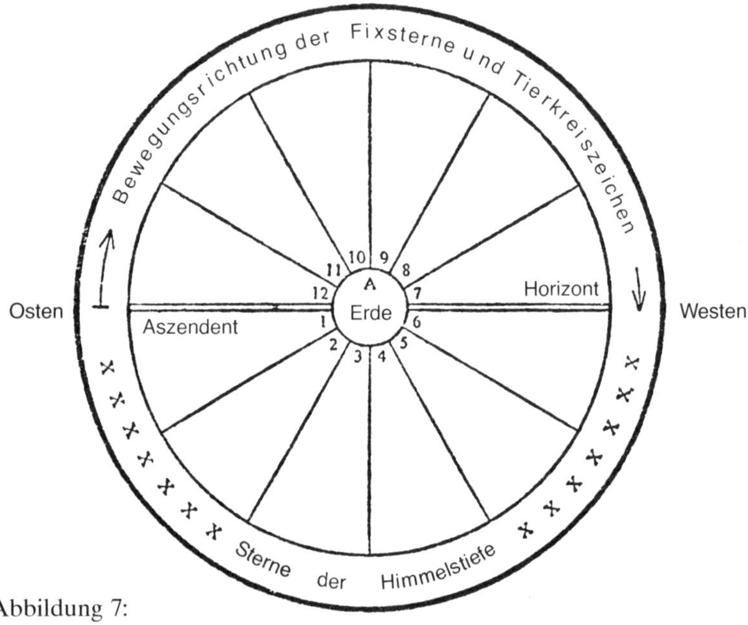

Abbildung 7:
Die Numerierung der Häuser.

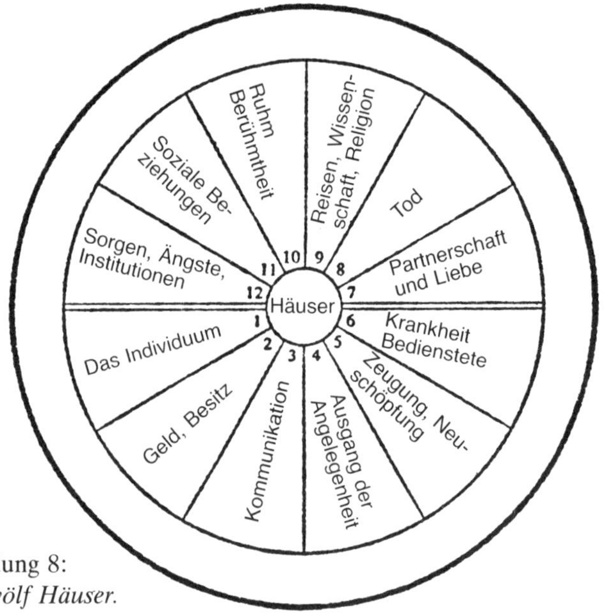

Abbildung 8:
Die zwölf Häuser.

immer genau unter dem östlichen Horizont plaziert ist, ganz gleich, wo Sie gerade stehen. Die Häuser sind um die Erde als Mittelpunkt numeriert, so daß Haus zwölf genau über dem östlichen Horizont liegt. Das ist ein vom Menschen willkürlich festgelegtes, immer feststehendes System, während der Tierkreis auf der natürlichen Erscheinung der kreisenden Sternenkonstellationen beruht. Damit haben wir zwei Bezugssysteme, um die Positionen der sieben klassischen Planeten (einschließlich Sonne und Mond) festzulegen.
Jedem Haus ist eine Bedeutung zugeordnet, so daß jeder Himmelsabschnitt mit bestimmten Fragestellungen oder Funktionen in Verbindung gebracht wird (siehe Abbildung 8).

Die Planeten

Nachdem wir nun die beiden astrologischen Bezugsrahmen kennengelernt haben, wollen wir uns den sieben traditionellen Planeten zuwenden, die durch sie hindurchwandern:

Sonne	☉
Mond	☾
Mars	♂
Merkur	☿
Jupiter	♃
Venus	♀
Saturn	♄

Traditionell werden ihnen folgende Eigenschaften zugeordnet, wenn sie in einem Horoskop betrachtet werden:

Merkur ☿

Der römische Gott Merkur entspricht dem griechischen Hermes und dem babylonischen Nabu.

Jeder dieser Götter war mit dem kleinen, aber sich schnell bewegenden Planeten Merkur in Verbindung gebracht worden, und die Eigenschaften dieser Götter sind auch charakteristisch für die astrologische Deutung der Wirkungen des Planeten Mars im Horoskop.

Da Nabu der Gott des Verstandes und der Schreibkunst war, der die Schrift erfunden haben soll, beherrscht Merkur den Intellekt und alles, was mit Kommunikation zu tun hat, vom Schreiben bis zum Radio, von der Schönschreibkunst bis zum Computer und bis zu allen Nebenprodukten der Schrift und der Literatur.

Hermes, der Gott der Reisenden, der geschäftlichen Tricks und Diebe, der Bote der Götter, hat seine Eigenschaften ebenfalls beigesteuert, einschließlich der Überredungskunst, der Logik, der Urteilskraft und der Argumentation.

Als Hermaphrodit beherrscht Merkur den Wandel, sei es nun die Verwandlung des Geschlechts, den Wandel in den Vorstellungen oder die Änderung der Reiseroute.

Die Wandlungsfähigkeit ist eine Eigenschaft, die Merkur mit dem Mond gemein hat, mit dem Unterschied, daß der Wandel des Mondes den Gezeiten entspricht, das heißt, er folgt einem natürlichen Rhythmus und einer festen Ordnung. Merkurs Wandlungen sind eigensinniger und launischer Natur, kurz: wie Quecksilber.

Merkur steht, zusammenfassend gesagt, für einen wendigen Verstand, der Fähigkeiten im Bereich von Literatur und Vortrag sowie eine gewitzte Zunge verleiht. Er bietet die besten Voraussetzungen für alle Wissenbereiche, die sich stark auf die Logik stützen, wie etwa Arithmetik, Geometrie oder Astrologie. Manchmal ist auch das Interesse an Magie damit verbunden. Der Handel steht ebenfalls unter dem Schutz dieses Planeten, so daß die Anwesenheit von Merkur in einer günstigen Stellung diese Art von Aktivitäten fördert.

Das trifft vor allem zu, wenn der Handel mit Reisen oder Kommunikation verbunden ist, wie etwa im Journalismus oder Verlagsgewerbe.

Umgekehrt gilt, wenn Merkur im Horoskop ungünstig steht oder mit einem der unheilvollen geomantischen Zeichen verknüpft ist, gelangen Eigenschaften wie Prahlerei, Schwatzhaftigkeit, Verleumdung oder Lügen an die Oberfläche.

Venus ♀

Der römischen Göttin Venus entspricht in Babylon die Göttin Ishtar, die Ägypten die Hathor oder Isis und in Griechenland Aphrodite.

All diese Göttinnen wurden in Verbindung gebracht mit Liebe, Sinnlichkeit, Lust und – in geringerem Maße – mit Fruchtbarkeit.

Zur Verehrung der Ishtar gehörte die frühe Praxis der Tempelprostitution, die nicht als etwas Anstößiges galt, sondern als ein religiöses Opfer zur Verehrung der Göttin. Das Symbol der Venus steht für das weibliche Geschlecht, und die ihm traditionell zugeordneten Eigenschaften wie Gefühl, Wärme, Erotik und Liebe gehören eindeutig zu diesem Planeten. Venus, ein Planet, der am deutlichsten in der Dämmerung zu sehen ist, ist auch unter dem Namen Morgen- und Abendstern bekannt und wurde mit Luzifer, dem Lichtbringer, in Verbindung gebracht.

Ptolemäus sagte von Venus, daß wo immer sie herrscht, sie den Geist freundlich und gütig stimmt, sinnlich macht und eine Fülle von Ideen eingibt. Sie verkörpert Reinheit, Fröhlichkeit, die Liebe zum Tanz und verabscheut Bosheit. Ist ihre Stellung aber ungünstig, macht sie den Geist träge, liebebedürftig, weichlich, ängstlich, blind, selbstsüchtig, schlecht, undurchsichtig und gemein.

Somit ist Venus ein günstiger Planet, allerdings den Schwächen übermäßiger Gefühle ausgeliefert.

Mars ♂

Als römischer Gott des Krieges ist Mars so rot wie die Farbe seines Planeten und durch Feuer und Blut unvermeidlich mit dem Krieg verbunden. Ares, seine griechische Entsprechung, zeigt deutlich die Verbindung zwischen dem Planeten und dem Zeichen für Widder, worauf wir bald zurückkommen werden. Mars ist der weniger gefährliche von den beiden sogenannten Unheilbringern; Saturn gilt als der düsterste Planet. Die Eigenschaften des Mars sind allerdings weit davon entfernt, nur negativ zu sein. Er kann sich rühmen, den Mut eines Kriegers, die Fähigkeiten eines Athleten, den Antrieb eines Anführers, die messerscharfe Genauigkeit eines lebensrettenden Chirurgen zu besitzen, ebensogut wie die Grausamkeit eines Caligula oder den Zorn eines Berserkers. Selbst die ungestüme Raserei des Kampfes hat zwei Seiten: den Triumph und die Begeisterung auf der einen und die kalkulierte Grausamkeit auf der anderen Seite. Die komplementären Züge von Venus und Mars, der Begriff *martialisch* und die Symbolisierung des männlichen Geschlechts durch den Mars bringen die Eigenschaften des Planeten hervorragend zum Ausdruck.

Jupiter ♃

Zeus, die griechische Entsprechung zu Jupiter, galt als der mächtigste unter den Göttern, nachdem er seinen Vater, Kronos, überwältigt und dann die Herrschaft über den Olymp übernommen hatte. Man betrachtete ihn deshalb als den segenbringenden Überwinder des unheilvollen alten Gottes.

Die Eigenschaften des heilbringenden Umsturzes und der königlichen Tugend sind charakteristisch für die Wirkungen, die dem Planeten Jupiter zugeschrieben werden. Marduk, die babylonische Entsprechung des Zeus, setzte sich ebenfalls an die Stelle seines Vaters und leitete ein Goldenes Zeitalter auf Erden ein. Alles, was mit Gunst und Schutzherrschaft durch höherstehende Personen zu tun hat, wird mit Jupiter assoziiert, der Gerechtigkeit, Barmherzigkeit, Freiheitlichkeit, Vertrauen, Ehre, Ehrlichkeit und Menschenliebe verkörpert. Die wohlbeleibte Jovialität des traditionellen, mittelalterlichen Kirchenmannes wird ebenfalls mit Jupiter verbunden, und der Begriff *jovial*, der von Jupiter abgeleitet ist, bringt dessen Eigenschaften auf den Punkt. Er gehört ganz offensichtlich zu den günstigen, segensreichen Planeten.

Auch Jupiter steht in Beziehung zum Intellekt, allerdings mehr vom forschenden Typ, weniger von der schlauen Art eines Merkurs. Wenn Jupiter jedoch ungünstig steht oder mit einem der unheilvollen geomantischen Zeichen verbunden ist, neigt er zu übermäßiger Jovialität und Verschwendungssucht und läßt sich leicht betrügen, mit anderen Worten, er ist dann ein gutgläubiger Trottel. Scheinheiligkeit, religiöser Fanatismus, Sorglosigkeit und eine unkritische Haltung in der Wahl der Freunde gehören ebenfalls zu der Kehrseite Jupiters.

Saturn ♄

Saturn ist ein dunkler Gott, die römische Entsprechung zum griechischen Kronos. Ihre Gemeinsamkeiten sind jedoch nicht so markant wie bei den meisten anderen griechisch-römischen Götterpaaren, denn die Römer haben irrtümlich den harmlosen Gott des Ackerbaus, Saturn, mit Kronos identifiziert, vielleicht wegen der Sichel, die beide Götter als Emblem trugen.

Kronos wiederum wurde mit Chronos identifiziert, dem griechischen Gott, der die Zeit erschaffen hat, also mit dem uralten Hüter der Zeit, dem Tod. Aus gutem Grunde wurde also der Planet, der mit diesen Göttern assoziiert wird, von jeher als unheilvoll betrachtet. Da die Zeit hier eine so große Rolle spielt, ist das Beharrungsvermögen eine der Haupteigenschaften des Gottes und seines Planeten.

Kronos hat auch unangenehme Seiten. Da er seinen Vater entmannt und seine eigenen Kinder gefressen hat, wird er mit Impotenz, Unfruchtbarkeit und dem Prozeß des Alterns in Verbindung gebracht.

Saturn ist ein freundlicher Gott. Er herrscht über den Ackerbau und die noch schlafende Fruchtbarkeit, die Wiederkehr der Keime, der Seelen und das Wiedererblühen der Wissenschaften. Der Tod der Samenkörner in der Wintererde als Vorstufe zu neuem Pflanzenleben im Frühjahr verbindet Saturn mit dem Ackerbau und mit der Erde (in der die Toten begraben werden).

Da Kronos und Saturn von ihren Söhnen entthront wurden, gehören Verlust, Bedauern und Schwermut zu den Attributen dieses Planeten. Wenn der Saturn günstig aspektiert ist, kann sich dies positiv auswirken als Fähigkeit zu Ausdauer, Zurückhaltung, Reserviertheit, Geduld, Würde und Praxisbezogenheit und kann zu Erfolgen in den Bereichen Landwirtschaft, Bauwesen und zu dauerhaften Beziehungen führen.

Sonne ☉

Obwohl sie formal betrachtet nicht zu den Planeten zählt, scheint die Sonne sich doch vor dem Hintergrund des Tierkreises um die Erde zu drehen, und sie verhält sich damit scheinbar wie ein

Planet. Allerdings genießt die Sonne als machtvollster unter den Planeten eine Sonderstellung.

Im Horoskop gilt die Sonne als sehr bedeutsam: das Tierkreiszeichen, in dem die Sonne bei der Geburt eines Menschen steht, ist das Sonnenzeichen, über das soviel in den populären astrologischen Werken geschrieben wird.

In allen Kulturen ist die Sonne das leuchtende Auge am Himmel, der Wagenlenker, der die Erde bei Tage erhellt. Alle Gottheiten wie Ra, Shemesh, Helios oder Sol bannten die Nacht und überwanden das Böse. Die Eigenschaften der Sonne vereinigten daher die besten Seiten von Mars und Jupiter in sich.

Zu ihren Qualitäten gehören Gerechtigkeit, Klugheit, Erhabenheit, Ehre, Vertrauen, Zuversicht und ein gefälliges Wesen. Ist die Sonne ungünstig aspektiert, können ein gewisser Stolz, Rastlosigkeit, Verschwendungssucht und übertriebene Arroganz die Oberhand gewinnen; insgesamt betrachtet sind aber die Eigenschaften der Sonne günstig.

Mond ☾

Der Mond ist das Auge der Nacht; als Gegenstück zur Sonne gehört er ebenfalls zu den sieben Planeten. Hauptsächlich mit der Nacht in Verbindung gebracht, nimmt der Mond Einfluß auf Träume, Schlaf, Mystizismus und Empfindsamkeit. Der Mond gilt als der weibliche Gegenpart zur männlich gedachten Sonne.

Wenn der Mond schlecht aspektiert ist, kann sich dies in einer Neigung zu Ausschweifungen und Trägheit, Trunksucht, Sorglosigkeit und einer allgemein losen Lebensart äußern. Wenn der Mond günstig steht oder durch seine Stellung im Horoskop diszipliniert wird, können Intuition, Neugier auf ausgefallene Themen oder Neuheiten sowie mediale Fähigkeiten Hand in Hand gehen mit einem merkurhaften Drang nach Reisen oder Wohnortwechseln.

Die Tierkreiszeichen

Da sich die Planeten vor dem Hintergrund der ebenfalls wandernden zwölf Tierkreiszeichen bewegen, empfiehlt es sich, einige der traditionell zugeordneten Eigenschaften dieser zwölf Zeichen zu betrachten.

Um die Beziehungen zwischen den sieben Planeten und den zwölf Tierkreiszeichen besser zu verstehen, ist es hilfreich, sich klarzumachen, welche Planeten üblicherweise den einzelnen Tierkreiszeichen als Herrscher zugeordnet sind. Diese Herrschaft sagt schon etwas über die Natur der Zeichen aus, insofern sie etwas mit den Eigenschaften des jeweiligen Planeten zu tun hat.

Planet	*herrscht im Zeichen*
Sonne	Löwe
Mond	Krebs
Mars	Widder, Skorpion
Merkur	Zwillinge, Jungfrau
Jupiter	Fische, Schütze
Venus	Stier, Waage
Saturn	Wassermann, Steinbock

Interessanterweise beherrschen die fünf »echten« Planeten jeweils zwei Zeichen, während Sonne und Mond nur je ein Zeichen regieren.

Wir betrachten die Zeichen in der Reihenfolge, wie sie die Sonne, beginnend mit der Tagundnachtgleiche im Frühling, durchwandert.

Figur	Namen	Element	Planet	Himmels-zeichen
* * * *	Straße Weg	Wasser	☾	♌
* * * * * * * *	Volk Versammlung	Wasser	☽	♑
* * * * * *	Verbindung Vereinigung	Luft	☿	♍
* * * * * *	Gefängnis Gefesselt	Erde	♄	♓
* * * * * *	Großes Glück Große Hilfe Schutz nach innen	Erde	☉	♒

Figur	Namen	Element	Planet	Himmelszeichen
✻ ✻ ✻ ✻ ✻ ✻	Kleines Glück Kleine Hilfe Schutz nach außen	Feuer	☉	♉
✻ ✻ ✻ ✻ ✻ ✻	Erwerb Hineingenommenes	Luft	♃	♈
✻ ✻ ✻ ✻ ✻ ✻	Verlust Hinausgenommenes	Feuer	♀	♎
✻ ✻ ✻ ✻ ✻ ✻ ✻	Freude Lachend Gesund Bärtig	Luft	♃	♉
✻ ✻ ✻ ✻ ✻ ✻ ✻	Trauer Verurteilte Verkehrt	Erde	♄	♒
✻ ✻ ✻ ✻ ✻	Mädchen Schönes Gesicht	Wasser	♀	♎
✻ ✻ ✻ ✻ ✻	Knabe Blond Unbärtig	Feuer	♂	♈
✻ ✻ ✻ ✻ ✻ ✻ ✻	Weißkopf Weiß	Wasser	☿	♋
✻ ✻ ✻ ✻ ✻ ✻ ✻	Rotkopf Rot	Feuer	♂	♊
✻ ✻ ✻ ✻ ✻	Drachenkopf Eingangsschwelle Obere Schwelle	Erde	☊	♍
✻ ✻ ✻ ✻ ✻	Drachenschwanz Ausgangsschwelle Untere Schwelle	Feuer	☋	♐

Abbildung 9: *Die geomantischen Zeichen und ihre astrologischen Entsprechungen (aus: Cornelius Agrippas* Magische Werke, *5 Bde., Stuttgart 1855).*

Widder ♈

Symbol: Widder
Element: Feuer
Herrscher: Mars
Erhöhung: Sonne

Positive Eigenschaften: äußerst aktiv, insbesondere körperlich; unbegrenzte Energie, Wagemut, Unternehmungslust und Freude am Abenteuer, sehr temperamentvoll. Oft von schnellem Verstand und fähig, mit materiellen Dingen umzugehen; Widder ist hauptsächlich ein Zeichen der Tat und verläßt sich gern auf die Inspiration des Augenblicks.

Negative Eigenschaften: bei negativer Aspektierung ist er streitsüchtig, nicht zum Kompromiß bereit und einseitig. Wagemut gerät zur Tollkühnheit. Er zeigt einen Mangel an Überlegung und Vorausschau und neigt zu Wutausbrüchen und prahlerischem Benehmen.

Gesundheit: Widder regiert den Kopf und das Gehirn und kann Kopfschmerzen, Zahnschmerzen, Gehirnhautentzündung oder Nervenschmerzen anzeigen, wenn er schlecht aspektiert ist.

Berufe: Schauspieler, Grafiker, Botaniker, Naturheilarzt, Reiseleiter oder Reisender, Aufseher, Architekt, Elektriker, Vertreter aller Art, Werbespezialist, freier Journalist, Schriftsteller.

Stier ♉

Symbol: Stier
Element: Erde
Herrscherin: Venus
Erhöhung: Mond

Positive Eigenschaften: Der Stier weist in vielerlei Hinsicht gerade entgegengesetzte Eigenschaften zum Widder auf. Er ist langsam, vorsichtig, stetig, praktisch und zurückhaltend. Leicht zufriedenzustellen, erfreut er sich an den einfachen Dingen des Lebens, insbesondere auch am Landleben. Er ist mütterlich, häuslich, beschützend, geduldig, ausdauernd und standhaft, allerdings spiegelt sich in diesen Eigenschaften auch eine gewisse Trägheit. Sorgsam im Umgang mit Geld, sanft, zärtlich und empfindsam.

Negative Eigenschaften: Normalerweise ist das Gemüt des Stiers friedfertig und nicht leicht erregbar, wenn der Stier aber provoziert wird, kann er gewalttätig und unerbittlich sein.

Gesundheit: Stier regiert den Hals und die Kehle. Er neigt daher zu Halsentzündungen, Diphterie, Mumps, Herz- und Nierenleiden sowie Diabetes. Trägheit bekommt der Gesundheit dieser Menschen gar nicht.

Berufe: Kassierer, Finanzier, Buchhalter, Sammler, Börsenmakler, Masseur, Arzt, Krankenschwester, Vorarbeiter, Hersteller von Papier, Chemikalien oder Süßwaren, landwirtschaftliche Berufe, Koch, Firmenchef.

Zwillinge ♊

Symbol: Zwillinge
Element: Luft
Herrscher: Merkur
Erhöhung: (Drachenkopf)

Positive Eigenschaften: Dieses Zeichen ist vorrangig verbunden mit dem Verstand, mit der Vernunft und der Logik. Verschwommenes oder gefühlsbetontes Denken, das zu unverbindlichen oder ungenauen Schlußfolgerungen führt, ist diesem Zeichen besonders zuwider. Der Zwilling zeichnet sich durch Schlagfertigkeit aus und ist ein guter Unterhalter und Redner. Menschen mit diesem Sternzeichen sind sehr aktiv, rastlos und wechselhaft, lassen sich selten nieder und bleiben in vieler Hinsicht lange jung.

Negative Eigenschaften: Die Gefahr bei diesem Zeichen liegt in mangelnder Konzentrationsfähigkeit und der Neigung, zu viele Projekte und Unternehmungen gleichzeitig anzunehmen, zu viele »Eisen im Feuer« zu haben und die Dinge nicht zum Ende zu bringen. Es kann sich ein Mangel an Entscheidungskraft und viel Wankelmütigkeit zeigen. Der Zwilling hält sich gern mit Details auf, dabei kann es ihm passieren, daß er »den Wald vor lauter Bäumen nicht sieht«. Im Gefühlsbereich besteht eine Neigung zu Egoismus, Härte und Selbstsucht; Selbstbeobachtung, Selbstbezogenheit und Unzufriedenheit. In schlimmen Fällen kann es zu Täuschung, Unwahrhaftigkeit und Unehrlichkeit kommen.

Gesundheit: Zwilling regiert die Lunge, Arme, Hände und Nerven. Die Konstitution ist nicht besonders stark, und die Gesundheit wird leicht durch Sorgen, Überarbeitung oder Schock in Mitleidenschaft gezogen. Entzündungen der Schleimhäute, Lungenentzündung und Lungenkrankheiten allgemein, Stottern und sehr schnelles Sprechen werden ebenfalls mit diesem Zeichen in Zusammenhang gebracht.

Berufe: Makler, Händler, Auktionator, Redner, Reporter, Journalist, Staatsanwalt, Buchhalter, kaufmännischer Angestellter.

Krebs ♋

Symbol: Krebs
Element: Wasser
Herrscher: Mond
Erhöhung: Jupiter

Positive Eigenschaften: Äußerste Empfindsamkeit, sowohl körperlich als auch emotional; rasch wechselnde Gemütsverfassung, die jeden Einfluß von außen sofort reflektiert. Die Gemütsskala reicht von sentimental, extrem ängstlich oder gar hilflos bis überempfindlich. Krebsgeborene haben eine lebhafte Vorstellungskraft und einen leichten Zugang zu den Gefühlen und Gedanken anderer Menschen sowie ein gutes Gespür für die jeweilige Atmosphäre. Sie können viel Zähigkeit, standhaften Mut und Beharrungskraft aufweisen. Wenn sie sich einmal einen Standpunkt oder eine Idee zu eigen gemacht haben, können sie eine Hartnäckigkeit zeigen, die man sonst nicht findet. Sie sind meist gute Geschäftsleute, sind geschickt, schlau und vorsichtig.

Sie lieben ihr Heim und widmen sich gern der Familie und Verwandtschaft. Sie sind Fremden gegenüber eingenommen und neigen dazu, ihre Familie zu ihrem Daseinszweck zu erheben.

Negative Eigenschaften: Der Krebs, wie alle Wasserzeichen, neigt zu mangelnder moralischer Festigkeit. Er nimmt Eindrücke jeder Art auf und ist leicht beeinflußbar.

Gesundheit: Krebs regiert die Brust und den Magen. Probleme mit dem Magen, Rippenfellentzündung, Ödeme und alle wäßrigen und entzündlichen Krankheiten sind typisch für dieses Zeichen. Die Vitalität läßt häufig zu wünschen übrig.

Berufe: Der starke Hang zur Häuslichkeit gibt hervorragende Hausfrauen und -männer ab, Hotelmanager, Barkeeper oder Hebammen; Händler in allen Arten von Secondhandartikeln und Kuriosa; Grundstücks- und Häusermakler ebenso wie Seeleute finden sich unter den Krebsgeborenen.

Löwe ♌

Symbol: Löwe
Element: Feuer
Herrscher: Sonne
Erhöhung: —

Positive Eigenschaften: Dieses Tierkreiszeichen besitzt die größte Macht, wobei Macht im weitesten Sinne zu verstehen ist. Ein starker Ehrgeiz und ein unbeugsamer Wille sind meist mit diesem Zeichen verbunden, und Löwegeborene findet man selten in untergeordneten Positionen: Die diesem Zeichen innewohnende Kraft sorgt für eine herausragende Stellung und Autorität, ganz gleich auf welchem Gebiet. Die meisten echten Führungspersönlichkeiten besitzen einen starken Sonneneinfluß, und im Löwen scheint die Sonne besonders kräftig. Dem Löwen ist es bestimmt, sich mit großen Dingen zu befassen und die Plackerei und das Abmühen mit Einzelheiten anderen zu überlassen. Er besitzt alle Gaben der geborenen Führungskraft, die andere bereitwillig respektieren. Obwohl er häufig scheinbar herzlich und demokratisch ist, sind seine Methoden fast immer autokratisch. Der Löwe ist vom Temperament her gutartig, entgegenkommend und oft sogar hingebungsvoll zugetan.

Negative Eigenschaften: Die Gefahr bei diesem Zeichen ist die Arroganz; es ist leicht, ihm zu schmeicheln. Löwen lieben es bisweilen, sich mit Günstlingen zu umgeben und mehr auf Schau als auf wirkliche Verdienste zu bauen; sie können anmaßend, versnobt und ganz dem weltlichen Vergnügen hingegeben sein.

Gesundheit: Löwe regiert das Herz und den Rücken. Leiden im Bereich der Rippen und des Rückens; Rippenfellentzündung, Augenleiden, Fieber und Krämpfe sind typisch für Löwegeborene.

Berufe: Organisator, Führungskraft, Manager, Vorarbeiter, Sozialarbeiter, Musiker mit einer Vorliebe für das wirklich Großartige und Inspirierende ihrer Kunst; bildende Künstler, Schauspieler. Löwen lieben keine manuelle Tätigkeit; sie eignen sich eher für eine freiberufliche oder akademische Laufbahn als für das Geschäftsleben.

Jungfrau ♍

Symbol: Jungfrau
Element: Erde
Herrscher: Merkur
Erhöhung: Merkur

Positive Eigenschaften: Mit Neigung zur Kunst und Literatur und mit beachtlichem Geschmack begabt; Jungfrauen gehen meist sorgsam mit Geld um und besitzen einen gesunden Geschäftssinn. Sie sind ordentlich, methodisch und sehr genau. Sie sind stolz auf ihre Arbeit und ziehen es meist vor, sich selbst überlassen zu werden, damit sie ihre Aufgaben in aller Ruhe erledigen können. Sie sind gewissenhaft und aufmerksam für das Detail und eignen sich hervorragend als Untergebene in allen Bereichen. Sie übernehmen nicht oft Leitungsfunktionen, tragen ungern Verantwortung und treten nicht gern ins Rampenlicht; sie sind häufig schüchtern, ziehen sich zurück und haben nur einen kleinen Freundeskreis. In handwerklichen Dingen besitzen sie normalerweise einiges Geschick. Sie haben ein ausgeprägtes Interesse an Bereichen wie Gesundheit, Ernährung, Essen und Körperpflege.

Negative Eigenschaften: Jungfrau ist vor allen Dingen ein Zeichen, dem die Kritik und der feine Unterschied im Detail zugeordnet sind, und daher rühren auch die häufigsten Fehler dieser Menschen. Sie können chronische Fehlersucher sein, streitsüchtig, voreingenommen und engstirnig, was dazu führt, daß sie bei denen, die ihr Wesen mißverstehen, sehr unbeliebt sind. Ihre Liebe zur Methode kann auch zu Umständlichkeit und Pedanterie führen, und ihre Kultiviertheit kann sich auch zu Prüderie und mangelndem Verständnis für die Entgleisungen ihrer warmblütigeren Zeitgenossen entwickeln.

Gesundheit: Jungfrau regiert die Eingeweide. Ärger und Überarbeitung verursachen Leiden in diesem Körperbereich. Jungfraugeborene machen sich viele Sorgen, was sich auf ihre Nerven auswirkt; Drogen und Alkohol schaden ihnen sehr.

Berufe: Jungfraugeborene eignen sich für alle geschäftlichen Tätigkeiten, die mit Nahrungs- und Arzneimitteln zu tun haben. Sie geben hervorragende Chemiker ab. Auch Verleger und Literaturkritiker findet man unter ihnen. Durch ihre feinsinnige Art, ihre geistigen Fähigkeiten und ihre geschäftsmäßige Einstellung eignen sie sich für praktisch alle freiberuflichen, akademischen oder geschäftlichen Aufgaben, wenn man dabei berücksichtigt, daß unter Umständen Beziehungen zu anderen, die im selben Bereich wie sie arbeiten, schwierig für sie sind.

Waage ♎

Symbol: Waage
Element: Luft
Herrscherin: Venus
Erhöhung: Saturn

Positive Eigenschaften: Waage hat einen hochentwickelten Sinn für Schönheit, sie ist äußerst gesellig und umgänglich und führt selten ein Leben für sich allein. Waagemenschen erreichen ihre besten Leistungen in Zusammenarbeit mit anderen, entweder in einer Ehe oder in einer anderen Form von Partnerschaft. Sie sind freundlich, höflich und zuvorkommend. Ihre Gemütslage ist ausgeglichen und ruhig, Störungen werden rasch wieder behoben. Sie grollen anderen nicht, sondern sind stets bereit zu vergeben und zu vergessen. In einer gestörten, streitsüchtigen Umgebung fühlen sie sich ausgesprochen unwohl und schließen lieber einen Kompromiß, als einen längerdauernden Mißklang zu ertragen. Sie spüren manchmal die Sehnsucht, aus dieser Welt zu flüchten, und sind insgeheim unglücklich angesichts der rauhen Wirklichkeit und der Härten des Lebens. In ihren Ansichten sind sie selten extrem und neigen zu Unparteilichkeit.

Negative Eigenschaften: Ihre Fehler sind Schwäche und Selbstgefälligkeit. Sie beziehen gegenüber Feindseligkeiten schwer Position und neigen dazu, Unannehmlichkeiten um jeden Preis zu vermeiden. Folglich gehen sie in ihrer Kompromißbereitschaft zu weit und schwanken von einem Standpunkt zum anderen, ohne sich festzulegen. Sie können auch träge, schlampig und ungepflegt sein. Sie wollen nicht eigenverantwortlich handeln, sondern suchen instinktiv nach einem Partner.

Gesundheit: Waage regiert die Nieren. Die Konstitution ist gewöhnlich recht stark, aber jede Art von Exzeß, insbesondere übermäßiges Trinken, wirkt sich auf die Nieren und die Blase aus. Lendenschmerzen und ein schwacher unterer Rücken sind nicht ungwöhnlich. Waagemenschen verfallen gern in einen Zustand der Depression.

Berufe: Staatsanwälte, Rechtsanwälte, Musiker, Theaterleute und künstlerische Direktoren in der Unterhaltungsbranche finden sich bevorzugt unter diesem Zeichen. Sie sind geschickt als bildender Künstler oder Innenarchitekt. Im Bereich des Handels arbeiten sie als Antiquitäten- und Kunsthändler oder sie haben mit Parfümerie oder Stoffen zu tun.

Skorpion ♏

Symbol: Skorpion
Element: Wasser
Herrscher: Mars
Erhöhung: —

Positive Eigenschaften: Der Skorpion ist von äußerst gefühlsbetontem Wesen. Kein anderes Zeichen hat tiefere und anhaltendere Gefühle, aber durch die Fixiertheit des Skorpions äußern sie sich in einer unerschütterlichen Hingabe an Prinzipien oder Personen. Äußerste Empfindsamkeit gegenüber eingebildeten Kränkungen oder Ungerechtigkeiten, Groll, Argwohn und wilder Zorn können ebenfalls auftreten. Skorpiongeborene, auf die dies zutrifft, halten sich häufig für unterbewertet. Dieses Sternzeichen ist extrem gründlich und mutig. Viele Helden wurden unter diesem Zeichen geboren, aber auch berühmte Missetäter. Sie tun nichts Halbes, und wenn sie einmal ihre Richtung im Leben gewählt haben, verfolgen sie diese unnachgiebig. Nicht selten ist eine Neigung zu irgendeiner Form von Mystizismus oder Okkultismus zu beobachten sowie ein natürlicher Hang zu allem, was geheim oder verborgen ist. Sie besitzen eine Vorliebe, Geheimnisse zu ergründen und den Dingen auf den Grund zu gehen.

Negative Eigenschaften: Hinterlist, Grausamkeit und Rachegelüste können in der Kindheit auftreten, lassen sich aber durch eine angemessene Erziehung beeinflussen. Unbekümmerte Zügellosigkeit und machtvolle Gefühle suchen den Skorpion immer wieder heim, und nur wenige, die unter diesem Zeichen geboren sind, gehen durchs Leben, ohne die ganze Skala körperlicher Versuchungen ausprobiert zu haben.

Gesundheit: Skorpion regiert die Genitalien. Die Konstitution ist normalerweise stark. Anfällig für Krankheiten und Entzündungen sind die Fortpflanzungsorgane, die Blase und die Nieren. Schmerzen in der Leistengegend und Blutvergiftung sind ebenfalls typisch für Skorpiongeborene.

Berufe: Skorpione sind in allen Tätigkeitsbereichen, die unter dem Einfluß des Mars stehen, erfolgreich: als Arzt, Chirurg,

Metzger, Mechaniker, Eisenwarenhändler, Schmied. Sie können aber auch Heiler sein, die mit Hypnose und Magnetismus arbeiten, Okkultist, Chemiker, Erfinder aller Art, Detektiv. Auf See sind sie in ihrem Element und geben gute Schiffsoffiziere oder Matrosen ab. Als Detektive, Inspektoren oder Untersuchungsbeauftragte aller Art sind sie überdurchschnittlich geeignet.

Schütze ♐

Symbol: Luft
Element: Feuer
Herrscher: Jupiter
Erhöhung: Drachenschwanz

Positive Eigenschaften: Schützemenschen sind kühn, freundlich, großzügig und ehrlich; sie halten sich gern im Freien auf und lieben Sport und Athletik. Sie genießen das Leben in vollen Zügen, und ihre geistigen Fähigkeiten liegen in der Regel über dem Durchschnitt. Häufig gilt ihr Interesse der Philosophie, der Metaphysik und der Religion. Sie haben eine große Vorliebe fürs Reisen, Erforschen und Erwandern und haben eher eine geringe Bindung an ihr Heim. Freiheit und persönliche Freizügigkeit üben eine starke Anziehung auf sie aus. Im Ganzen gesehen ist dies eines der glücklichsten und liebenswertesten Zeichen.

Negative Eigenschaften: Die Schwächen dieses Zeichens sind mit seiner überschwenglichen Lebens- und Geisteskraft, mit seiner Rastlosigkeit und seiner Liebe, große Strecken – körperlich und geistig – zu durchmessen, verbunden. Daraus kann ein Hang zu Extravaganz, Nachlässigkeit im Detail, Verschwendung, Übertreibung, zuviel Glaube an das Glück, Oberflächlichkeit und eine Neigung, von allem etwas, aber nichts wirklich zu kennen, entstehen; eine plötzliche Versessenheit auf Menschen, intellektuelle Interessen oder Hobbys, die wie ein Strohfeuer auflodert und genauso schnell wieder vergeht.

Gesundheit: Schütze regiert die Lenden und Hüften. Tumore und alle Leiden in diesen Bereichen sind typisch: Ischias, Rheuma,

Krampfadern und erhöhte Temperatur können in diesem Zeichen auftreten.

Berufe: Offizier, Ingenieur, Politiker, Geistlicher, Universitätsprofessor oder Staatsanwalt; auch Handelsreisender, Werbefachmann, Inspektor, Pferdehändler oder Buchmacher.

Steinbock ♑

Symbol: Steinbock/Ziege
Element: Erde
Herrscher: Saturn
Erhöhung: Mars

Positive Eigenschaften: Der Steinbock ist ein vorsichtiger, vernünftiger, gewissenhafter und ehrgeiziger Typ. Steinbock im aufsteigenden Zeichen scheint hingegen ein eher emotional betonter, introvertierter Typ zu sein mit Vorliebe für Musik oder andere Formen von Kunst. Gewissenhaftigkeit und praktische Fähigkeiten sind dann weniger ausgeprägt, so daß dieses Zeichen oft intelligente, aber erfolglose Menschen hervorbringt, die unfähig zu sein scheinen, ihren Platz in der Welt zu finden. In diesem Fall springen sie eigenwillig von einer Sache zur andern, bringen wenig zustande und sind oft schwer zufriedenzustellen, mißmutig und enttäuscht. Viele Steinböcke sind rastlos und sehr auf ihre eigene Wichtigkeit bedacht, sie möchten nicht gern übersehen werden.

Negative Eigenschaften: Als Schwächen können auftreten: ein starker Hang zu weltlichen Dingen, Snobismus, eine Neigung, andere für private Zwecke auszunutzen, Engstirnigkeit, eine zu starke Vergangenheitsbezogenheit und Weigerung, sich den Zeitverhältnissen entsprechend zu verändern. Egoismus.

Gesundheit: Steinbock regiert die Knie. Alle Knieleiden, Hautprobleme und Rheumatismus sind mit diesem Zeichen verbunden.

Berufe: Manager und Organisatoren aller Arten von Großunternehmen, für die Beharrlichkeit und Ausdauer in ihren Bemühungen Voraussetzungen sind; Unternehmer, Grundstücksmakler, Rechtsanwälte, Landwirte, Grundbesitzer und Forscher finden sich unter diesem Zeichen.

Wassermann ♒

Symbol: Wasserträger
Element: Luft
Herrscher: Saturn
Erhöhung: —

Positive Eigenschaften: Ein tiefer Ernst gegenüber dem Leben, der aber weniger praktisch orientiert ist als beim vorangehenden Zeichen. Der Geist ist idealistischer geprägt und verbringt unter Umständen viel Zeit mit Spekulationen in den Bereichen Philosophie, Religion und Soziologie. Die Folge könnte ein Mangel an praktischem Menschenverstand sein. Fast immer findet man Freundlichkeit, Sympathie und Kultiviertheit verbunden mit einer großen Liebe zur Natur. Der Wassermanngeborene fühlt sich hingezogen zu Gesellschaften, Klubs, Vereinigungen, Gruppen und Bewegungen aller Art und geht ganz in einer Sache auf. Er macht viele Bekanntschaften, ist aber häufig innerlich zu sehr auf Abstand, um wirkliche Freundschaften zu schließen. Der Wassermann liebt seine persönliche Freiheit über alles und haßt aufgezwungenen Gehorsam, doch abgesehen davon ist er normalerweise treu, beständig und zugewandt. Das Zeichen des Wassermanns steht für Wahrheit und Wahrhaftigkeit. Andererseits kann der Wassermann ganz extreme Positionen vertreten. Er ist eben sehr menschlich.

Negative Eigenschaften: In Sachen Moral geht er manchmal sehr unkonventionelle Wege, was ihm einen Ruf als Lebenskünstler einbringen kann. Wassermänner können auch sehr tiefsitzende Haßgefühle haben.

Gesundheit« Wassermann regiert die Beine und Fußknöchel. Geschwollene Beine und Knöchel und alle anderen Leiden oder Schwächen an diesen Körperteilen, schlechte Durchblutung und Krämpfe gehören zu diesem Zeichen. Mond im Wassermann, insbesondere bei schlechter Aspektierung, führt zu Problemen mit den Augen.

Berufe: Angestellte bei Eisenbahn und Post, Manager, Ingenieure und Inspektoren sind häufig Wassermanngeborene. Auch Reformer und Revolutionäre in den veschiedensten Gebieten gehören zu diesem Zeichen. Stark vertreten sind sie in öffentlichen Unternehmen oder Verbänden. Auch Musiker, Schriftsteller, Astronomen, Astrologen, Künstler und Sekretäre sowie Beschäftigte im Literaturbetrieb gehören hierher.

Fische ♓

Symbol:	Fische
Element:	Wasser
Herrscher:	Jupiter
Erhöhung:	Venus

Positive Eigenschaften: Fische ist das formbarste unter allen Zeichen; selten besitzen Fischegeborene einen starken individuellen Charakter. Sie leben zu einem großen Teil von den Gedanken und Gefühlen, mit denen sie in Berührung kommen. Daher ist dies vor allem das Zeichen der Schauspieler, denen es große Fähigkeiten verleiht, die Gefühle anderer in sich aufzunehmen und zum Ausdruck zu bringen. Wie bei allen Wasserzeichen besitzen Fischemenschen eine große Phantasie, und sie verbringen ihr Leben häufig mehr in der Welt ihrer Vorstellungen als in der Wirklichkeit. Oft sind Dichter, Schriftsteller und Künstler unter diesem Zeichen geboren. Religiosität ist ein weiteres hervorstechendes Merkmal. Mitgefühl für andere ist reichlich vorhanden und führt zu den Bedürftigen und Kranken, so daß Fischegeborene häufig Verbindung haben zu Krankenhäusern, Asylen oder ähnlichen Institutionen, auch zu Gefängnissen und

Klöstern. Fische sind meist fröhliche und lebenslustige Menschen und unterhaltsame Weggefährten.

Negative Eigenschaften: Bei einigen äußert sich der Wunsch zu helfen darin, daß sie zu jeder Zeit und Unzeit Rat geben und belehrend wirken. Sie sind häufig verschwenderisch, unmethodisch, und es mangelt ihnen an praktischer Kenntnis und Verantwortungsgefühl. Tatsächlich sind Verschwender zum großen Teil unter diesem Zeichen geboren. Fische sind in der Regel ihre eigenen ärgsten Feinde und, ohne gewalttätig oder grausam zu sein, sind sie in der Lage, sich selbst und andere zu täuschen. Sie liefern auch schlimme Beispiele für – insbesondere religiöse – Scheinheiligkeit. Drogen üben auf viele Fische in ihrem starken Bedürfnis nach emotionaler und körperlicher Stimulation eine große Faszination aus.

Gesundheit: Fische regieren die Füße. Hierher gehören Fußleiden wie Hinken, Fußschmerzen, Schwellungen und Rheuma. Andere typische Merkmale sind blaue Flecken, Beulen, Geschwüre, Tumore, Erkrankungen der Schleimhäute und Erkältungen.

Berufe: Abteilungsleiter, Vertreter aller Art, Angestellte im Literaturbetrieb, Buchhalter, Bibliothekare, Krankenschwestern, Seeleute und Schiffsoffiziere, Gastwirte und Hotelmanager finden sich unter den Fischegeborenen.

10
Astro-Geomantik

Nachdem wir die astrologischen Grundlagen betrachtet haben, geht es nun darum, die aus dem Erdorakel ermittelten Zeichen auf diesen Rahmen anzuwenden, um zu einer ausführlichen Deutung zu gelangen.

Fast immer benötigen wir über die Bedeutung des Richters und der Zeugen hinaus weitere Interpretationen. Eine Methode, hier größere Klarheit zu erhalten, besteht darin, daß man die ersten zwölf geomantischen Zeichen den zwölf Himmelshäusern in einem astrologischen Diagramm zuordnet.

Wie im vorangegangenen Kapitel erläutert, ist der einzige feststehende Bezugsrahmen für die Himmelserscheinungen das Häusersystem. Traditionell stellen die Häuser die verschiedenen Abteilungen des Alltagslebens dar; daher enthalten auch die Häuser die Antworten auf die weltlichen Fragen, mit denen sich die Geomantik befaßt – Fragen nach der Anzahl oder dem Geschlecht der Kinder, dem Ausgang einer geschäftlichen Unternehmung, dem Erfolg einer Reise usw.

Daher werden die geomantischen Zeichen, die das Ergebnis des Erdorakels sind, in dieses Häuserraster eingeordnet, wobei das Zeichen, das dem für die gestellte Frage zuständigen Haus entspricht, zum Hauptsignifikator (aussagekräftigstes Zeichen) wird.

Durch Hinzuziehung der sieben Planeten und der zwölf Tierkreiszeichen zum Häusersystem ergänzen wir die Informationen zu unserer Frage.

Die sieben Planeten sind die *Kräfte*, die auf den Menschen einwirken, die zwölf Tierkreiszeichen zeigen, *wie* der Mensch handelt, während die Häuser zeigen, *wo* er handelt und in welchem Lebensbereich sich das Handeln auswirkt. Auf diese Weise wird die Antwort des einfachen Erdorakels mit Hintergrundinformationen angereichert, Ursachen und Umstände werden deutlicher.

Zunächst wollen wir aber noch einen Blick auf die verschiedenen Lebensbereiche und die Art der Fragestellung werfen, die den einzelnen Häusern zugeordnet sind.

Die Bedeutung der Häuser

1. Haus Die Person selbst, ihr Leben, Gesundheit, Verhalten, Gewohnheiten, Einstellung, persönliche Eigenschaften und nach außen gewandte Persönlichkeit.

2. Haus Geld, Eigentum, persönlicher Reichtum, finanzieller Gewinn oder Verlust, Einnahmen und Ausgaben sowie damit verbundene Dinge wie Diebstahl, Verlust oder Unachtsamkeit.

3. Haus Geschwister, Blutsverwandte, Nachrichten, Briefe, Kommunikation, kurze Reisen, Sprachen, Schreiben, Werbung, Agenturen und ähnliche Dinge, die mit dem Merkurprinzip verbunden sind.

4. Haus Häusliche Umgebung, Väter und Großväter, Erbschaften, Besitztümer, insbesondere Gebäude, Land und verborgene Schätze. Auskunft über Diebstähle und Diebe. Ruhestand, Grab bzw. der Abschluß beliebiger Dinge ist Gegenstand dieses Hauses.

5. Haus Frauen, Luxus, Essen und Trinken. Schöpfung, Fortpflanzung, Erholung, Liebesangelegenheiten, Liebeswerbung, Schwangerschaft und Geburt, Kinder und Jugend allgemein, schöpferische, künstlerische Tätigkeiten, Vergnügungen, Verträglichkeit von Partnern, Geldspiele und Spekulationsgeschäfte.

6. Haus Bedienstete und Angestellte; Krankheit und Genesung; Körperteile, die am anfälligsten für Krankheit oder Verletzungen sind; Tanten und Onkel, Haustiere.

7. Haus Heirat, Prostitution und Ehebruch, Liebe, Partnerschaften und Bekanntschaften. Offene Feinde, Prozesse, Unternehmenspolitik, Krieg, Konflikt, Streitigkeiten und Gegner. Diebe, Räuber, Ehrlosigkeit.

8. Haus Todesfälle; alle Finanzangelegenheiten, die mit Tod zusammenhängen, wie Testament, Erbschaft oder Haus- und Grundbesitz eines Verstorbenen; außerdem Beerdigungsunternehmer oder ein Medium, das mit dem Geist von Verstorbenen Verbindung aufnimmt. Armut.

9. Haus Weite Reisen zu Lande oder zu Wasser; Beziehungen zu Ausländern. Wissenschaft, Philosophie, Kirche, Religion, Kunst, Visionen, Träume und Weissagungen.

10. Haus Ruhm oder Berühmtheit, Ruf, Rang, Ehre, Geschäft oder Beruf, Autorität, Anstellung; Stellung in der Welt allgemein. Steht auch für die Mutter.

11. Haus Freunde, Bekanntschaften und soziale Kontakte; Hoffnungen und Wünsche. Auch Schirmherrschaft durch Reiche oder Gutsituierte. Organisationen zum Wohle von Menschen.

12. Haus Sorgen, Ängste, Bestrafungen, Gefängnisstrafe, Intrigen, heimliche Feinde, Bedienstete, Prostituierte; Institutionen, Asyle, Waisenhäuser, Krankenhäuser, Gefängnisse, Geheimgesellschaften, unerkannte Gefahren, Beschränkungen und Unglück im allgemeinen (unglückliche Umstände im einzelnen siehe 6. und 8. Haus).

Die zwölf Häuser werden noch einmal in drei Gruppen unterteilt: die Eckhäuser, die Nachfolgenden und die Fallenden Häuser. Die Eckhäuser markieren den Osten, den Westen, die Himmelsmitte (MC) und Himmelstiefe (IC): es sind dies die Häuser 1, 4, 7 und 10. Die Nachfolgenden Häuser schließen sich an diese an: es sind die Häuser 2, 5, 8 und 11. Die Fallenden Häuser sind am weitesten von den Eckhäusern entfernt: es sind die Häuser 3, 6, 9 und 12. (Siehe Abbildung 10)

Nun gibt es verschiedene Systeme, nach denen die geomantischen Zeichen, die man durch das Erdorakel ermittelt hat, den zwölf astrologischen Häusern zugeordnet werden. Man hat oft gesagt, die korrekte Zuordnungsmethode sei das wahre Geheimnis der Geomantik, das nie an die Öffentlichkeit gelangt ist. Selbst Aleister Crowley, der gewöhnlich »alles preisgab, wie es sich verhält«, räumte ein, daß er bei seinen Erläuterungen zur methodischen Seite der Astro-Geomantik einen Hauptschlüssel ausgelassen habe. Unter den Systemen, die in dem vorliegenden Buch dargestellt werden, wird der fehlende Hauptschlüssel geliefert. Im Augenblick wollen wir aber einfach das Häusersystem so benutzen, wie es der Orden des Golden Dawn vorschreibt. Im Anhang 3 finden Sie die anderen Systeme. Nach einiger Übung werden Sie feststellen, daß eines der Systeme Ihnen die zuverlässigsten Ergebnisse liefert. Sie sind frei, sich ein System auszuwählen und dabei zu bleiben.

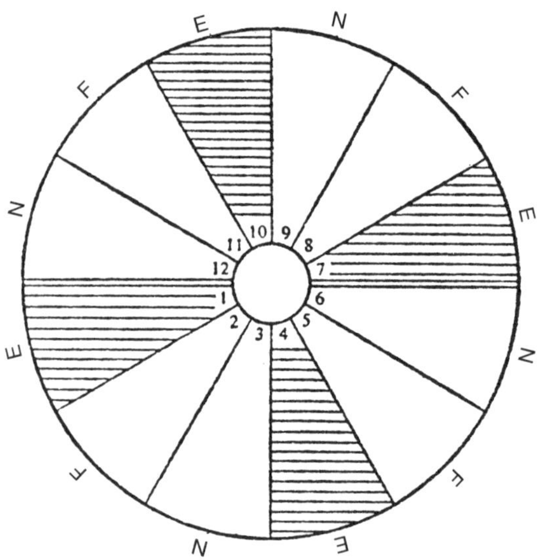

Abbildung 10: *Eckhäuser, Nachfolgende und Fallende Häuser.*

Die Häuser-Zuordnung nach dem System des Golden Dawn

Mütter:	I	Haus 10		Eckhäuser
	II	Haus 1	(oder Aszendent)	
	III	Haus 4		
	IV	Haus 7		
Töchter:	V	Haus 11		Nachfolgende Häuser
	VI	Haus 2		
	VII	Haus 5		
	VIII	Haus 8		
Neffen:	IX	Haus 12		Fallende Häuser
	X	Haus 3		
	XI	Haus 6		
	XII	Haus 9		

Bei diesem System werden die Mütter, die an erster Stelle ermittelten geomantischen Zeichen, den vier Eckhäusern zugeordnet. Die daraus abgeleiteten Töchter sind den nachfolgenden Häusern zugeordnet, wenn man von den Eckhäusern gegen den Uhrzeigersinn weitergeht. Die vier verbleibenden Fallenden Häuser werden mit den vier Neffen in Verbindung gebracht. Warum die Zuordnung in dieser Weise erfolgt, soll hier nicht interessieren.

Um diese Zuordnung deutlich zu machen, ziehen wir noch einmal das Beispiel aus Kapitel 7 heran und wenden es auf das Häusersystem an. Damit Sie nicht umständlich zurückschlagen müssen, hier noch einmal die geomantische Tafel auf der nächsten Seite:

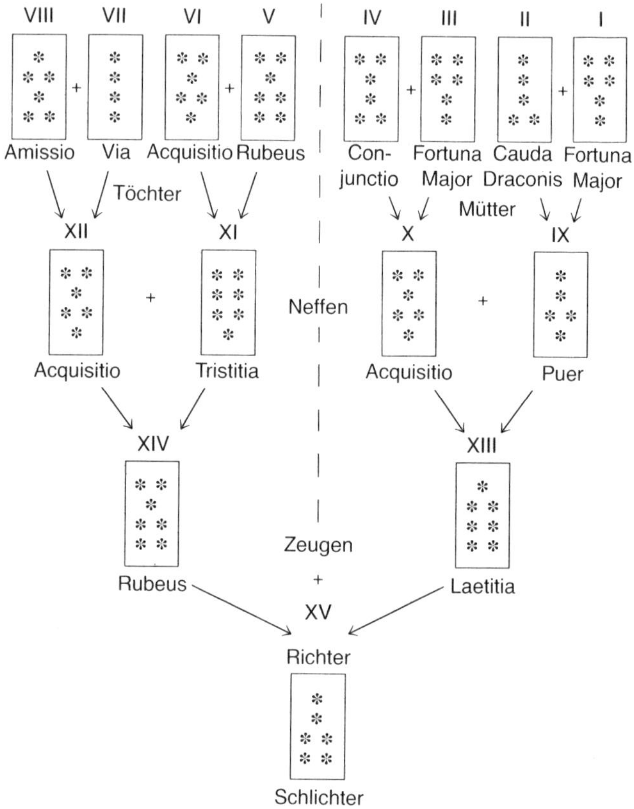
VIII
VII
VI
V
IV
III
II
I
Amissio
Via
Acquisitio
Rubeus
Con-
junctio
Fortuna
Major
Cauda
Draconis
Fortuna
Major
Töchter
Mütter
XII
XI
X
IX
Neffen
Acquisitio
Tristitia
Acquisitio
Puer
XIV
XIII
Zeugen
Rubeus
Laetitia
XV
Richter
Schlichter

Nach dem System des Golden Dawn ergeben sich folgende Zuordnungen:

Mütter:	I	* * * * * *	Haus 10
	II	* * * * *	Haus 1
	III	* * * * * *	Haus 4
	IV	* * * * * *	Haus 7
Töchter:	V	* * * * * * *	Haus 11
	VI	* * * * * *	Haus 2
	VII	* * * *	Haus 5
	VIII	* * * * * *	Haus 8

Neffen: IX

IX	*	Haus 12
	*	
	* *	
	*	
X	* *	Haus 3
	*	
	* *	
	*	
XI	* *	Haus 6
	* *	
	* *	
	*	
XII	* *	Haus 9
	*	
	* *	
	*	

Setzen Sie nun die erste Mutter, Fortuna Major, ins zehnte Haus und anschließend die zweite Mutter, Cauda Draconis, ins erste Haus bzw. in den Aszendenten. Fahren Sie so im Gegenuhrzeigersinn mit den Müttern fort, danach mit den Töchtern und Neffen. (Siehe Abbildung 11.)

Hier noch eine Warnung: Ganz gleich, welches Häusersystem Sie benutzen, das normale oder das esoterische, wenn Rubeus oder Cauda Draconis in das erste Haus oder den Aszendenten fallen, ist die Tafel *zur Beurteilung ungeeignet* und sollte ohne jede weitere Analyse vernichtet werden. Sie sollten nicht versuchen, dem Orakel die gleiche Frage noch einmal zu stellen, am besten lassen Sie sie mindestens einen Tag ruhen. Vermutlich handelt es sich um eine äußerst wichtige Frage, wenn ein solches Ergebnis herauskommt; Sie sollten sie daher noch einmal ernsthaft überdenken, bevor Sie erneut das Orakel in dieser Sache befragen.

Warum diese extreme Vorsicht? Cauda Draconis im ersten Haus bedeutet ein kurzes Leben und Unheil, das heißt es besteht Lebensgefahr für die Person, die die Frage gestellt hat. Rubeus im ersten Haus hat die gleiche Bedeutung. Es hat sich daher die Praxis entwickelt, diese beiden Antworten, die gelegentlich auf-

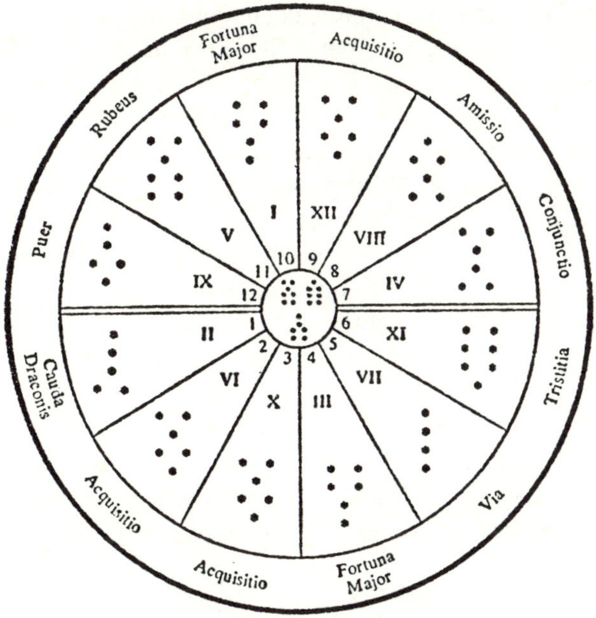

Abbildung 11: *Die geomantischen Zeichen verteilt auf die zwölf Himmelshäuser.*

tauchen, zu zerstören, um nicht das Schicksal heraufzubeschwören, indem man sie in allen Einzelheiten untersucht.

Es wird Ihnen aufgefallen sein, daß nur die ersten zwölf Zeichen bei der astrologischen Geomantik verwendet werden, also die Mütter, Töchter und Neffen. Wenn Sie wollen, können Sie die beiden Zeugen und den Richter in den Kreis ganz in die Mitte setzen, um so das allgemeine Ergebnis der geomantischen Darstellung ebenfalls vor Augen zu haben.

Nachdem Sie die geomantischen Zeichen in die Häuserabschnitte eingetragen haben, müssen sie nun in astrologische Bezugsgrößen übersetzt werden.

Tierkreiszeichen

Um die astrologischen Angaben zu vervollständigen, suchen Sie zunächst heraus, welches geomantische Zeichen dem ersten Haus (Aszendent) zugeordnet wurde. Nun sehen Sie in der Tabelle

»Zuordnungen der Tierkreiszeichen« in Anhang 1 nach und entscheiden sich, welche Spalte Sie auch in Zukunft für Ihre Zuordnungen benutzen wollen. Suchen Sie nun das Tierkreiszeichen, das diesem geomantischen Zeichen entspricht, heraus, und tragen Sie es in das erste Haus ein. Fahren Sie fort, indem Sie die Tierkreiszeichen in der üblichen Reihenfolge entgegen dem Uhrzeigersinn in die Häuser zwei, drei, vier usw. eintragen. Fällt zum Beispiel Fische ins erste Haus, so steht Widder im zweiten Haus, Stier im dritten Haus, Zwillinge im vierten Haus, usw. Sollte Ihnen die Reihenfolge nicht mehr geläufig sein, hier ist sie:

Widder	♈	Waage	♎
Stier	♉	Skorpion	♏
Zwillinge	♊	Schütze	♐
Krebs	♋	Steinbock	♑
Löwe	♌	Wassermann	♒
Jungfrau	♍	Fische	♓

Wir kommen zu unserem Beispiel (Abbildung 11) zurück: Im ersten Haus steht Cauda Draconis. Obwohl normalerweise eine Tafel, bei der Cauda Draconis im ersten Haus steht, nicht weiterverwendet werden sollte, wollen wir in diesem Fall doch fortfahren, nur um die Methode zu erläutern. Sehen Sie unter Cauda Draconis in Anhang 1 nach; wenn wir z. B. Spalte 2 benutzen, finden wir Cauda Draconis = Skorpion. Sie tragen also Skorpion ♏ im ersten Haus ein. Nun tragen Sie die anderen Tierkreiszeichen der Reihe nach ein: Schütze im zweiten Haus, Steinbock im dritten Haus, usw., bis Sie das ganze Diagramm ausgefüllt haben wie in Abbildung 12.

Planeten

Die Zuschreibung der Planeten zu den geomantischen Zeichen geschieht ganz direkt, doch zuvor wollen wir noch einmal die astrologischen Zuschreibungen rekapitulieren:

Das größere und kleinere Heil werden der Sonne zugeschrieben: Fortuna Major entspricht der Sonne in ihrem Tageslauf. Fortuna Minor entspricht der Sonne bei Nacht.

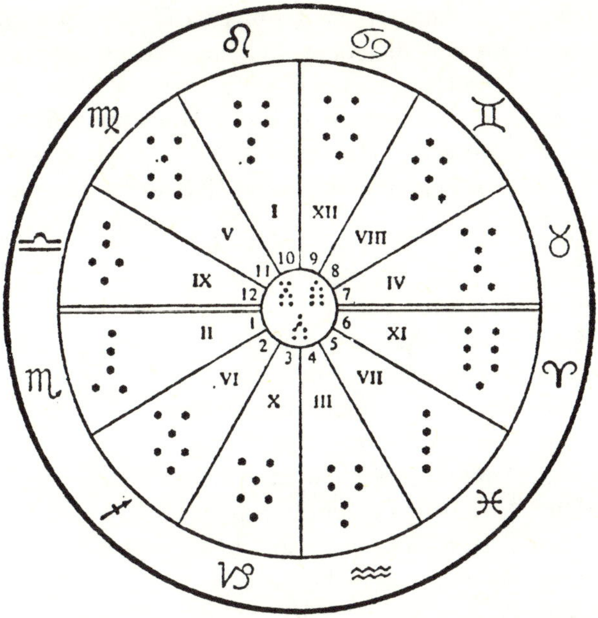

Abbildung 12: *Zuordnung der Tierkreiszeichen (unter Verwendung von Spalte 2 in Anhang 1 für das erste Haus, dann weiter im Gegenuhrzeigersinn entsprechend der Reihenfolge der Tierkreiszeichen).*

Der Mond regiert Via (Straße oder Weg) und Populus (Volksmenge) in seinem zunehmenden bzw. abnehmenden Stadium. Die beiden Jupiterzeichen Acquisitio (Gewinn oder Profit) und Laetitia (Freude) sind beide mit Reichtum verbunden: materieller Erfolg das eine, Glück und Freude das andere. Puella (Mädchen) und Amissio (Verlust) sind die günstigen und rückläufigen (weniger günstigen) Aspekte von Venus. Auf ähnliche Weise stellen Conjunctio (Vereinigung) und Albus (Weiß) die beiden Seiten von Merkur dar, beides günstige Zeichen, das erste aber mehr glückverheißend als das zweite. Die guten und schlechten Aspekte von Mars werden von Puer (Knabe) und Rubeus (Rot) repräsentiert.

Die beiden Saturnzeichen sind von der Natur des Planeten her ungünstig. Es sind Carcer (Gefängnis) und Tristitia (Kummer), wobei Carcer das schlechtere von beiden ist.

Die beiden Zeichen Drachenkopf und Drachenschwanz verkörpern ganz offensichtlich die gute Seite im Kopf (Caput Draconis), die schlechte im Schwanz (Cauda Draconis).

Um nun auch die Planeten in unser Diagramm einzutragen, brauchen wir lediglich nachzuschauen, welches geomantische Zeichen welchem Planeten entspricht. Für unser Beispiel gilt:

Im 1. Haus: Cauda Draconis entspricht sich selbst	☋
Im 2. Haus: Acquisitio entspricht Jupiter	♃
Im 3. Haus: Acquisitio entspricht Jupiter	♃
Im 4. Haus: Fortuna Major entspricht der Sonne	☉
Im 5. Haus: Via entspricht dem Mond	☾
Im 6. Haus: Tristitia entspricht Saturn	♄
Im 7. Haus: Conjunctio entspricht Merkur	☿
Im 8. Haus: Amissio entspricht Saturn	♄
Im 9. Haus: Acquisitio entspricht Jupiter	♃
Im 10. Haus: Fortunas Major entspricht der Sonne	☉
Im 11. Haus: Rubeus entspricht Mars	♂
Im 12. Haus: Puer entspricht Mars	♂

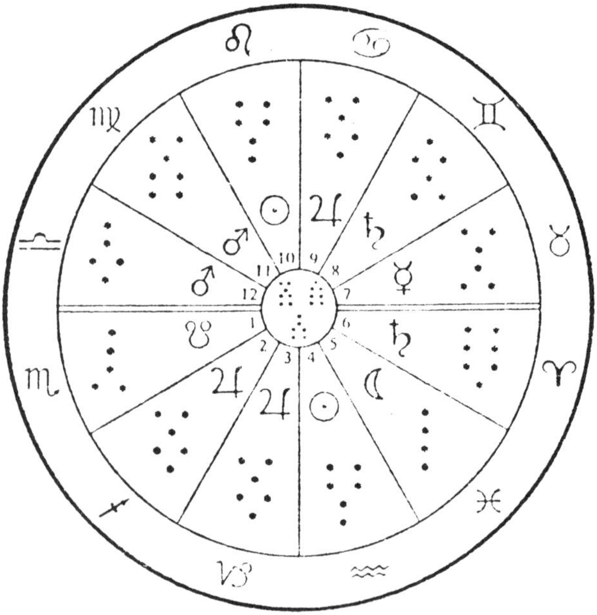

Abbildung 13: *Das vollständige astro-geomantische Diagramm.*

Beispiel

Um sicherzugehen, daß die Methode deutlich geworden ist, wollen wir ein weiteres Beispiel ausprobieren. Nehmen wir an, das Orakel hätte folgende vier *Mütter* hervorgebracht:

IV	III	II	I
*	* *	* *	*
*	*	*	*
* *	* *	*	*
*	* *	* *	*

Daraus entstehen folgende *Töchter*

VIII	VII	VI	V
*	*	*	*
* *	*	*	* *
* *	* *	*	* *
*	* *	*	*

und *Neffen*

XII	XI	X	IX
* *	* *	*	*
*	*	* *	* *
* *	*	* *	* *
*	* *	*	*

1. Indem wir die Häuserzuordnungen von Seite 189 verwenden, ergibt sich folgendes Bild:

Mütter:	I	*	in Haus 10
		*	
		*	
		*	
	II	* *	in Haus 1
		*	
		*	
		* *	

	III	* * * * * * *	in Haus 4
	IV	* * * * *	in Haus 7
Töchter:	V	* * * * * *	in Haus 11
	VI	* * * *	in Haus 2
	VII	* * * * * *	in Haus 5
	VIII	* * * * * *	in Haus 8
Neffen:	IX	* * * * * *	in Haus 12
	X	* * * * * *	in Haus 3
	XI	* * * * * *	in Haus 6

XII ✻ ✻ in Haus 9
✻
✻ ✻
✻

2. Um nun das Tierkreiszeichen zu bestimmen, das zum ersten Haus gehört, schauen Sie Zeichen II an; es ist

✻ ✻
✻
✻
✻ ✻

Conjunctio

Wir tragen es ein in Haus 1. Das zugehörige Tierkreiszeichen ist Jungfrau. Schreiben Sie ♍ Jungfrau im ersten Haus (Aszendent). Nun fahren Sie fort im Gegenuhrzeigersinn: Waage ♎ in Haus 2, Skorpion ♏ in Haus 3, Schütze ♐ in Haus 4, usw., bis Sie bei Löwe ♌ in Haus 12 angekommen sind.

3. Nun übersetzen Sie jedes geomantische Zeichen in seine Planetenentsprechung (wieder unter Verwendung von Anhang 1):

Im 1. Haus: Conjunctio entspricht Merkur
Im 2. Haus: Via entspricht dem Mond
Im 3. Haus: Carcer entspricht Saturn
Im 4. Haus: Rubeus entspricht Mars
Im 5. Haus: Fortuna Minor entspricht der Sonne
Im 6. Haus: Conjunctio entspricht Merkur
Im 7. Haus: Puer entspricht Mars
Im 8. Haus: Carcer entspricht Saturn
Im 9. Haus: Acquisitio entspricht Jupiter
Im 10. Haus: Via entspricht dem Mond
Im 11. Haus: Carcer entspricht Saturn
Im 12. Haus: Carcer entspricht Saturn

4. Alle diese Angaben tragen Sie in das astro-geomantische Diagramm ein, wie Abbildung 14 zeigt.

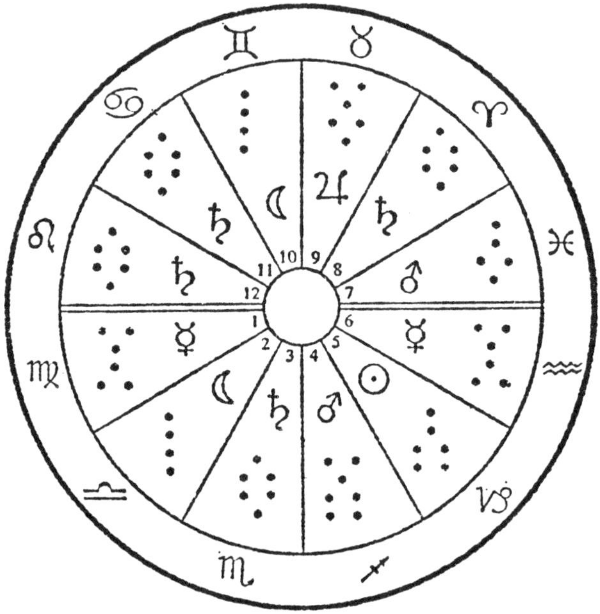

Abbildung 14: *Beispiel eines astro-geomantischen Diagramms.*

11

Antworten von Himmel und Erde

Das Urteil

Nachdem Sie nun Ihr astro-geomantisches Diagramm erstellt und die geomantischen Zeichen, Tierkreiszeichen und Planeten in die entsprechenden Häuser eingetragen haben, kommen wir nun zur Ausdeutung bzw. zum Urteil.

Es gibt zwei Möglichkeiten, die Interpretation anzugehen, die eine ist intuitiv, die andere systematisch. Eine Methode für die intuitive Deutung anzugeben, ist kaum möglich, sie entwickelt sich eher im Verlauf einer längeren Praxis. Für ein systematisches Vorgehen sind folgende Schritte zu empfehlen:

1. Prüfen Sie, ob Rubeus oder Cauda Draconis im ersten Haus stehen. Wenn ja, zerstören Sie das Diagramm.
2. Schauen Sie nach, welche Planeten in welchen Tierkreiszeichen stehen. Registrieren Sie sie lediglich, ohne zu werten. Sie sollten Sie nur im Hinterkopf haben.
3. Prüfen Sie die Zeugen und den Richter (wie in der einfachen Geomantik) und stellen Sie fest, ob letzterer günstig ist oder nicht. Schreiben Sie das Ergebnis auf.
4. Prüfen Sie, welches geomantische Zeichen in dem Haus steht, das Ihrer Frage zugeordnet ist. Schreiben Sie es auf zusammen mit dem zugehörigen Tierkreiszeichen und Planeten.
5. Schauen sie nach, ob dieses geomantische Zeichen noch an anderer Stelle in Ihrem Diagramm auftaucht. Wenn ja, notieren Sie das Haus bzw. die Häuser. Schauen Sie sich an, welche Themen unter diesem Haus aufgelistet sind, und prüfen Sie, ob diese Informationen irgendeinen Beitrag zur Deutung geben. Wenn es in Ihrer Frage zum Beispiel um gestohlenes Geld geht und das geomantische Zeichen des zweiten Hauses (Geld und bewegliche Güter) auch im sechsten Haus

(Bedienstete und Angestellte) auftaucht, so könnte darin ein Hinweis enthalten sein, daß der Dieb unter dem Hauspersonal oder den Angestellten zu suchen ist. Schreiben Sie all diese Dinge auf.

6. Ermitteln Sie den Indikator (oder den sogenannten Glückspunkt, wenn es sich um Geldangelegenheiten handelt). Dies geschieht so: Sie addieren die Gesamtzahl aller Striche, die Sie ursprünglich in den Sand oder auf Papier gekritzelt haben, und teilen die Summe durch zwölf. Die Zahl, die sich daraus ergibt, zeigt an, in welchem Haus der Indikator (Glückspunkt) zu finden ist: das geomantische Zeichen, das in diesem Haus steht, ist der Indikator. Der Indikator gilt als astrogeomantische Entsprechung des Richters. In Geldfragen verweist der Glückspunkt häufig auf eine mögliche Quelle für Bargeld.
7. Schauen Sie nun in der »Übersicht über die geomantischen Zeichen in den Häusern« (am Schluß dieses Kapitels) nach, welche Bedeutung das geomantische Zeichen hat, das im Haus Ihrer Fragestellung steht. Schreiben Sie diese Bedeutung ab, soweit sie Ihre Frage betrifft.
8. Schauen Sie nach in der »Rangübersicht« (in diesem Kapitel) um die relative Stärke des geomantischen Zeichens in diesem Haus zu bestimmen. Diese Information sagt Ihnen, welches Gewicht den einzelnen Faktoren in der Schlußbetrachtung jeweils zukommt.
9. Schreiben Sie nun die Bedeutung des geomantischen Zeichens im vierten Haus ab, das für den Ausgang oder das Ergebnis der in Frage stehenden Angelegenheit steht.
10. Prüfen Sie, ob das geomantische Zeichen für den Richter XV (das Sie in die Mitte Ihres Diagramms gesetzt haben) noch an anderer Stelle auftaucht. Wenn ja, ist das betreffende Haus von großer Bedeutung.
11. Ist die Antwort noch immer nicht klar, so können Sie einen neuen Schlichter bilden, indem Sie, nach dem Vorbild der geomantischen Addition, das Zeichen des Richters mit dem Zeichen addieren, das im Haus Ihrer Frage steht.
12. Sie müßten inzwischen über eine ganze Menge schriftlicher Angaben verfügen. Lesen Sie diese mehrmals durch, um ein Gefühl für die Gewichtung der Antwort zu bekommen.

Stellen Sie fest, ob sie zu einer positiven oder negativen Auskunft tendiert. Falls nötig, markieren Sie jede Angabe mit einem Plus- oder Minuszeichen, um festzustellen, was überwiegt. Unterstreichen Sie solche Angaben, die Ihnen besonders wichtig erscheinen. Bilden Sie sich daraus Ihr Urteil, wobei Sie darauf achten sollten, daß Sie auch die kleinste Notiz, die Sie gemacht haben, sorgfältig in Betracht ziehen.

Fragen zu Geldangelegenheiten

Da Geld schon immer eine wichtige Rolle gespielt hat, haben die Astrologen dafür ein besonderes Rechenverfahren und ein Symbol erfunden. Es heißt *Glückspunkt* und wird durch einen Kreis dargestellt, der durch ein Kreuz in vier Teile geteilt wird.

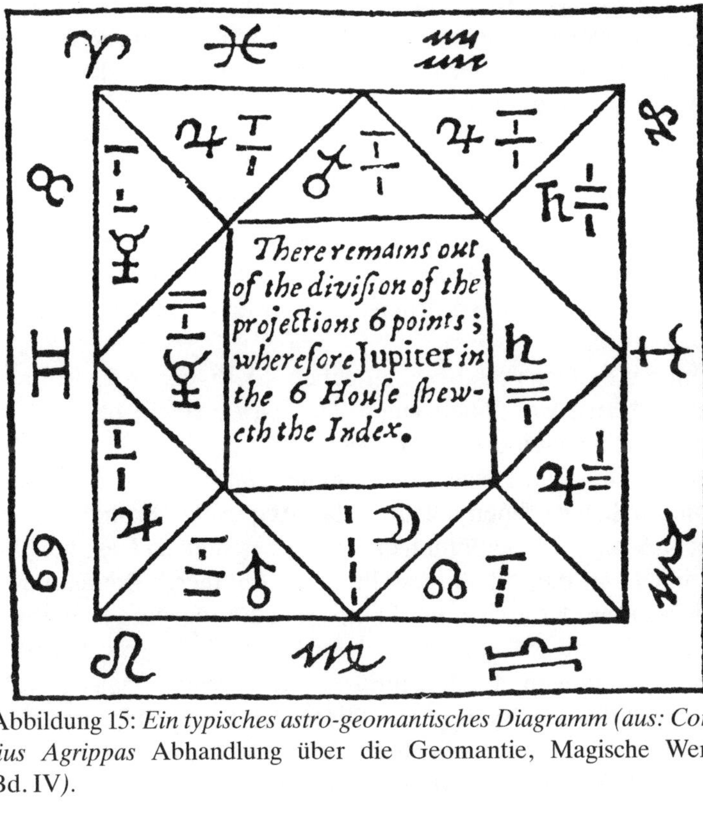

Abbildung 15: *Ein typisches astro-geomantisches Diagramm (aus: Cornelius Agrippas* Abhandlung über die Geomantie, Magische Werke, Bd. IV*).*

Für geomantische Zwecke braucht man nicht die astrologischen Berechnungen durchzuführen, um den Glückspunkt zu finden. Sie brauchen nur sämtliche Punkte der ersten zwölf geomantischen Zeichen zu addieren, das heißt, die Gesamtzahl der Punkte der vier Mütter, vier Töchter und vier Neffen zu errechnen. Teilen Sie nun die Gesamtzahl durch zwölf und notieren Sie den Rest. Die Restzahl gibt Ihnen die Nummer des Hauses, in dem sich der Glückspunkt befindet. Bleibt kein Rest übrig, so ist es das zwölfte Haus. (Siehe auch Schritt 6 in den Hinweisen, wie man zum Urteil gelangt.)

Was sagt Ihnen diese Information? Die Beschaffenheit des Hauses, in das Ihr Glück gefallen ist, weist in die Richtung, aus der Bargeld kommen könnte oder zu erhalten wäre. Das geomantische Zeichen, das Tierkreiszeichen und der Planet des betreffenden Hauses sagen Ihnen mehr über die Wahrscheinlichkeit, ob Bargeld ansteht (geomantisches Zeichen), und über die Abfolge der Ereignisse (Planeten), die mit dem Erscheinen des Geldes zusammenhängen.

Die relative Stärke der geomantischen Zeichen in den Häusern

Bisweilen ergeben sich Schwierigkeiten in der Deutung eines astro-geomantischen Diagramms, weil sich bestimmte Informationen scheinbar widersprechen oder schwer in Einklang gebracht werden können.

Um ein einfaches Beispiel zu geben: Sie haben Acquisitio im zweiten Haus, was Ihnen einen Zuwachs an Geld oder Besitz prophezeit. Dasselbe Zeichen, Acquisitio, taucht noch einmal im sechsten Haus auf, was für Krankheit und Angestellte steht. Grundsätzlich ist Ihnen bekannt, daß Acquisitio »Einnahmen als Ergebnis eigener Bemühungen« bedeutet und daß es unwahrscheinlich ist, daß die Angestellten ein Teil dieser Bemühungen sind, während Krankheit ein Faktor sein könnte, Ihre Bemühungen zunichte zu machen. Nun bleibt Ihnen die Ungewißheit, ob Ihre Bemühungen durch Einflüsse des sechsten Hauses stark beeinträchtigt oder vielleicht nur ein wenig verzögert werden. Um hier Klarheit zu gewinnen, und vorausgesetzt, es gibt in Ihrem Diagramm keinen eindeutigen Hinweis an anderer Stelle, brauchen Sie ein Maß für die relative Stärke eines Einflußfaktors gegenüber einem anderen. Dieses Maß für die relative Stärke finden Sie in Abbildung 16. Es basiert auf dem Rang der Planeten und der ihnen zugeordneten geomantischen Zeichen. Acquisitio ist *stark* im zweiten Haus, hingegen am schwächsten im sechsten Haus, weshalb für unser Beispiel glücklicherweise der Einfluß des zweiten Hauses überwiegt.

Der Rang eines Zeichens in einem bestimmten Haus ist ein Maß für seine Stärke, den Grad, in dem es das Urteil beeinflußt. Er spielt so etwas wie die Rolle eines Schiedsrichters. Ein Zeichen ist am stärksten in seinem eigenen Haus, sehr stark, wenn in seiner Erhöhung, sehr schwach in seinem Fall und am schwächsten in seinem Exil. Ein Zeichen ist in seinem Fall, wenn es in einem Haus steht, das in Opposition zu seiner Erhöhung steht; es ist in seinem Exil, wenn das Haus zu seinem eigenen Haus in Opposition steht.

Sie müssen diese Begriffe nicht unbedingt verstehen. Sie sind nur für die Leser gedacht, die die zugrundeliegenden astrologischen Überlegungen wissen möchten. »Rang« bezeichnet die verschiedenen Abstufungen von Stärke und Schwäche. Es reicht völlig aus, wenn Sie einfach die Tabelle benutzen, um zu bestimmen, welche von zwei widerstreitenden Aussagen in einem Diagramm die stärkere ist und sich daher mit größerer Wahrscheinlichkeit durchsetzen wird. Die Zahlen bezeichnen das Haus, in dem das geomantische Zeichen stark bzw. schwach ist. (Siehe Abbildung 16.) Die Tabelle zeigt die fünf Kategorien von Rängen vom stärksten Rang links bis zum schwächsten rechts außen. Die Planeten sind nur als Richtschnur hinzugefügt. Der Hauptnutzen der Tabelle besteht darin, eine klare Rangfolge zu liefern, falls das Urteil durch mehrere, widersprüchliche Faktoren nicht deutlich wird. Wenn zum Beispiel Puer im ersten und im vierten Haus auftritt, läßt sich aus der Tabelle klar ablesen, daß dieses Zeichen im ersten Haus eine sehr viel stärkere Bedeutung hat (in Verbindung mit dem Wesen und den Eigenschaften der eigenen Person) als im vierten Haus (wo es sich auf den Ausgang der Angelegenheit, auf die häusliche Umgebung oder den Besitz des Fragestellers bezieht). Obwohl dieser Abschnitt zunächst etwas kompliziert aussieht, stellt er nicht einen zusätzlichen Schritt in der

Ausdeutung dar, sondern ist lediglich als Hilfe gedacht, falls Sie Schwierigkeiten mit der Gewichtung verschiedener Faktoren in der Antwort haben.
Die folgende Übersicht zeigt, was die Kombination zwischen einem geomantischen Zeichen und einem bestimmten Haus bedeutet. Es sind sämtliche möglichen Kombinationen aufgeführt.

Übersicht über die geomantischen Zeichen in den Häusern

Fortuna Major

1. Haus: Schenkt ein langes Leben und befreit von Krankheiten. Ein Mann von edlem Wesen, hochherzig, gutes Benehmen, mittlere Größe, gesunde Hautfarbe, gelocktes Haar.

2. Haus: Bedeutet Reichtümer und greifbaren Gewinn, Glück und Wiedererlangen dessen, was verloren oder verlegt war; Festnahme eines Diebes, Wiedererlangen gestohlener Gegenstände.

3. Haus: Bedeutet Geschwister und Verwandte, adelige Menschen, geistreiche Gesprächspartner; Reisen sind günstig und gewinnbringend. Männer sind vertrauenswürdig, und ihre Freundschaft ist ehrlich.

4. Haus: Steht für einen großherzigen Vater, der einen guten Ruf hat und bei vielen Menschen bekannt ist. Er wird wohlhabend in Städten, er macht Erbschaften und entdeckt verborgene Schätze. In diesem Haus bedeutet es auch Diebstahl und die Wiedererlangung alles Verlorenen.

5. Haus: Freude an Kindern, die große Ehre erlangen. Stellung wird mit einigen Schwierigkeiten erreicht. Gerüchte erweisen sich als wahr. Ein Mann wird nach seinem Tod sehr berühmt. Eine Frau gebiert einen Jungen.

Geomantisches Zeichen	Planeten-zuordnung	*Am stärksten:* Herrscher im eigenen Haus	*Sehr stark:* Erhöhung	*Stark:* Würde	*Sehr schwach:* Fall	*Am schwächsten:* Exil
Puer	Mars	1, 8	10	5	4	2, 7
Amissio	Venus	2, 7	12	9, 11	6	1, 8
Albus	Merkur	3, 6	6	4, 10	12	9, 12
Populus	Mond	4	2	12	8	10
Fortuna Major	Sonne	5	1	8	7	11
Conjunctio	Merkur	3, 6	6	4, 10	12	9, 12
Puella	Venus	2, 7	12	9, 11	6	1, 8
Rubeus	Mars	1, 8	10	5	4	2, 7
Acquisitio	Jupiter	9, 12	4	1, 2, 7	10	3, 6
Carcer	Saturn	10, 11	7	3, 6	1	4, 5
Tristitia	Saturn	10, 11	7	3, 6	1	4, 5
Laetitia	Jupiter	9, 12	4	1, 2, 7	10	3, 6
Cauda Draconis			9		3	
Caput Draconis			3		9	
Fortuna Minor	Sonne	5	1	8	7	11
Via	Mond	4	2	12	8	10

Abbildung 16: *Die fünf Rangkategorien.*

6. Haus: Krankheiten werden binnen kurzem geheilt. Der Arzt verschreibt unzweifelhaft hilfreiche Medizin. Diener und Geistliche sind vertrauenswürdig. Pferde.

7. Haus: Eine Ehefrau, reich, aufrichtig, mit gutem Benehmen, liebend und angenehm. Ein einzelner überwindet Streit und Zwist. Wenn die Frage allerdings mehrere Personen betrifft, werden die Gegner sehr mächtig und sehr parteiisch sein.

8. Haus: Die Person, um deren Tod sich die Frage dreht, lebt noch. Es bedeutet auch einen schmerzfreien und natürlichen Tod, Ehren nach dem Tode, Erbschaften und eine große Mitgift des Ehepartners.

9. Haus: Bedeutet lange und gewinnbringende Reisen. Die Rückkehr der Abwesenden; Männer, die gläubig, religiös und beständig sind in ihren Absichten. Träume erfüllen sich; wahre und vollkommene Erkenntnisse.

10. Haus: Große Ehren, öffentliche Ämter und Ehren; Richter werden gerecht sein und nicht korrupt; eine Angelegenheit wird bald und leicht auf den Weg gebracht; Herrscher werden mächtig, glücklich und siegreich sein; Sieg ist gewiß; eine gute Mutter mit einem langen Leben.

11. Haus: Wahre und gewinnbringende Freunde; eine wohlhabende, freigebige Person bringt einem Mann Glück.

12. Haus: Wenn eine Frage nach der Stärke von Feinden gestellt ist: die Feinde sind mächtig, es ist schwer, sich ihnen entgegenzustellen. Wenn die Frage aber nach anderen Umständen in bezug auf Feinde gestellt ist, bedeutet sie, daß man ihrer Hinterlist glücklich entrinnt. Es bedeutet ergebenes Hauspersonal. Entkommen aus dem Gefängnis. Es bedeutet auch Pferde, Löwen und Stiere; Gefahren werden entweder abgeschwächt oder beseitigt.

Fortuna Minor

1. Haus: Schenkt ein langes Leben mit unterschiedlichen Problemen und Krankheit. Eine Person von kleiner Statur, magerem

Körper, mit einem Leberfleck oder einem Kennzeichen auf der Stirn oder am rechten Auge.

2. Haus: Geld, das aber verschwendet wird; großzügige Ausgaben; der Dieb bleibt im Verborgenen; gestohlene Gegenstände werden entweder gar nicht oder nur mit großer Mühe zurückerlangt.

3. Haus: Meinungsverschiedenheiten zwischen Geschwistern und Verwandten; Gefahr auf einer Reise, aber Entrinnen. Zuverlässige Männer, die jedoch reserviert und wenig gesprächig sind.

4. Haus: Verlust von Erbschaften; Schatztruhen werden verborgen; verlorene Dinge können nicht oder nur mit großen Schwierigkeiten wiedererlangt werden. Ein ehrlicher Vater, aber verschwenderisch im Umgang mit seinen Gütern, der seinen Kindern nur wenig hinterläßt.

5. Haus: Nur wenige Kinder; ein Mädchen wird geboren; ehrenhafte Stellungen, die aber nur gering bezahlt werden. Geringe Ehren, wenig Ruhm.

6. Haus: Krankheit des Blutes und der Galle; der Patient ist in großer Gefahr, wird aber genesen; ergebenes Hauspersonal, das allerdings faul und unnütz ist.

7. Haus: Eine Ehefrau aus guter Familie, die aber viele Probleme mitbringt. Die Liebe ist von Zweifeln geprägt und unbeständig; langdauernde Streitigkeiten und langwierige Prozesse, doch am Ende Erfolg.

8. Haus: Ein leichter Tod, aber an einem fremden Ort oder auf einer Pilgerreise; Erbschaften werden durch Prozesse und nur mit Schwierigkeiten erlangt, der Anteil an einer Mitgift wird mit Schwierigkeiten erlangt, aber leichtfertig ausgegeben.

9. Haus: Gefährliche Reisen; ein Abwesender wird langsam wiederkommen; Männer finden Anstellung in religiösen Ämtern; Forschungen werden nicht abgeschlossen; doch Beständigkeit in Glaube und Religion.

10. Haus: Herrscher, die durch Krieg und Gewalt an die Macht gelangen; Männer in der Verbannung werden bald zurückkehren: Ehren, hohe Ämter und Vergünstigungen, für die Sie jedoch ständig hart arbeiten und kämpfen müssen, unbeständiges Glück. Ein Richter wird nicht zu Ihren Gunsten sprechen; Prozesse und Streitigkeiten ziehen sich in die Länge; ein Vater und eine Mutter werden bald sterben; ständig ist man von Krankheiten heimgesucht.

11. Haus: Viele Freunde, die allerdings arm und nicht geschäftstüchtig sind, so daß sie Ihnen keine Hilfe sind. Sie werden bei Herrschenden beliebt, was große Hoffnungen weckt, aber wenig Gewinn bringt; keine Sicherheit in irgendeiner Stellung oder einem Amt, das von einem Herrscher verliehen wird.

12. Haus: Die Feinde sind spitzfindig, geschickt und betrügerisch; ein Gefangener bleibt lange eingesperrt, wird aber am Ende entlassen. Nutzloses Personal. Häufiger Wechsel des Glücks.

Puer

1. Haus: Kein sehr langes, aber ein mühsames Leben; Männer gelangen zu großem Ruhm durch militärische Aufgaben; eine Person mit einem starken Körper, gesunder Hautfarbe, hübschen Gesichtszügen und schwarzem Haar.

2. Haus: Geldeinkünfte von anderen Männern erworben, durch Plünderung, Raub, Konfiszierung, Militärgesetze und ähnliches; der Dieb entkommt, und der gestohlene Gegenstand kehrt nicht zurück; er findet keinen Schatz.

3. Haus: Ein Mann wird geehrt und über seine Freunde gestellt, die ihn fürchten; Reisen sind gefährlich; Personen mit gutem Ruf.

4. Haus: Zweifelhafte Erbschaften und Besitztümer; ein Vater erlangt seinen Reichtum durch Gewalt.

5. Haus: Wohlgeratene Kinder, die Ehren und Würden erlangen werden; eine Frau wird einen Knaben gebären; Ehren und großer Ruhm sind durch militärische Disziplin zu gewinnen.

6. Haus: Krankheiten und Verletzungen durch Gewalteinwirkung, zum Beispiel Wunden, Quetschungen, Zerrungen, aber die Kranken werden durch ärztliche Kunst geheilt; die Angestellten arbeiten gut und ertragreich.

7. Haus: Macht eine Frau zum Teufelsweib, willensstark, wahrhaftig, sie herrscht im Haus; Schwierigkeiten und Gegner, denen durch Berufung auf Gerechtigkeit kaum beizukommen ist.

8. Haus: Die Person, nach der gefragt wird, lebt; kein schmerzvoller oder mühsamer Tod, sondern verursacht durch eine Gemütsaufwallung, durch Eisen oder Schwert; keine Erbschaften.

9. Haus: Reisen sind nicht ohne Gefahr für Leib und Leben, werden dennoch sicher und gewinnbringend zu Ende geführt; Reisen zu Wasser sind gefährlich aber erfolgreich; eine Person, die weder besonders religiös noch besonders gewissenhaft ist; beträchtlicher Wissenszuwachs in den Naturwissenschaften, in der Medizin und in den Künsten.

10. Haus: Mächtige Herrscher, berühmt für kriegerische Errungenschaften, doch sind ihre Reichtümer wechselhaft wie das Kriegsglück; Richter sind grausam und unbarmherzig; das Gesetz wird durch Feuer und Schwert ausgeübt; das Leben einer Mutter ist in Gefahr.

11. Haus: Edle Freunde, wie man sie an Prinzenhöfen antrifft, wo sie sich nach einem Krieg versammeln; viele tun sich mit grausamen Männern zusammen: trotzdem viel Gunst durch Personen in hohen Stellungen, doch ihrer Gunst ist zu mißtrauen.

12. Haus: Die Feinde sind grausam und verrucht; Gefangene werden aus dem Gefängnis fliehen und vielen Gefahren entgehen.

Albus

1. Haus: Eine Person, die ständig mit Leiden und ernsthaften Krankheiten zu tun hat; ein Mann von kleiner Statur, mit breiter Brust, langen Armen, gelocktem Haar, einem vollen, breiten Mund, ein Schwätzer und Plappermaul, aber trotzdem ein lustiger und beliebter Geselle.

2. Haus: Gewinne aus Dingen, die dem Vergnügen, Sport und Spiel sowie den niederen Künsten dienen, die aber Spaß bringen; Spiele, Zeitvertreib, Tanzen und Lachen; der Dieb und die gestohlenen Dinge werden entdeckt; der Schatz wird nicht gefunden.

3. Haus: Nur wenige Verwandte; wenige, aber schwierige Reisen zu Wasser; viel Betrug.

4. Haus: Kleine oder gar keine Erbschaft von den Eltern; der Vater ist gut bekannt, bekleidet aber eine dienende Stellung.

5. Haus: Keine Kinder, wenn doch, werden sie bald sterben; unterwürfige Frau; Fehlgeburt oder Geburt von behinderten Kindern; Gerüchte sind falsch; keine Ehren zu erwarten.

6. Haus: Langwierige Krankheiten. Betrügerische und unehrliche Angestellte. Krankheiten beim Vieh sind tödlich; der Patient mißtraut seinem Arzt.

7. Haus: Eine schöne und geliebte Frau, die aber keine Kinder haben wird. Wenige, aber langwierige Prozesse.

8. Haus: Die Person, auf die sich die Frage bezieht, wird sterben; die Mitgift der Frau ist klein und wird einen Prozeß verursachen.

9. Haus: Reisen bringen nur wenig Gewinn; Hindernisse für die abwesende Person, die nicht zurückkehren wird; ein abergläubischer Mann, der falschem Wissen nachhängt.

10. Haus: Einflußreiche Personen und Richter sind übel gesonnen; unangenehme, niedrige Stellungen; die Mutter wird des Ehebruchs verdächtigt.

11. Haus: Heuchlerische und falsche Freunde; wechselhaftes Glück und wechselhafte Liebe.

12. Haus: Gemeine, aber schwache und unerfahrene Feinde; der Gefangene wird nicht entkommen; sehr viele Schwierigkeiten der unterschiedlichsten Art.

Conjunctio

1. Haus: Ein erfolgreiches Leben; ein Mann mittlerer Größe mit länglichem Gesicht, einem glatten, hellen, kurzen Bart, langen Fingern und Schenkeln, freizügig, liebenswert und vielen Menschen ein Freund.

2. Haus: Keine Reichtümer, aber frei von Armut; der Dieb wird gefangen und die gestohlenen Dinge zurückgegeben; er erwirbt verborgenen Schatz.

3. Haus: Verschiedene Reisen mit unterschiedlichem Erfolg; zuverlässiger Charakter.

4. Haus: Durchschnittliches Vermögen von den Eltern; ein guter, intelligenter Vater.

5. Haus: Intelligente Kinder. Das erwartete Kind ist ein Sohn. Selbsterworbene Ehren, großer Ruhm, guter Ruf; Nachrichten und Gerüchte stellen sich als zutreffend heraus.

6. Haus: Langwierige Krankheiten. Ein erfahrener Arzt; ergebene und tadellose Diener; Tiere bringen Gewinn.

7. Haus: Eine sehr gehorsame und intelligente Ehefrau; schwierige Prozesse mit geschickt und verdeckt arbeitenden üblen Gegnern.

8. Haus: Die Person, nach der gefragt wird, ist tot, aus ihrem Tod ist ein Gewinn abzuleiten; eine Ehefrau wird nicht sehr reich.

9. Haus: Wenige, aber langwierige Reisen; jemand, der abwesend ist, wird nach einer langen Zeit zurückkehren; günstig für verschiedene Künste, Wissenschaften und religiöse Geheimlehren; verleiht einen raschen, klaren und wirksamen Verstand.

10. Haus: Macht hochgestellte Personen freizügig, freundlich und wohlgesonnen gegenüber Menschen, die in verschiedenen Wissenschaften und geheimen Künsten bewandert sind; aufrechte Richter, die mit Scharfsinn leicht die Wahrheit in der Sache erkennen; Zusammenkünfte, die mit Briefen, Studium, gut fundierten Lehren und Wissen zu tun haben; eine ehrliche, intelligente und blühende Mutter.

11. Haus: Viele Freunde und insbesondere große Gunstbezeugungen von hochstehenden Persönlichkeiten.

12. Haus: Kriegerische und scharfsinnige Feinde; der Gefangene bleibt für eine sehr lange Zeit eingesperrt; Entrinnen aus vielen Gefahren.

Amissio

1. Haus: Der Kranke wird nicht lange leben; ein kurzes Leben; ein Mann mit unproportionierten Gliedmaßen, der ein schlimmes Leben führt und bösartig ist; er besitzt außerdem eine auffällige Behinderung, er ist entweder verkrüppelt oder lahm.

2. Haus: Verlust oder Verschwendung von Geld. Armut. Was verloren oder gestohlen wurde, kommt nicht wieder; der Dieb entkommt. Kein Glück im Erlangen erhoffter Reichtümer, sondern Verlust oder Schaden auf der Suche danach.

3. Haus: Tod von Verwandten oder Mangel an Verwandten und Freunden; keine Reisen; man wird von vielen Menschen hintergangen.

4. Haus: Die völlige Vernichtung der eigenen Erbschaft; der Vater ist arm, und der Sohn wird sterben.

5. Haus: Tod von Kindern, viel Kummer; eine Frau wird nicht schwanger oder hat eine Fehlgeburt; kein Ruhm, keine Ehre; falsche Gerüchte werden zerstreut.

6. Haus: Die Kranken genesen bald; Verlust und Schaden durch Angestellte und Vieh.

7. Haus: Eine Frau, die eigene Wege geht und streitsüchtig ist, die aber bald sterben wird.

8. Haus: Ein Mann ist tot; das Geld der Ehefrau ist schnell aufgebraucht; keine Erbschaften.

9. Haus: Keine Reisen, wenn doch, werden sie großen Verlust bringen; eine Person mit schwankender Gesinnung, die ihren Glauben häufig wechselt und in jeder Hinsicht unwissend ist.

10. Haus: Unglückliche Edelleute, die ihr Leben im Exil und in der Verbannung beenden; Richter sind böswillig und bestochen; Stellungen, die Verlust bringen und dem Ruf schaden; Tod einer Mutter.

11. Haus: Wenig Freunde; Freundschaft geht leicht verloren; aus Freunden werden Feinde; kein Einfluß auf Menschen in hoher Stellung, die schaden könnten.

12. Haus: Die Feinde werden vernichtet. Der Gefangene wird lange eingesperrt, ansonsten aber sicher sein.

Puella

1. Haus: Ein kurzes Leben und eine schwache Konstitution, mittlere Größe, ein wenig dick, aber von hübschem Aussehen, weich und genußsüchtig, einer, der wegen seiner Liebe zu Frauen viele Schwierigkeiten und Gefahren erleben wird.

2. Haus: Weder ein Zuwachs an Reichtümern noch an Armut; verlorene oder gestohlene Gegenstände werden nicht zurückerlangt; der Dieb hat die Stadt nicht verlassen; es gibt keinen Schatz.

3. Haus: Mehr Schwestern als Brüder; angenehme Reisen; angenehme soziale Umgebung.

4. Haus: Das ererbte Vermögen ist klein; die Ernte wird gut sein.

5. Haus: Das erwartete Kind ist ein Mädchen. Keine Botschaften; viel Erfolg bei Frauen und einige Vergünstigungen durch deren Einfluß.

6. Haus: Der Patient ist sehr schwach, wird sich aber rasch erholen. Der Arzt ist unwissend und unerfahren, doch genießt er gemeinhin großen Respekt. Nützliche Angestellte und nutzbringendes Vieh.

7. Haus: Eine wunderschöne und angenehme Frau, die mit ihrem Mann in Frieden lebt, aber von vielen Männern wegen ihrer liebenswerten Art begehrt wird; keine ernsthaften Prozesse irgendwelcher Art, nur kleinere Auseinandersetzungen.

8. Haus: Die totgeglaubte Person lebt noch. Die Mitgift ist klein, aber der Mann ist damit zufrieden.

9. Haus: Sehr wenigc Reisen; ein religiös eingestellter Mann ohne große Begabungen, außer für die Musik und den Gesang.

10. Haus: Nicht sehr mächtige Herrscher; sie regieren friedlich und werden von ihren Nachbarn und Untertanen geachtet; sie sind freundlich, milde und höflich, lieben die Heiterkeit, das Spiel und die Jagd; Richter sind gut, rechtschaffen und barmherzig; Treffen mit Frauen von hohem Rang.

11. Haus: Viele Freunde, Erfolg bei Frauen.

12. Haus: Wenig Feinde, aber Probleme mit Frauen; Gefangene erlangen ihre Freiheit durch das Eingreifen von Freunden wieder.

Laetitia

1. Haus: Ein langes, blühendes und glückliches Leben; ein Mann, der alle seine Verwandten überlebt und an Erfolg übertrifft; ein großgewachsener Mann mit breiter Stirn, großen Zähnen und einem hübschen Gesicht.

2. Haus: Reichtümer und zahlreiche Gewinne, aber große Ausgaben und wechselhaftes Glück; was verloren oder gestohlen wurde, wird wiedergefunden und zurückgegeben; der Dieb ist geflüchtet.

3. Haus: Angenehme Verwandte, die aber ein kurzes Leben haben; gute Reisen; Treue und Ernsthaftigkeit.

4. Haus: Beträchtliches elterliches Vermögen; Besitztümer; ein edler Vater, der durch eine hohe Anstellung geehrt wird; ein gutes Vermögen wird gefunden, wo es erwartet wurde, doch ist es von geringerem Wert als erwartet.

5. Haus: Gehorsame und freundliche Kinder. Eine Tochter wird geboren werden. Eine gute Anstellung. Alle Gerüchte und Nachrichten stellen sich als wahr heraus; Ruhm nach dem Tode.

6. Haus: Der Kranke wird genesen; zuverlässige Angestellte; nutzbringendes Vieh.

7. Haus: Eine hübsche junge Frau; die Überwindung von Schwierigkeiten führt zu Glück in der Liebe.

8. Haus: Erbschaften; eine Frau aus einer wohlhabenden Familie; die Person, nach der gefragt wird, lebt noch.

9. Haus: Sehr wenige Reisen, und die Reisen, die unternommen werden, sind entweder diplomatischer Natur oder Pilgerreisen. Ein Mann mit religiöser Gesinnung, nicht sehr studiert, aber mit Intuition begabt.

10. Haus: Regierende berühmt dafür, daß sie während ihrer Herrschaft den Frieden erhalten haben; Richter sind grausam und streng; ehrenwerte Stellungen in kirchlichen Schulen oder im Rechtsbereich. Wenn die Mutter eine Witwe ist, wird sie sich wiederverheiraten.

11. Haus: Viele Freunde unter Hochgestellten. Schutz.

12. Haus: Sieg über Feinde; nützliches Hauspersonal; Freiheit für den Gefangenen Schutz vor Bösem.

Acquisitio

1. Haus: Ein langes Leben und ein blühendes Alter; ein Mann von mittlerer Statur, mit großem Kopf, vornehmen Zügen, langer Nase, großem Bart, gelocktem Haar und hellen Augen, der viel für Essen und Trinken ausgibt, aber in allen andern Dingen sparsam und nicht freigebig ist.

2. Haus: Sehr große Reichtümer; die Diebe werden gefaßt, und alles Verlorene wird wiedergewonnen.

3. Haus: Wohlhabende Verwandte; viele ertragreiche Reisen; ein ehrenwerter Mann.

4. Haus: Eine große Erbschaft, viele Besitztümer und gute Ernten; man findet einen verborgenen Schatz; ein reicher, aber habgieriger Vater.

5. Haus: Viele Kinder beiderlei Geschlechts, aber mehr Jungen als Mädchen; eine schwangere Frau wird ohne Probleme gebären; bei der Frage nach dem Geschlecht, ist die Antwort: männlich;

einträgliche Ämter und Botschaften; Ruhm wird den Tod nicht lange überdauern; Gerüchte erweisen sich als wahr.

6. Haus: Viele langwierige und ernsthafte Krankheiten; Lebensgefahr; aber ein erfahrener Arzt. Viele Hausangestellte und Gewinn.

7. Haus: Eine reiche Frau, die entweder Witwe oder in reifem Alter ist; langwierige Prozesse und Streitigkeiten; Liebe und Heirat werden vom Zufall beeinflußt.

8. Haus: Die Person, nach der gefragt wird, ist tot. Ein schneller Tod nach einer Krankheit von nur wenigen Tagen Dauer. Einträgliche Erbschaften. Eine Frau mit einer reichen Mitgift.

9. Haus: Lange und einträgliche Reisen; wenn jemand abwesend ist, wird er bald zurückkehren; ein Gewinn von Geistlichen und Gelehrten; ein wahrer Gelehrter.

10. Haus: Herrscher gewinnen neue Gebiete; ein Richter, der Ihrer Sache wohlgesonnen ist, aber bestochen werden muß; die Anstellung wird sehr gewinnbringend sein; eine reiche und glückliche Mutter.

11. Haus: Viele nützliche und einträgliche Freundschaften; Gunstbezeugungen von hochstehenden Persönlichkeiten.

12. Haus: Viele mächtige Feinde; Rückkehr von flüchtigen Agenten und verlorenem Vieh; der Gefangene wird nicht freigelassen werden.

Populus

1. Haus: Ein Leben von durchschnittlicher Dauer mit verschiedenen Krankheiten und wechselndem Glück. Eine dicke Person von mittlerer Größe, vielleicht mit einem Zeichen über dem linken Auge. Wenn es in der Frage um einen Mann geht, und wenn zu diesem Zeichen noch irgendein Zeichen hinzukommt, das mit Saturn oder Rubeus zu tun hat, ist der Mann von Geburt an mißgestaltet; wenn diese aber im fünften Haus und von ungünstigen Aspekten umgeben sind, wird die Mißbildung erst in der Zukunft eintreten.

2. Haus: Mittleres Vermögen, das mühselig erworben wird. Gestohlener Besitz wird nicht wiedererlangt, ebenso wie Verlorenes oder Verstecktes. Der Dieb ist nicht geflüchtet, sondern treibt sich in der Stadt herum.

3. Haus: Wenig Freunde und Verwandte. Reisen, allerdings mit Arbeit und Mühen; dennoch kann daraus etwas Gewinn hervorgehen. Ein Mann, der in seinem Glauben wankelmütig ist; Verlust durch Betrug.

4. Haus: Ein kranker Vater mit einem schwierigen Leben, seine irdischen Besitztümer und Erbschaften werden fortgenommen werden; Gewinn durch Wasser; der Schatz sollte nicht versteckt werden; wenn es einen verborgenen Schatz gibt, wird er nicht gefunden; eine Erbschaft, die schwer zu bewahren ist.

5. Haus: Unwahre Botschaften durch Post oder Kurier; falsche Gerüchte werden verbreitet, die sich in gewisser Hinsicht als wahr erweisen; eine unfruchtbare Frau; ein Schwangerschaftsabbruch; ein unrühmliches Begräbnis und schlechtes Gerede nach dem Tod.

6. Haus: Krankheit, Erkältung, die hauptsächlich den Unterleib betrifft; ein Arzt ist nachlässig im Verschreiben von Medizin; die Kranken schweben in Lebensgefahr und erholen sich nur mit größter Mühe; das Hauspersonal oder die Beauftragten sind betrügerisch; ein schlechtes Omen für Vieh.

7. Haus: Eine hübsche und angenehme Frau, die aber viele Affären haben wird; ihre Liebe ist geheuchelt; schwache Gegner werden den Prozeß bald beenden.

8. Haus: Plötzlicher Tod ohne längere Krankheit oder Schmerzen, häufig Tod durch Wasser; kein Erbe von seiten des Toten; wenn doch etwas da ist, geht es durch einen dazwischentretenden Streit verloren; die Frau hat nur eine geringe oder gar keine Mitgift.

9. Haus: Trügerische Träume, eine vulgäre und grobe Person; in kirchlichen Dingen niedrige Stellungen; eine Person, die sich nichts aus Religion macht und gewissenlos ist.

10. Haus: Herrschende können abgesetzt werden, oder sie haben ständig Probleme; Anstellungen, die mit Wasser zu tun haben, mit der Marine, Brücken, Fischerei, Küsten oder Wiesen in Fluß- oder Seenähe, oder ähnliches; Richter sind schwankend und langsam in der Abwicklung der Fälle; eine kranke Mutter lebt nicht mehr lange.

11. Haus: Wenig Freunde, viele Schmeichler; Höherstehende gewähren weder Gunst noch Reichtum.

12. Haus: Schwache und unwürdige Feinde; einer der im Gefängnis sitzt, wird nicht freigegeben; Gefahr im Wasser und in der Nähe von Wasser.

Via

1. Haus: Ein langes und blühendes Leben; ein Fremder, schlank und groß, von heller Hautfarbe, mit kleinem Bart, freizügig und angenehm, aber der Arbeit wenig zugeneigt und langsam.

2. Haus: Zuwachs an Vermögen und Reichtümern; Wiedererlangung aller Dinge, die verloren oder gestohlen wurden, aber der Dieb verläßt die Stadt.

3. Haus: Viele Brüder und Verwandte; viele einträgliche Reisen; Männer, die öffentlich bekannt und ehrlich sind und einen guten Leumund haben.

4. Haus: Ein redlicher Vater; Mehrung des vom Vater ererbten Vermögens; gute Ernte; Gewinn in dem erwarteten Bereich; was verloren wurde, wird wiederentdeckt.

5. Haus: Zahlreiche männliche Kinder; ein Sohn wird geboren; ehrbare Stellungen im Ausland; er wird in vielen Ländern bekannt.

6. Haus: Schutz vor Krankheiten; der Patient wird schnell genesen; das Hauspersonal und Tiere sind nützlich.

7. Haus: Eine hübsche, angenehme Frau; dauerhaftes Glück in der Ehe; Prozesse nehmen einen günstigen Verlauf; Gegner sind leicht zu überwinden, und sie werden ihre Streitigkeiten bereitwillig dem Schiedsspruch eines guten Mannes unterstellen.

8. Haus: Tod durch schleimerzeugende Krankheiten; ehrlich sein und einen guten Leumund haben; eine große Erbschaft. Wenn irgend jemand für tot erklärt wurde, so lebt er in Wirklichkeit.

9. Haus: Lange Reisen zu Wasser, insbesondere auf See, dadurch können sehr große Gewinne erzielt werden; Priesterschaft und Nutzen aus kirchlichen Anstellungen; Männer, die fest in ihrem Glauben stehen; wahre Träume, deren Bedeutung plötzlich klar wird; die Philosophie und Sprachwissenschaften blühen sowie alles, was mit der Unterweisung und Erziehung von Kindern zu tun hat.

10. Haus: Herrscher leben glücklich, wenn sie dauerhaften Frieden mit ihren Verbündeten pflegen; Freundschaft unter vielen Herrschern durch Diplomatie; öffentliche Ehrungen und Anstellungen für gewöhnliche Leute oder in bezug auf Dinge, die mit Wasser, Reisen oder dem Eintreiben von Steuern zu tun haben; Richter sind gerecht und barmherzig, und dadurch werden die Fälle rasch erledigt; eine geachtete Mutter, die gesund ist und ein langes Leben hat.

11. Haus: Viele wohlhabende und treue Freunde im Ausland, die helfen werden; er bringt andere in die Gunst von hochrangigen Personen, die ihn mit Aufgaben betreuen, für die er viel reisen muß.

12. Haus: Viele Feinde, aber man muß sie nicht fürchten; gewinnbringende Agenten, Hausangestellte und Tiere; wer im Gefängnis sitzt, wird entkommen oder rasch freigelassen werden; bewahrt einen Mann vor schlimmen, schicksalhaften Ereignissen.

Rubeus

1. Haus: Ein kurzes Leben und ein schlimmes Ende; ein schmutziger und fauler Mann mit einem bösen, grausamen Gesicht, der eine erkennbare Narbe irgendwo am Körper trägt.

2. Haus: Armut; Diebe und Räuber; Menschen, die sich ihren Lebensunterhalt auf üble und ungesetzliche Weise verdienen; hilft Dieben und versteckt gestohlenes Gut; kein Schatz, der zu verbergen wäre oder nach dem man suchen könnte.

3. Haus: Verwandtschaft, die voll Haß aufeinander ist und ihre Bosheit herauskehrt; Reisen sind sehr gefährlich; Betrug.

4. Haus: Verlorene und zerstreute Erbschaften; Zerstörung der Ernte durch Unwetter; den Vater ereilt ein plötzlicher und schneller Tod.

5. Haus: Viele Kinder, die bösartig und ungehorsam sein werden oder ihren Eltern Kummer und Schande bereiten.

6. Haus: Tödliche Verletzungen oder Krankheiten; der Kranke wird sterben; der Arzt begeht Fehler; betrügerisches Hauspersonal; Gefahr durch das Vieh oder durch wilde Tiere.

7. Haus: Eine Frau von schlechtem Ruf, die öffentlich Ehebruch begeht und streitsüchtig ist; die Feinde sind hinterlistig und werden versuchen, Sie durch Inanspruchnahme und Umgehung des Gesetzes zu besiegen.

8. Haus: Die Person, nach der gefragt wird, ist mit Sicherheit tot; die Frau hat keine Mitgift.

9. Haus: Schwierige und gefährliche Reisen, auf denen möglicherweise Diebe und Räuber auftauchen; ein Mann mit ketzerischer Auffassung, der seinen Glauben bei jeder Versuchung leugnen wird; falsches und trügerisches Wissen.

10. Haus: Grausame und tyrannische Prinzen, die ein schlimmes Ende finden werden; Richter und öffentliche Beamte sind korrupt und mißbrauchen ihre Stellung; die Mutter wird bald sterben und einen schlechten Ruf hinterlassen.

11. Haus: Keine wahren oder treuen Freunde, sondern Männer, die ein übles Leben führen und dazu beitragen, daß man aus der Gesellschaft anständiger und edler Menschen ausgeschlossen wird.

12. Haus: Feinde sind grausam und verräterisch; der Gefangene wird ein schlimmes Ende finden; eine Menge Hemmnisse und Widrigkeiten.

Carcer

1. Haus: Ein kurzes Leben; eine gemeine, häßliche und schmutzige Person, die gehaßt und verachtet wird.

2. Haus: Extreme Armut; der Dieb wird gefangen werden und das gestohlene Gut wiedergewonnen; kein Schatz, der zu verstecken wäre.

3. Haus: Haß und Zwietracht zwischen Verwandten; unglückliche Reisen; schlechte Gesellschaft.

4. Haus: Keinerlei Besitztümer oder Erbschaften; ein Vater, der ein böser Mann ist; ein plötzlicher und schlimmer Tod.

5. Haus: Viele Kinder; eine unfruchtbare Frau überredet andere zur Abtreibung; keine Ehren; zerstreut falsche Gerüchte.

6. Haus: Lange Krankheiten; bösartige und nutzlose Hausangestellte; der Arzt ist unwissend.

7. Haus: Die Frau wird von ihrem Mann gehaßt; Prozesse gehen schlecht aus.

8. Haus: Tod durch einen Sturz, durch Mißgeschick oder falsche Anschuldigung; Männer werden zu Gefängnisstrafen verurteilt oder Selbstmord begehen; die Frau verliert ihr Erbe.

9. Haus: Der Abwesende wird nicht wiederkommen, weil ihn ein Unfall ereilt hat; eine Person ohne Glauben, Gewissen und Bildung.

10. Haus: Sehr schlimme Herrscher, sobald sie an der Macht sind. Sie sind jeder Ausschweifung, jedem Vergnügen und jeder Tyrannei zugetan und finden daher ein böses Ende. Ungerechte und falsche Richter. Die Mutter ist grausam und verrufen. Er erhält keine Stellung, außer einer solchen, die durch Lügen, Diebstahl oder Raub gewonnen wird.

11. Haus: Keine Freunde, keine Liebe, keine Gunst unter Menschen.

12. Haus: Feinde, Gefängnis; viel Böses.

Tristitia

1. Haus: Das Leben ist nicht unbedingt kurz, aber mühselig; eine Person, die gutmütig, aber allein und in allem langsam ist; jemand, der einsam, schwermütig und geizig ist.

2. Haus: Große Reichtümer, doch diejenigen, die sie besitzen, werden sie nicht genießen, sondern sie verstecken und den Anschein erwecken, als hätten sie nicht genug zu essen; der Schatz wird nicht gefunden; der Dieb entkommt und die gestohlenen Dinge werden nicht zurückerlangt.

3. Haus: Wenig Verwandte, die alle vor dem Fragesteller sterben werden. Unglückliche Reisen.

4. Haus: Felder, Besitztümer und Erbschaften werden zerstört; ein langlebiger und geiziger Vater.

5. Haus: Es sind keine Kinder da, wenn doch, sterben sie früh; das erwartete Kind ist ein Mädchen; weder Ehre noch Ruhm.

6. Haus: Die Kranken werden sterben; die Angestellten sind gut aber träge; das Vieh ist von geringem Wert.

7. Haus: Die Ehefrau wird bald sterben; sehr schmerzliche Prozesse vor Gericht, das Urteil fällt gegen Sie aus.

8. Haus: Tod nach langer, schmerzhafter Krankheit; Erbschaften; die Ehefrau hat eine Mitgift.

9. Haus: Die abwesende Person lebt nicht mehr, sie ist auf ihrer Reise verunglückt; ungünstige Reisen; ein ergebener Mann und ein großer Gelehrter.

10. Haus: Strenge aber gerechte Herrscher; langsam arbeitende, aber gerechte Richter; die Mutter ist aufrichtig und wird ein langes Leben haben, das nicht immer einfach ist; die Stellungen, die man erhält, sind gewichtig, aber nicht von langer Dauer; Beschäftigungen verbunden mit Wasser oder Landwirtschaft, mit theologischen oder philosophischen Fragestellungen.

11. Haus: Wenige Freunde, der Tod von Freunden; wenig Liebe und wenig Gunst.

12. Haus: Keine Feinde; der Gefangene wird verurteilt werden; ein Leben mit vielen Problemen.

Drachenkopf

1. Haus: Ein langes Leben und Glück.

2. Haus: Vermehrte Reichtümer.

3. Haus: Viele Verwandte; Reisen; ehrlich und vertrauenswürdig.

4. Haus: Reiche Erbschaften; der Vater erreicht ein hohes Alter.

5. Haus: Viele Kinder; das erwartete Kind ist ein Mädchen, oder es gibt wahrscheinlich Zwillinge; große Ehre, großer Ruhm; die Neuigkeiten und Gerüchte sind wahr.

6. Haus: Zunehmende Krankheit; der Arzt versteht etwas von seiner Sache; viele Angestellte und Besitztümer.

7. Haus: Ein Mann wird viele Frauen haben; es gibt viele Gegner und Gerichtsprozesse.

8. Haus: Ein sicherer Tod; Erbschaften; Aussicht auf eine wohlhabende Ehefrau.

9. Haus: Viele Reisen, ein breitgefächertes Wissen; die Abwesenden werden bald zurückkehren.

10. Haus: Gefeierte Herrscher; geachtete Richter; wichtige Angelegenheiten und lohnende Beschäftigungen.

11. Haus: Viele Freunde und die Gunst aller Männer.

12. Haus: Viele Feinde und viele Frauen; der Gefangene bleibt eingesperrt und wird schwer bestraft.

Cauda Draconis

1. Haus: Ein kurzes Leben, Unglück.

2. Haus: Armut; der Dieb ist gefaßt; der Schatz nicht versteckt.

3. Haus: Wenig Verwandte, ein schlechter Ruf.

4. Haus: Geringe Erbschaft; der Vater stirbt jung.

5. Haus: Wenige Kinder; das erwartete Kind ist ein Junge; wenig Ehre und kein Ruhm; die Gerüchte sind falsch.

6. Haus: Gute Gesundheit, aber ein unwissender Arzt; wenig Besitz.

7. Haus: Keine Aussichten auf Heirat; wenig Feinde.

8. Haus: Es droht kein Tod; keine Erbschaften; eine arme Ehefrau.

9. Haus: Wenig Reisen; Mangel an Glaube und Verstand; die Abwesenden werden nicht zurückkehren.

10. Haus: Unbedeutende Herrscher und Richter; geringe Aussichten auf Beschäftigung.

11. Haus: Wenig Freunde, unbeliebt.

12. Haus: Wenig Feinde; wenig Herzensangelegenheiten; der Gefangene wird ohne Bestrafung freigelassen.

12

Voraussagen und Bonapartes Schicksalsbuch

Wir wollen nun das System der im letzten Kapitel erarbeiteten zwölf Schritte anhand eines Beispiels verdeutlichen. Die Frage soll lauten: Wird die mir angetragene geschäftliche Partnerschaft für mich ein Erfolg?

Wie bekannt, ermitteln wir die vier Mütter aus den sechzehn Strichreihen. Dies ergibt:

*	– 9 Striche	
*	– 13 Striche	
* *	– 14 Striche	
* *	– 8 Striche	
* *	– 10 Striche	
* *	– 10 Striche	
*	– 7 Striche	
*	– 7 Striche	
* *	– 12 Striche	
*	– 7 Striche	
* *	– 8 Striche	
*	– 11 Striche	
* *	– 12 Striche	
*	– 9 Striche	
*	– 5 Striche	
*	– 9 Striche	
	151	= Summe der Striche

Aus den Müttern werden nach bekanntem Muster die Töchter, Neffen, Zeugen und der Richter abgeleitet:

MÜTTER

IV	III	II	I
* *	* *	* *	*
*	*	* *	*
*	* *	*	* *
*	*	*	* *

TÖCHTER

VIII	VII	VI	V
* *	* *	*	*
*	*	* *	* *
*	* *	*	* *
*	*	*	* *

NEFFEN

XII	XI	X	IX
* *	* *	* *	*
* *	* *	* *	*
*	*	*	*
* *	*	* *	*

ZEUGEN

XIV	XIII
* *	*
* *	*
* *	* *
*	*

RICHTER

XV
*
*
* *
* *

Die Zeichen I bis XII können nun den zwölf Häusern im astrologischen Diagramm zugeordnet werden. Die Zeugen und der Richter gehören in das Feld ganz in der Mitte. Wir benutzen das System des Golden Dawn für die Häuserzuordnung:

Mütter:	I	Haus 10
	II	Haus 1
	III	Haus 4
	IV	Haus 7
Töchter:	V	Haus 11
	VI	Haus 2
	VII	Haus 5
	VIII	Haus 8
Neffen:	IX	Haus 12
	X	Haus 3
	XI	Haus 6
	XII	Haus 9

Nun ist das Zeichen Fortuna Minor im ersten Haus – nach dem Golden Dawn – dem Löwen zugeordnet. Wir tragen also Löwe ♌ im ersten Haus ein und fahren fort entgegen dem Uhrzeigersinn in der Reihenfolge des Tierkreises: Jungfrau im zweiten Haus, Waage im dritten Haus usw., bis Krebs im zwölften Haus.

Anschließend werden noch die Planeten eingetragen, die den jeweiligen geomantischen Zeichen entsprechen (Anhang 1). Abbildung 17 (S. 230) zeigt das fertige astro-geomantische Diagramm. Nun können wir mit der Auswertung beginnen, wobei wir Schritt für Schritt entsprechend dem Muster im vorigen Kapitel verfahren. Nehmen Sie das Diagramm zu Hilfe, während Sie folgende Schritte machen:

1. Zunächst einmal stellen wir fest, daß sich weder Rubeus noch Cauda Draconis im ersten Haus befinden; wir können also beruhigt mit diesem Zeichen fortfahren.

2. Die Planeten stehen in folgenden Tierkreiszeichen:

Sonne in Löwe, Steinbock und Stier
Venus in Jungfrau

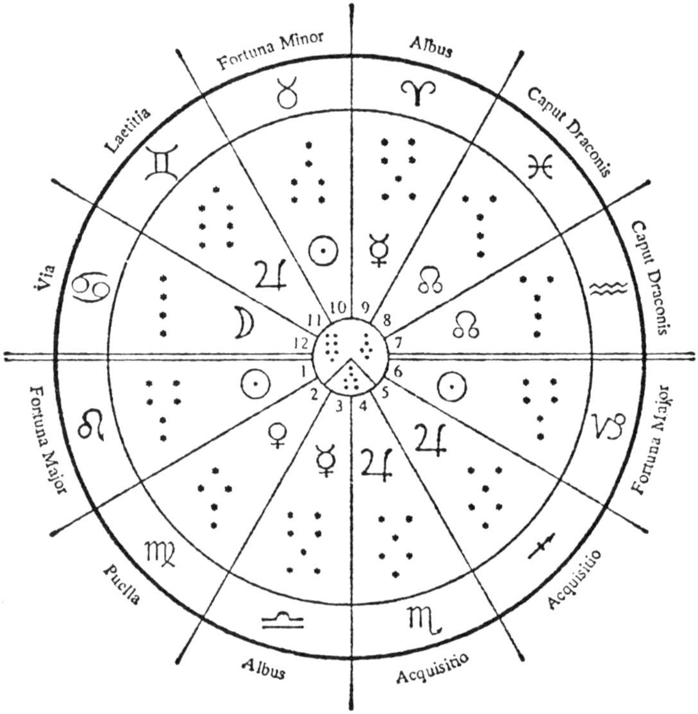

Abbildung 17: *Wird die vorgeschlagene geschäftliche Partnerschaft für mich ein Erfolg?*

Merkur in Waage und Widder
Jupiter in Skorpion, Schütze und Zwillinge
Mond in Krebs
Drachenkopf in Wassermann und Fische.

So weit, so gut; alle sind neutral oder günstig, mit Ausnahme von Venus in Jungfrau und Jupiter in Zwillinge. In beiden Fällen steht der Planet entweder im Zeichen seines Falles oder seines Exils, das heißt, die Wirkung des Planeten ist erheblich abgeschwächt oder entgegengesetzt. Beachten Sie vor allem, daß diese beiden Schwächen in den Häusern 2 und 11 auftreten, die mit Geld, Besitz und finanziellem Gewinn und Verlust (zweites Haus) und Freunden, Bekannten, sozialen Kontakten, Hoffnungen und Schirmherrschaft (elftes Haus) zu tun haben. Und schon haben sich einige Wolken zusammengezogen, obwohl wir erst ganz am Anfang der Betrachtung stehen.

3. Der Richter (in der Mitte) ist Fortuna Minor, das bedeutet kleineres Heil, eine geringere (oder nicht besonders erfolgreiche) Unterstützung – kein sehr gutes Zeichen. Wenn Sie hier noch eine Bestätigung suchen, schlagen Sie die Richter-und-Zeugen-Tabelle in Kapitel 8 auf, wo der Richter (Fortuna Minor) aus den beiden Zeugen Tristitia und Puer gebildet wird. Von den dort beantworteten Fragen scheint Frage 4 (Wie wird dieses Vorhaben ausgehen?) hier am ehesten zutreffend. Die Antwort auf S. 120 lautet: »Vergeblich«, ein weiteres gewichtiges Argument gegen die angestrebte Partnerschaft.

4. Schauen wir nun die Häuser an, die die Fragestellung betreffen:

   2. Haus: Geld, Besitz, persönlicher Reichtum, finanzieller Gewinn und Verlust, Einnahmen und Ausgaben.
   7. Haus: unter anderem Partnerschaften.
   11. Haus: Freunde, Bekannte und soziale Kontakte, Hoffnungen, Wünsche, Schirmherrschaft.

   Interessanterweise finden wir hier dieselben beiden Häuser wieder, die uns schon in Schritt 2 bei der Prüfung der Kombination von geomantischem Zeichen und Planet aufgefallen waren.

   Dies ist ein typisches Beispiel dafür, wie bei einem erfolgreichen Erdorakel die Dinge unmißverständlich am richtigen Platz aufzutauchen beginnen. Wiederholt werden uns dieselben Elemente präsentiert und bestätigen und verstärken damit unser Urteil.

   Doch fahren wir fort. Nachdem wir die drei für unsere Fragestellung wichtigen Häuser herausgefunden haben, schauen wir in den Übersichten am Schluß des letzten Kapitels nach, um die Bedeutung der geomantischen Zeichen in diesen drei Häusern herauszufinden.

Puella im zweiten Haus: (Venus in Jungfrau) Weder ein Zuwachs an Reichtümern noch an Armut.

Caput Draconis im siebten Haus: (in Wassermann) Es gibt viele Gegner und Gerichtsprozesse.

Laetitia im elften Haus: (Jupiter in Zwillinge) Viele Freunde unter Hochgestellten; Schutz. (Dies könnte man so interpretieren, daß Sie die Partnerschaft mit jemandem eingehen, der eine hohe Stellung hat, oder daß es Ihnen gelingen kann, die schlimmsten Folgen der anvisierten Partnerschaft zu vermeiden, indem Sie sich an hochgestellte Freunde wenden.)

Wieder stellt sich das Bild als eine Warnung vor der angestrebten Partnerschaft dar: Sie wird nicht lohnend sein und Sie in kostspielige Prozesse verwickeln.

5. Von den drei geomantischen Zeichen in den drei wichtigsten Häusern scheint nur Caput Draconis noch an anderer Stelle auf, »es springt noch in ein anderes Haus«. Puella und Laetitia tauchen jeweils nur ein einziges Mal auf.
   Caput Draconis »springt« ins dritte Haus, wo es heißt: »Ein sicherer Tod; Erbschaften; Aussicht auf eine wohlhabende Ehefrau.« Die Teile, die sich auf Finanzen beziehen, deuten darauf hin, daß eine Erbschaft (aufgrund eines Todesfalles) oder eine finanzielle vorteilhafte Heirat wahrscheinlich mehr Gewinn einbringen als die angetragene geschäftliche Partnerschaft. Es könnte bedeuten, daß das Vorhaben besser mit Geld finanziert werden sollte, das aus der Familie stammt und nicht von dem zur Diskussion stehenden Partner. Allerdings sollte diese Alternative durch eine erneute Orakelbefragung abgeklärt werden.

6. Um den Indikator (oder den Glückspunkt, da es um eine Geldfrage geht), zu bestimmen, ermitteln Sie die Summe aller ursprünglich hingeworfenen Striche, aus denen dann die Mütter ermittelt wurden. In unserem Beispiel beträgt die Summe 151 Striche; diese Summe wird durch 12 geteilt, was 12 mit Rest 7 ergibt. Der Rest ist bedeutsam, weil er angibt, daß der Glückspunkt im siebten Haus liegt. Wieder springt uns das

siebte Haus (aus zwölf möglichen Häusern) entgegen und bestätigt die Bedeutung von Caput Draconis im siebten Haus, wo es heißt: »Es gibt viele Gegner und Gerichtsprozesse.« Dies bekräftigt noch einmal die Auskunft: Gehen Sie diese Partnerschaft nicht ein.

7. Die Bedeutung der geomantischen Zeichen im zweiten, siebten und elften Haus wurde bereits in Schritt 4 besprochen, so daß wir zum nächsten Schritt weitergehen können.

8. Da die Interpretation bis hierher völlig schlüssig war, brauchen wir die »Rangtabelle« (Abbildung 16, S. 207) eigentlich nicht zu benutzen, wollen dies aber hier der Übung halber tun.

   Puella im zweiten Haus
   Caput Draconis im siebten Haus
   Laetitia im elften Haus.

   Puella im zweiten Haus gehört zu den stärksten Kombinationen, die möglich sind, während Laetitia und Caput Draconis weder stark noch schwach sind. Dies bestätigt die Warnung vor dieser Partnerschaft und bietet auch nicht viel Hoffnung, daß hochgestellte Freunde die Sache retten könnten. Hier ist es nützlich, die einzelnen Auskünfte gewichten zu können, und die Botschaft von Puella und Caput Draconis lautet unmißverständlich: Lassen Sie die Finger davon!

9. Der Ausgang der Angelegenheit, für den das vierte Haus steht, zeigt Acquisitio. In den Übersichten in Kapitel 11 heißt es dazu: »Eine große Erbschaft . . . man findet einen verborgenen Schatz; ein reicher, aber habgieriger Vater.« Das verweist zurück auf das früher Gesagte, daß nämlich in diesem Fall Reichtum eher aus einer Erbschaft zu erwarten ist als aus der geschäftlichen Partnerschaft und bestätigt im Grunde genommen, daß dies schließlich der Ausgang der Angelegenheit sein wird.

10. Obwohl das Auftreten des Richters (Fortuna Minor) noch an anderer Stelle im Diagramm nur geringe Bedeutung hat, wollen wir der Sache hier der Vollständigkeit halber nachgehen. Bei Fortuna Minor im zehnten Haus werden uns viele

Einzelheiten angegeben. Die einzige für uns wichtige Information betrifft den Tod der Eltern (wieder der Gedanke der Erbschaft) sowie Prozesse und Streitigkeiten (als Ausgang der Angelegenheit, falls die Partnerschaft verwirklicht wird).

11. Ein Schlichter wird nicht gebraucht, da wir bereits eine Fülle an Informationen besitzen.

12. Die Antwort ist klar: Eine solche Partnerschaft würde zu keinem Erfolg führen, sondern nur zu Prozessen und Streitigkeiten. Es ist besser, davon Abstand zu nehmen; statt dessen wird Geld aus einer Erbschaft kommen. Könnte man sich eine klarere Auskunft vorstellen?

Ein interessantes Beispiel für die Anwendung der Geomantik auf politischem Gebiet findet sich in einem Beitrag in der Zeitschrift *The Straggling Astrologer* aus dem frühen 19. Jahrhundert unter dem Titel »Einzigartige Erfüllung von Voraussagen über die Spitalfield Seidenweber«.

Das betreffende Orakel war in den Kensington Gardens in die Erde geritzt worden, um den Ausgang einer Gesetzesvorlage vorauszusagen, die 1824 im Parlament eingebracht worden war und die Arbeitsbedingungen der Spitalfield Seidenweber betraf. Die Seidenweber hatten eine Petition gegen die Vorlage eingereicht. Dieselbe Interpretationsmethode könnte genausogut auf politische Fragestellungen des 20. Jahrhunderts angewendet werden. (Es wird Ihnen aber auffallen, daß die Zuordnung der geomantischen Zeichen zu den Häusern hier anders ist, als wir sie bisher verwendet haben; sie wird aber in Anhang 3 aufgeführt.)

Die Deutung lautete folgendermaßen: »Eine Prüfung des Diagramms zeigt, daß Amissio und Venus im ersten Haus (Aszendent) der Seidenweber regieren und die zur Diskussion stehende Angelegenheit auf bewunderswerte Art darstellen, während Tristitia, ein Zeichen des Saturn, im zehnten Haus, den Niedergang dieses Gewerbes symbolisiert. Carcer im Haus des Reichtums und Gewinns (zweites Haus), ein äußerst ungünstiges Zeichen, ebenfalls unter der Herrschaft des Saturn in seiner übelsten Ausprägung, ist Hinweis genug, daß sowohl den Arbeitern wie auch den Unternehmern große Verluste bevorstehen. Ein Teil des Unheils ist bereits eingetreten, doch steht der größere Teil leider noch aus. Da wir von mehreren Wissenschaftlern gebeten worden waren, unsere Meinung zu äußern, ob die Gesetzesvorlage verabschiedet oder völlig verworfen würde, äußerten wir die feste Überzeugung, daß der Sieg mit größer Wahrscheinlichkeit auf Seiten der Gegner der fleißigen und zahlenmäßig großen Klasse der Seidenweber läge. Da aber die beiden Zeugen (beide Albus) von Merkur regiert waren mit Populus als Richter und das Zeichen XVI (der Schlichter, gebildet aus I und XV) in den Aszendenten gehört (da er dasselbe Zeichen Amissio im ersten Haus aufweist), gingen unsere Erwartungen dahin, daß die Gesetzesvorlage eine teilweise Änderung zugunsten der Antragsteller erhalten würde.«

Wie die Geschichte gezeigt hat, ging jeder Teil der Voraussage in Erfüllung. Da es interessant ist, wie viele Einzelheiten der Geomantiker aus dem Diagramm (s. S. 238) herausgelesen hat, wollen wir noch ein wenig mehr davon hören:

»Das Diagramm gibt auch Aufschluß über verschiedene andere Punkte, die sich auf die oben genannte Personengruppe beziehen: So deutet zum Beispiel Fortuna Major im neunten Haus auf Erfolg in diesem Gewerbezweig für Ausländer hin. Cauda Draconis im zwölften Haus zeigt Kühle bei den Freunden der Bittsteller und viele verdeckte Feinde; Populus im vierten Haus verweist auf die Abwertung des in Frage stehenden Produkts, und die Nachhaltigkeit mehrerer Hinweise spricht dafür, daß all diese Übel von langer Dauer und noch im Anwachsen begriffen sind. Conjunctio im achten Haus deutet auf ein kurzes Leben der Hauptbefürworter der Gesetzesvorlage hin, was sich noch erweisen muß, obwohl nicht allzulange Zeit vergehen wird, bis sich diese Voraussage bewahrheitet!«

Die Politik könnte von solchen Überlegungen sicher profitieren, und den Wahlen würde ein ganz neues Element hinzugefügt. Bezeichnenderweise wurde die Zeitschrift *The Straggling Astrologer,* in der diese Voraussage erstmals veröffentlicht wurde, von Robert Cross Smith herausgegeben, der als erster Astrologe das Pseudonym »Raphael« verwendete und der vor nichts zurückschreckte, wenn es darum ging, seine Zeitschrift weiterzuverbreiten. Ellis Howe, der Astrologie-Historiker, sagt von Smith, daß er »gern pseudo-napoleonische Manuskripte ›entdeckte‹ und mit

Darstellung des Erdorakels vom 20. März 1824, 14.10 h
(Kesington Gardens)

8.	7.	6.	5.	4.	3.	2.	1.
Haus	Haus	Haus	Haus	Haus	Haus	Haus	Haus
* *	*	* *	*	* *	* *	*	*
*	* *	* *	*	* *	* *	* *	* *
*	* *	* *	* *	* *	* *	* *	*
* *	* *	* *	* *	* *	*	*	* *
VIII	VII	VI	V	IV	III	II	I

12.	11.	10.	9.
Haus	Haus	Haus	Haus
*	*	* *	* *
*	*	* *	* *
*	* *	* *	*
* *	* *	*	*
XII	XI	X	IX

Linker
Zeuge
* *
* *
*
* *
XIV

Rechter
Zeuge
* *
* *
*
* *
XIII

Richter
* *
* *
* *
* *
XV

Schlichter
*
* *
*
* *
XVI

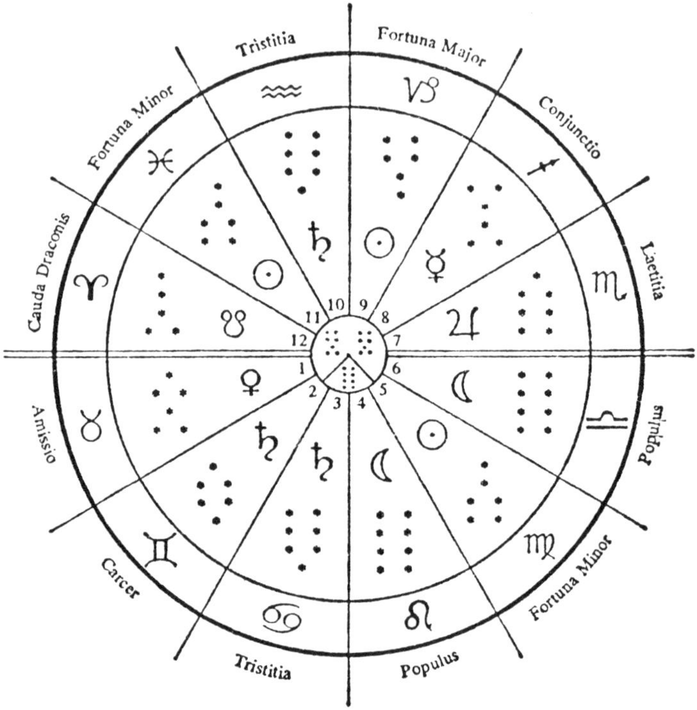

Abbildung 18: *Das Erdorakel vom 20. März 1824 in Diagramm-Form.*

derselben Beharrlichkeit Napoleon ein Interesse am Okkulten zuschrieb wie spätere Generationen dies in bezug auf Adolf Hitler taten.« Zwei Jahre vor dem Erscheinen der Zeitschrift hatte Smith ein Buch unter dem Titel *The Philosophical Merlin* veröffentlicht, das angeblich Napoleons Kopfkissen-Orakel gewesen sein soll. Es habe ihm geholfen, mehr als halb Europa zu erobern, und ihn in allen Schlachten beraten.

Im gleichen Jahr wie *The Philosophical Merlin* erschien von Herman Kirchenhoffer herausgegeben ein weiteres Buch, von dem behauptet wurde, es habe Napoleon gehört: Es wurde *Napoleon's Book of Fate* (Napoleons Schicksalsbuch) genannt. Beide Bücher benutzen geomantische Zeichen, sind aber in ihrer Art sehr verschieden. *The Philosophical Merlin*, abgedruckt in Anhang 9, ist ein ziemlich orthodoxer geomantischer Text, während das zweite Buch, das zahlreiche Auflagen erlebte, hier nicht im einzelnen wiedergegeben wird, da es auf einer Form der Geomantik beruht, bei der die Zeichen aus jeweils *fünf* Reihen gerader bzw. ungerader Striche gebildet sind anstelle der traditionellen vier Reihen. Wer sich dafür interessiert, findet es in Richard Deacons *The Book of Fate* (1976 in London erschienen). 1962 tauchte es sogar unter dem Decktitel *The Ladies Oracle* auf und wurde fälschlicherweise »Cornelius Agrippa, einem unfehlbaren Propheten des männlichen Geschlechts« zugeschrieben; der wahre Agrippa wird sich dabei im Grabe herumgedreht haben!

The Book of Fate, das Kirchenhoffer herausgegeben hat, erhebt den Anspruch, ägyptischen Ursprungs zu sein, und soll angeblich von Napoleon in einem Königsgrab bei Theben auf seinem ägyptischen Feldzug von 1798 entdeckt worden sein. Ein Kopte soll es dann aus den Hieroglyphen ins Französische übertragen haben (etwa tausend Jahre, nachdem das Wissen um die Bedeutung der Hieroglyphen in der einheimischen koptischen Bevölkerung ausgestorben war und fast ein Vierteljahrhundert bevor Champollion ihre Bedeutung *wieder*entdeckte.) Das Manuskript wurde dann ins Deutsche (aus Sicherheitsgründen!) übertragen und gelangte in dieser Form in die Hände von Kirchenhoffer. Leider handelt es sich bei dem Buch lediglich um eine erweiterte Geomantik mit einem vereinfachten System, bei dem nur ein Mutterzeichen gebildet wird. Mit größter Wahrscheinlichkeit ist es eine Übertragung aus einem älteren deutschen Buch über Geomantik. Es besteht aus einer Reihe von Fragen mit einer langen Liste möglicher Antworten, aufpoliert durch das Hinzufügen von Napoleons Namen und ägyptologischer Bezüge, beides Anspielungen, die zu jener Zeit sehr in Mode waren.

Sowohl *The Book of Fate* als auch *The Philosophical Merlin* erheben den Anspruch, daß das Manuskript dem französischen Kaiser gehört und dieser es in der Schlacht von Leipzig verloren habe; danach war er (natürlich) nie mehr vollkommen siegreich. Es fällt allerdings schwer zu sehen, wie er Schlachten durch welches der beiden Bücher auch immer gewonnen haben soll, wenn man die darin beschriebenen Methoden betrachtet. So ist *The Book of Fate* beispielsweise auf Fragen wie diese spezialisiert:

»Nenne mir gewisse oder alle Einzelheiten über die Frau, die ich heiraten werde.

Werde ich ein langes Leben haben?

Werde ich weite Reisen zu Wasser oder zu Land unternehmen oder im Ausland leben müssen?

Werde ich mein Glück durch Glücksspiele machen oder verlieren?

Wird der Patient von seiner Krankheit genesen?

Werde ich von der Person, die ich liebe, geliebt und geachtet?

Habe ich Feinde, und wenn ja, sind es viele?

Wird mein Name unsterblich sein, und wird die Nachwelt ihn rühmen?

Wird mein Geliebter/meine Geliebte mir in meiner Abwesenheit treu sein?

Werde ich mich jemals von meinem gegenwärtigen Unglück erholen?

The Philosophical Merlin ist nicht nach demselben Schema aufgebaut. Das Buch besteht aus einer Deutung der sechzehn traditionellen geomantischen Zeichen; allerdings scheint es ebensowenig zum Bestimmen militärischer Strategien zu taugen! Zu den genauen Methoden und einer vollständigen Wiedergabe der Übersicht über die geomantischen Zeichen siehe Anhang 9.

Dies sind einige Beispiele dafür, wie die Geomantik im 19. Jahrhundert in Erscheinung trat: verkleidet als Kopfkissenbuch Napoleons oder als geheime Offenbarungen eines uralten ägyptischen Papyrus'. Wie wir aber bereits gesehen haben, kannte Europa die Geheimnisse der Geomantik lange vor einem Robert Cross Smith oder Napoleon.

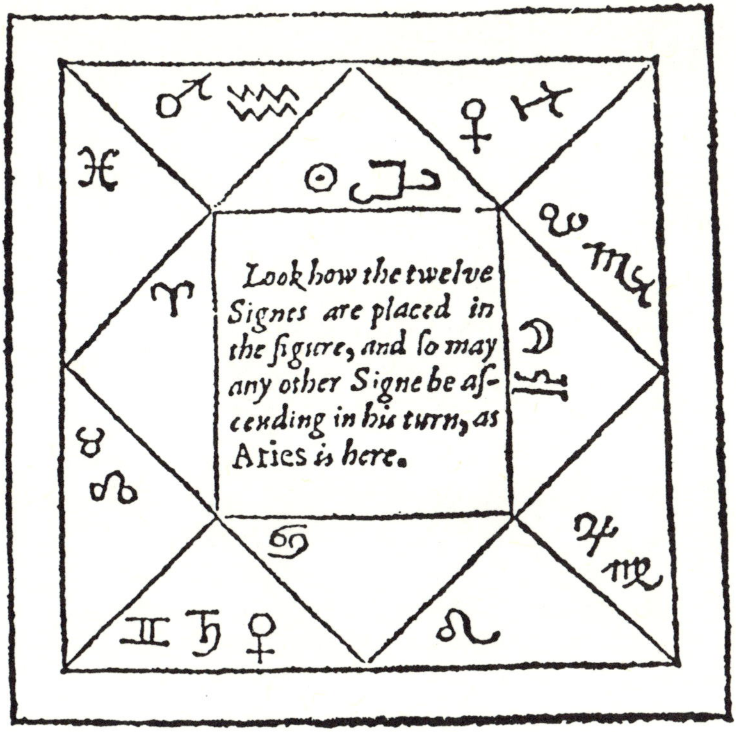

Abbildung 19: *Ein typisches astro-geomantisches Diagramm aus der Zeit der Renaissance (aus:* Gerhard's von Cremona astronomische Geomantie, Agrippa, Magische Werke, Bd. V)

13
Die Astro-Geomantik des Gerhard von Cremona

Eine weitere Methode astrologischer Geomantik hat Gerard Cremonensis oder Gerhard von Cremona, ein mittelalterlicher Übersetzer der klassischen astronomischen und astrologischen Schriften des Ptolemäus, beschrieben.

Gerhard von Cremona verbrachte seine frühen Jahre in Toledo, das damals die Hauptstadt Spaniens und eine der intellektuellen Hochburgen Europas war. An diesem Ort, wo die Magie als Fach an der Universität von den anerkanntesten Lehrern der Zeit, Moslems ebenso wie Christen, vor einer Vielzahl von Studenten gelehrt wurde, blühte Gerhard auf und erlernte das Lateinische und Arabische in kürzester Zeit. Schon sehr früh in seiner Laufbahn beschloß er, den Rest seines Lebens der Übersetzung wissenschaftlicher und magischer Abhandlungen aus dem Arabischen ins Lateinische zu widmen. Seine wichtigste Übersetzung war *Almagest* von Ptolemäus, ein Werk, das zusammen mit dem *Tetrabiblos* von Ptolemäus die Grundlage der mittelalterlichen Astronomie und Astrologie bildete und jahrhundertelang Gültigkeit behielt. Er übersetzte noch mindestens sechsunddreißig weitere Abhandlungen, von denen die Abhandlung über die astrologische Geomantik, im ausgehenden 12. Jahrhundert aus dem Arabischen übersetzt, den Schwerpunkt dieses Kapitels bildet.

Die Methode ist recht einfach, erfordert aber eine gute Kenntnis der verschiedenen Planeten und Tierkreiszeichen. Was wir bisher über das Wesen der Planeten gelernt haben, reicht aus, um dieses System zu benutzen, obwohl weitere Kenntnisse aus astrologischen Standardwerken hilfreich sein können.

Bevor wir beginnen, benötigen wir ein Formular des Himmelsdiagramms mit dem Häuserraster, wie wir es bereits verwendet haben. Doch nun zur Methode:

Aszendent

Auch hier ist es nicht nötig, die Ephemeriden-Tafeln zur Ermittlung des Aszendenten zu benutzen, da der Aszendent durch das Erdorakel ermittelt wird.

Zunächst werden vier Reihen mit Strichen nach der bekannten Methode gekritzelt. Schauen Sie das Ergebnis in Anhang 1 nach und stellen Sie fest, welches Tierkreiszeichen dazugehört.

Dieses Tierkreiszeichen wird in den Aszendenten bzw. in das erste Haus eingetragen. (Das entsprechende Tierkreiszeichen kann der Tabelle in Kapitel 6 entnommen werden, die auf den Zuordnungen des Golden Dawn basiert; wenn Sie aber das System des Gerhard von Cremona benutzen möchten, schauen Sie nach in Anhang 1, Spalte 5.)

Tragen Sie das nächste Tierkreiszeichen in Haus 2 ein, usw. in der Reihenfolge des Tierkreises, bis alle zwölf Häuser besetzt sind. Wenn zum Beispiel Conjunctio aus den vier Reihen ermittelt wurde, sollte Jungfrau im Aszendenten oder ersten Haus eingetragen werden. Indem Sie nun entgegen dem Uhrzeigersinn fortfahren, kommt Waage in Haus 2, Skorpion in Haus 3, Schütze in Haus 4 usw.

Planeten

Nun kritzeln Sie erneut vier Reihen von Strichen, um die Position der Sonne zu bestimmen. Zählen Sie die so erhaltenen Striche in Zwölfergruppen ab, bis Sie zwölf oder weniger Striche übrig haben. Diese Restzahl zeigt Ihnen das Haus der Sonne an.

Diesen Vorgang wiederholen Sie nun auch für die übrigen Planeten, wobei Sie darauf achten sollten, daß Sie die Reihenfolge einhalten: Sonne, Mond, Venus, Merkur, Saturn, Jupiter, Mars, Drachenkopf und Drachenschwanz. Obwohl es sich bei den beiden letzten um geomantische Bezeichnungen handelt, haben sie ebenfalls Positionen auf der Himmelskarte inne und werden wie Planeten behandelt, wenn es darum geht, ihre Häuser zu bestimmen. Tragen Sie nun jeden Planeten, einschließlich Drachenkopf und Drachenschwanz in das entsprechende Haus ein.

Das ist die gesamte Technik. So einfach in diesem Fall die Technik zur Ermittlung des geomantischen Diagramms ist, so wird sie bei Gerhard von Cremona ergänzt durch die Art der Interpretation. Hier kommen Kenntnisse der astrologischen Bedeutungen den intuitiven Deutungskünsten zugute.

Bevor wir fortfahren, wollen wir noch einmal die Abfolge der einzelnen Schritte festhalten:

1. Kritzeln Sie vier Reihen Striche. Daraus erhalten Sie das geomantische Zeichen, das bestimmt, welches Tierkreiszeichen in das erste Haus (Aszendent) gehört.
2. Tragen Sie dieses Zeichen in das Diagramm ein und danach alle weiteren Tierkreiszeichen in ihrer natürlichen Abfolge von Haus 2 bis Haus 12.
3. Nun zu den Planeten. Kritzeln Sie für jeden Planeten vier Reihen Striche. Zählen Sie Zwölfergruppen ab, bis Sie einen Rest bekommen, der nicht mehr durch zwölf teilbar ist. Dieser Rest ist die Nummer des Hauses, in die der Planet gehört. Ist der Rest Null, tragen Sie den Planeten ins zwölfte Haus ein.
4. Die Planeten sollten immer in dieser Reihenfolge ermittelt werden:

Sonne	☉
Mond	☾
Venus	♀
Merkur	☿
Saturn	♄
Jupiter	♃
Mars	♂
Drachenkopf	☊
Drachenschwanz	☋

5. Deuten Sie das so erhaltene Diagramm. Dies soll an einem Beispiel erläutert werden.

Beispiel

Nehmen wir an, Sie möchten wissen, ob eine bestimmte Person von ihrer Krankheit genesen wird. Sie kritzeln Ihre vier Reihen Striche nach dem Zufallsprinzip, während Sie sich auf Ihre Frage konzentrieren.

Enthält die oberste Reihe beispielsweise eine gerade Anzahl von Strichen, die nächste eine ungerade, die dritte Reihe eine gerade, die unterste Reihe eine ungerade, so ergibt sich daraus das geomantische Zeichen Acquisitio. Nach der Tabelle des Gerhard von Cremona ist diesem Zeichen Widder ♈ zugeordnet, Sie tragen also Widder im ersten Haus (Aszendent) ein.

(Würden Sie das System des Golden Dawn benutzen, müßten Sie Schütze im ersten Haus eintragen. Wichtig ist, daß Sie sich für ein System entscheiden und dabei bleiben. In diesem Falle wollen wir die Zuordnungen nach Gerhard von Cremona benutzen, weil hier seine Methode demonstriert werden soll.)

Als nächstes kritzeln sie wieder vier Reihen zufälliger Striche und erhalten die Sonne. Nach dem Auszählen der Zwölfergruppen, bleibt ein Rest von neun. Die Sonne ☉ wird also ins neunte Haus eingetragen.

Wieder kritzeln Sie vier Reihen Striche, und nachdem Sie diese durch zwölf geteilt haben, bleibt ein Rest von zwei. Der nächste Planet, Mond ☾, wird also in das zweite Haus eingetragen. Nach demselben Verfahren belegen:

Venus ♀:	12. Haus
Mercury ☿:	7. Haus
Saturn ♄:	8. Haus
Jupiter ♃:	12. Haus
Mars ♂:	8. Haus
Caput Draconis ☊:	5. Haus
Cauda Draconis ☋:	1. Haus oder Aszendent.

Wie Sie sehen, ist es bei diesem System von astrologischer Geomantik möglich, daß mehrere Planeten im selben Haus sind, in unserem Fall betrifft dies Venus und Jupiter im zwölften Haus und Saturn und Mars im achten Haus. Das vollständige Diagramm sehen Sie in Abbildung 20.

Interpretation

Im vorliegenden Fall besteht kaum die Möglichkeit, daß sich der Patient erholt. Die Anwesenheit von Cauda Draconis, dem gefürchteten Drachenschwanz, im entscheidenden ersten Haus, ist ein sehr schlechtes Zeichen. Da das erste Haus für die Person

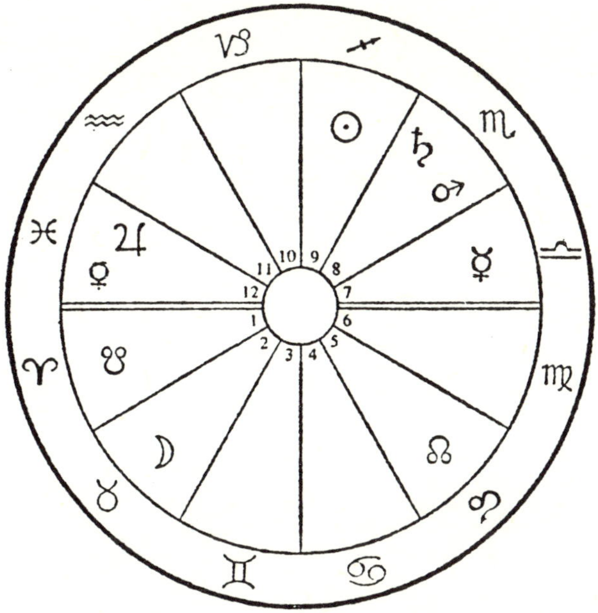

Abbildung 20: *Modernes astro-geomantisches Diagramm.*

selbst steht, lautet die Voraussage »die untere Schwelle« oder der Tod. In den Tabellen über die geomantischen Zeichen in den Häusern symbolisiert dies auch einen unfähigen Arzt. Hinzu kommt, daß die Anwesenheit der unheilvollen Planeten Saturn und Mars, unter dem Einfluß von Skorpion, im achten Haus (das Haus des Todes) ein Hinweis ist, wie man ihn deutlicher nicht bekommen kann. Hier wird nicht nur der Tod, sondern ein Tod durch Eisen oder Feuer angezeigt. Es könnte sich um einen Tod während einer Operation handeln. Das Beispiel ist so klar, daß sich jede weitere Deutung erübrigt.

Im nächsten Kapitel wollen wir spezielle Situationen und ihre Beziehungen zu den Planeten, Tierkreiszeichen und Häusern untersuchen, wie sie in den entsprechenden Diagrammen auftauchen.

14

Fragen für alle Häuser

Dieses Kapitel ist ein Übungskapitel, in dem Musterfragen interpretiert werden, allerdings nicht streng nach der formalen Methode, die bereits beschrieben wurde, sondern in einer eher konzentrierten Form, um jeweils die wichtigsten astrologischen Aspekte hervorzuheben. Dieses Kapitel ist für diejenigen gedacht, die die zuvor beschriebenen Techniken bereits so weit eingeübt haben, daß sie ganz damit vertraut sind, und die nun den Wunsch haben, zu einer komplexeren Interpretation zu gelangen, die gründlichere astrologische Kenntnisse verlangt. Es ist auch für den Astrologie-Interessenten gedacht, der seine Kenntnisse vermehrt auf die Astro-Geomantik anwenden möchte, wobei er mehr technisches Wissen ins Spiel bringen und gleichzeitig seine intuitiven Fähigkeiten in der Gewichtung des abgeleiteten Materials unter Beweis stellen kann.

Doch nun zum praktischen Teil: Wählen Sie eine Frage aus der Liste in der zweiten Hälfte dieses Kapitels aus und beziehen Sie diese auf eine Ihnen bekannte Person oder eine Person, die Sie kennenlernen möchten. Dann:

1. Ermitteln Sie das astro-geomantische Diagramm wie zuvor beschrieben.
2. Interpretieren Sie es in der gewohnten Weise.
3. Notieren Sie in tabellarischer Form:
   a) Das Haus, das zu Ihrer Frage gehört.
   b) Alle Planeten in diesem Haus.
   c) Das Tierkreiszeichen dieses Hauses.
   d) Den Planeten, der dieses Tierkreiszeichen regiert (den Herrscher dieses Zeichens, aus der Übersicht auf S. 169)
   e) Sehen Sie in Ihrem geomantischen Diagramm nach, ob der unter d) notierte Planet das Haus, in dem er tatsächlich plaziert ist, mit irgendeinem anderen Planeten teilt. Wenn ja, schreiben Sie dies auf.

4. Sehen Sie unter Ihrer Frage in diesem Kapitel nach und lesen sie die entsprechende Antwort, anschließend vergleichen Sie mit Ihren Antworten aus Schritt 3.

Es können so viele Faktoren in Betracht gezogen werden wie es Kombinationen von Häusern, Tierkreiszeichen und Planeten gibt. Es kommt nur auf Ihren Übungsgrad und Ihren Wunsch nach eingehenderer Information an, doch sollten in den meisten Fällen die obigen Hauptpunkte genügen, um zu einem Urteil zu kommen. Indem Sie sie mit der Frage vergleichen, schulen und erweitern Sie Ihre Fähigkeit zur Ausdeutung. Nach einiger Zeit können Sie diese zusätzlichen Tests in ihre normale Orakelbefragung mit aufnehmen. Es sollte noch einmal betont werden, daß dieses Kapitel lediglich zu Übungszwecken dient und keinen neuen Satz von Regeln darstellt – es dient der *Praxis*, nicht der Theorie.

Bevor wir jedes Haus im einzelnen betrachten, wollen wir uns noch einmal in Erinnerung bringen, welche Planeten einander freundlich gesonnen sind und welche nicht. Man sagt, Planeten seien befreundet, wenn sie in einer Eigenschaft übereinstimmen, wie etwa Mars und Sonne, die beide heiß und trocken sind; Venus und Mond sind beide kalt und feucht; oder wenn Planeten in ihrem Wesen und ihrer Natur übereinstimmen, wie etwa Jupiter und Venus, sind sie ebenfalls Freunde; oder wenn das Haus des einen die Erhöhung des andern ist und umgekehrt.

Einfacher ausgedrückt: die Planeten können nach »unheilvoll«, »günstig« und »neutral« unterschieden werden. Sonne und Mond werden oft als die zwei Leuchtkörper bezeichnet, die Sonne für den Tag, der Mond für die Nacht. Merkur ist natürlich der Bote der Götter, der sowohl mit dem Guten wie mit dem Bösen liebäugelt, mit den Gelehrten ebenso wie mit den Dieben. Traditionell sind Venus und Jupiter die beiden Wohltäter, das »kleinere Heil« und das »größere Heil«, sie sind günstige oder »glückbringende« Planeten; Mars und Saturn sind die beiden Unglücksbringer, das »kleinere« und das »größere Unheil«; sie sind »böse« oder »bringen Unglück«; Sonne, Mond und Merkur sind »wandelbar«, sie werden zu »guten« oder »schlechten« Planeten, je nach ihrer Stellung und Kombination mit anderen.

Unheilvoll	*günstig*	*neutral*
Mars ♂	Venus ♀	Sonne ☉
Saturn ♄	Jupiter ♃	Mond ☾
		Merkur ☿

Es folgen nun Interpretationsbeispiele für jedes Haus. Es gibt natürlich Millionen von Kombinationsmöglichkeiten, doch sollten die hier genannten Fragen und Deutungsbeispiele genügen, um Sie auf den Weg zu bringen.

Fragen zum ersten Haus

Wenn Sie wissen möchten, wie lange jemand leben wird

Als erstes suchen Sie den Planeten, der das Tierkreiszeichen im ersten Haus (den Aszendenten) regiert. Steht dieser Planet in einem Eckhaus (erstes, viertes, siebtes oder zehntes Haus), wird die Person ein langes Leben haben. Steht der Planet in einem Fallenden Haus (drittes, sechstes, neuntes oder zwölftes Haus), wird sie ein kurzes Leben haben. Befindet sich der Planet in einem Nachfolgenden Haus (zweites, fünftes, achtes und elftes Haus), liegt die Lebensspanne zwischen den beiden Extremen.

Wenn zum Beispiel Stier im ersten Haus steht, wird er von Venus regiert; Sie suchen im Diagramm nach Venus. Im vorliegenden Fall steht Venus im neunten Haus, einem Fallenden Haus. Daraus können Sie schließen, daß die Lebenserwartung kurz ist, um so mehr als Saturn selbst im ersten Haus steht (siehe Abbildung 21, S. 252).

Wenn man herausfinden will, worum es bei einer Frage geht, die einem gestellt wurde

Auch hier prüfen Sie den Aszendenten (das Tierkreiszeichen im ersten Haus). Notieren Sie den Planeten, der das Zeichen regiert. Der Gegenstand der Frage hat mit dem Wesen dieses Planeten zu tun (da das erste Haus den Fragesteller selbst regiert). Ist der Planet zum Beispiel:

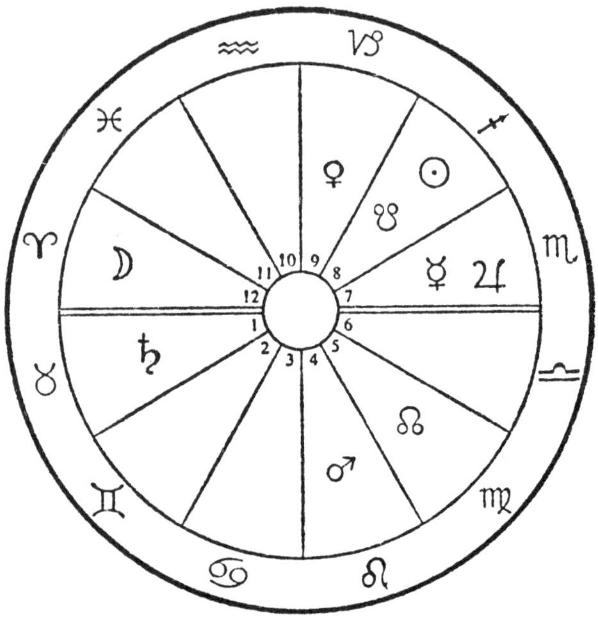

Abbildung 21: *Die Lebenserwartung im ersten Haus.*

Sonne: Könnte die Frage der Gesundheit des Fragestellers oder eine Angst betreffen, die er vor jemand anderem hat.

Venus: Die Frage könnte eine Liebesangelegenheit betreffen oder etwas, das mit den Künsten zu tun hat.

Merkur: Dies könnte auf eine Frage hindeuten, die einen Verlust, Krankheit, Bücher, einen Brief oder in irgendeiner Weise Kommunikation betrifft.

Mond: Es könnte sich um eine Gefühlsangelegenheit, Reisen, Träume oder eine Veränderung handeln.

Saturn: Die Frage könnte sich auf Land, Eigentum, Tod oder einen besonders großen Kummer beziehen.

Jupiter: Es könnte um eine Anstellung, Geld oder Ruhm gehen.

Mars: Die Frage könnte sich um Feinde oder Streitigkeiten drehen.

Die Palette an Möglichkeiten ist natürlich recht groß, doch kann man mit einem gewissen Maß an Feingefühl sowie anhand des Planeten, der den Aszendenten regiert, häufig schon sagen, worum es bei einer Frage geht, die ein anderer gestellt hat, bevor man zur Beantwortung schreitet. Auch hier geht mit Übung alles viel leichter.

Fragen zum zweiten Haus

Wenn Sie die finanzielle Situation einer Person erkunden wollen

Stellen Sie fest, welches Tierkreiszeichen im zweiten Haus steht und welcher Planet dieses Zeichen regiert. Ist dieser Planet noch an anderer Stelle im Diagramm vorhanden? Wenn er sein Haus mit einem positiven Planeten (Venus, Jupiter, Sonne) teilt und auch im zweiten Haus ein solcher Planet steht, ist die Person reich.

Umgekehrt, wenn der Herrscher des Tierkreiszeichens im zweiten Haus sein Haus mit Saturn, Mars oder Cauda Draconis teilt, ist die Person arm. Wenn beispielsweise Krebs im zweiten Haus steht mit dem Mond als Herrscher, und wenn der Mond an anderer Stelle im Diagramm sein Haus mit Saturn teilt, dann ist die Person sicherlich finanziell am Ende (Siehe Abbildung 22).

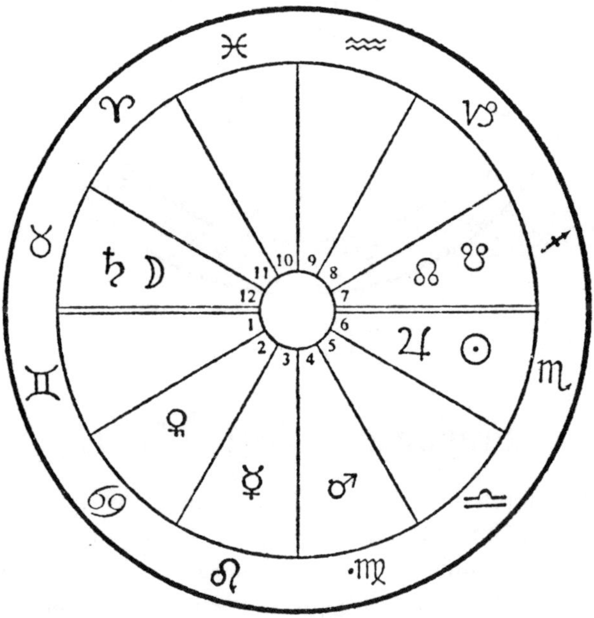

Abbildung 22: *Finanzen im zweiten Haus.*

Wenn Sie vor der Frage stehen, ob Sie jemandem, den Sie kennen, Geld leihen sollen und ein günstiger Planet kommt im zweiten Haus vor, während gleichzeitig der Herrscher des Tierkreiszeichens im zweiten Haus noch einmal mit Jupiter im vierten Haus zusammen auftaucht, steht dem Kredit nichts im Wege. Wenn aber Skorpion im zweiten Haus auftritt, dessen Herrscher Mars (Konflikte) ist, mit Mars in einem weiteren Haus mit Saturn und in Opposition (d. h. 180 Grad entfernt) zum zweiten Haus, sollten sie auf keinen Fall Ihr Geld verleihen (Siehe Abbildung 23).

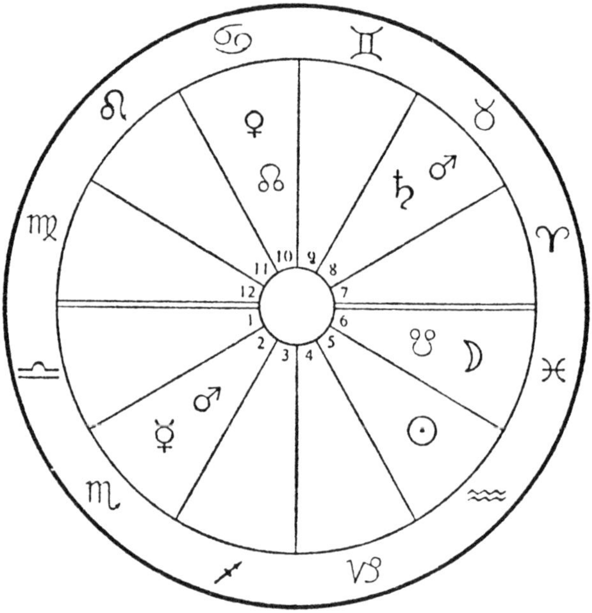

Abbildung 23: *Kredite im zweiten Haus.*

Fragen zum dritten Haus

Hierher gehören Fragen bezüglich Lernen, Schreiben, Texten und ähnliche mit Merkur verwandte Tätigkeiten, aber auch Nachbarn und Familie. Bei diesem Haus ist es absolut notwendig, die Position von Merkur sorgfältig in Betracht zu ziehen, außerdem sind natürlich die üblichen Analysen anzustellen, was den herrschenden Planeten des Tierkreiszeichens im dritten Haus angeht und sein Vorkommen an anderer Stelle im Diagramm.

Weil dies das Haus der Familie ist, kommt es vor, daß die Planeten für einzelne Familienmitglieder stehen (etwa wie ein Signifikator beim Tarot).

Mars, Sonne, Saturn, Jupiter oder Caput Draconis können auf ein männliches Familienmitglied hindeuten, während Mond, Venus oder Cauda Draconis für weibliche Mitglieder der Familie stehen können. Merkur ist sexuell nicht eindeutig festgelegt. Er kann zum Beispiel auf überwiegend männliche Züge verweisen, wenn er in der Nähe von männlichen Planeten oder in einem männlichen Tierkreiszeichen (Widder, Zwillinge, Löwe, Waage, Schütze oder Wassermann) steht. Das Umgekehrte gilt, wenn er in der Nähe von weiblichen Planeten oder weiblichen Tierkreiszeichen vorkommt.

Fragen zum vierten Haus

Soll ich an diesem Ort bleiben?

Dies ist eine typische Frage für das vierte Haus, das eng verbunden ist mit Umgebung, Haus und Eigentum. Hier kann die Astro-Geomantik benutzt werden, um festzustellen, ob eine bestimmte Umgebung für den Fragesteller geeignet ist. Wieder ist der entscheidende Faktor der Planet, der das Tierkreiszeichen im vierten Haus regiert. Sie sollten auch das sechste Haus und den darin herrschenden Planeten in die Überlegungen einbeziehen, weil dieser latent vorhandene Gegenkräfte regiert, die eine Umgebung ungeeignet machen könnten.

Eine besonders schlechte Kombination ist zum Beispiel dann gegeben, wenn der Planet, der im siebten Haus herrscht, mit einem guten Planeten zusammensteht, während der Herrscher im vierten Haus schlecht plaziert ist. Diese Art von Konstellation könnte verheerend sein.

In Abbildung 24 steht Steinbock im vierten Haus, und sein Herrscher (Saturn) steht in Opposition dazu zusammen mit dem besonders ungünstigen Cauda Draconis. Der Herrscher des siebten Hauses wiederum ist Mars; er ist gut plaziert zu seinem eigenen Haus und teilt das elfte Haus mit der Sonne, was darauf hinweist, daß die Gegenkräfte stark und begünstigt sind. Sie würden sich in einer neuen Umgebung wahrscheinlich wohler fühlen.

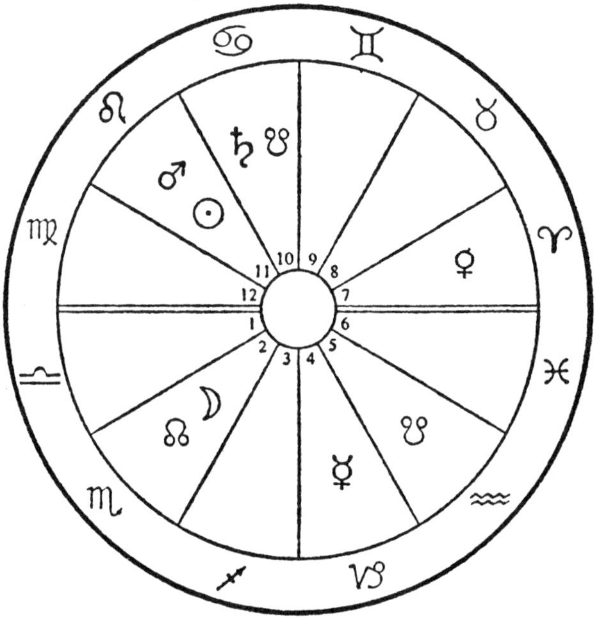

Abbildung 24: *Der Aufenthaltsort im vierten Haus.*

Wenn Sie wissen möchten, wann eine abwesende Person zurückkehrt

Hier ist es schwierig, den Zeitfaktor aus dem Diagramm abzulesen, was für jede Form der Voraussage gilt. Wenn der Planet, der das erste Haus regiert, in einem Eckhaus steht, sollte grundsätzlich die Person noch im selben Jahr zurückkehren. Steht der Herrscher des vierten Hauses in seinem eigenen Haus, ist unmittelbar mit der Rückkehr zu rechnen.

Wird es einen Überfluß oder einen Mangel geben?

Das vierte Haus kann auch befragt werden zu den Verhältnissen auf Märkten der verschiedensten Art, doch dazu gleich eine

Warnung. Wenn Sie mit den hier gewonnenen Angaben spekulieren wollen, sollten Sie vorsichtig sein. Wenn das Orakelergebnis Ihnen die Wahrscheinlichkeit einer Zuckerknappheit anzeigt, möchten Sie vielleicht einiges von dieser Ware ankaufen in Erwartung einer Preissteigerung. Da es aber keine Angabe zur zeitlichen Dimension gibt, könnte es sein, daß der Preis erst fällt und später steigt, wobei der Anstieg nächste Woche oder nächstes Jahr stattfinden kann. Grundsätzlich gilt aber, daß die Anwesenheit des betreffenden Planeten in einem Eckhaus auf eine Knappheit des Gutes hinweist. Umgekehrt, neigen die Fallenden Häuser dazu, einen Überfluß oder eine Fülle anzuzeigen. Bei bestimmten Gütern, wie etwa Metallen, liegt es auf der Hand, welcher Planet den richtigen Hinweis liefert.

Mars – Eisen
Venus – Kupfer
Merkur – Quecksilber, Messing, Bronze
Sonne – Gold
Mond – Silber
Saturn – Blei
Jupiter – Zinn

Zu den weniger offenkundigen Zuordnungen gehören:

Saturn – landwirtschaftliche Geräte, Leder, Nüsse, Kartoffeln und Mais, Ziegel, Zement, Häuser.
Jupiter – Öl, Honig, Seide, Tuch und Wein.
Mars – Fleisch, Maschinen und Apparate, Rüstungsgüter.
Sonne – Weizen, Wein, Tuch, Pferde.
Venus – Parfüms, Pelze, Schmuck, Wein.
Merkur – Bücher, Radio- und Fernsehgeräte, Gerste, Hirse, Autos und Papier.
Mond – Milchprodukte, Geflügel, Eier, Perlen, Wasser.

Achten Sie darauf, die Tierkreiszeichen, in denen die Planeten erscheinen, in die Betrachtung einzubeziehen, da diese den Hinweis verstärken oder abschwächen. Die Rang-Tabelle (Abbildung 16, S. 207) gibt Hinweise darauf, ob eine Knappheit oder ein Überfluß stark genug ist, um nennenswerte Preisänderungen zu bewirken, außerdem deuten sie die Dauer des Trends an.

Fragen zum fünften Haus

Um zu erfahren, ob eine Frau schwanger ist oder nicht

Dieses Haus steht allgemein für Kinder. Es kann benutzt werden, um die Kinderzahl oder den Ausgang einer Schwangerschaft vorauszusagen. Einen Schwangerschaftstest überläßt man heute besser dem Arzt, doch im Mittelalter trat das Erdorakel häufig an die Stelle einer ärztlichen Untersuchung (selbst Ärzte nahmen Zuflucht zum Orakel). In einer Zeit, in der Empfängnisverhütung nicht existierte oder eine unsichere Sache war, wurde gern das fünfte Haus befragt. Die Aspekte, die für eine Schwangerschaft sprechen, überwiegen die dagegensprechenden bei weitem. Zu ihnen gehören unter anderem:

Der im Aszendenten herrschende Planet steht im siebten oder fünften Haus.
Der das fünfte Haus regierende Planet steht im ersten Haus.
Der das fünfte Haus regierende Planet steht im siebten Haus.

Und so geht es weiter mit weiteren sieben oder noch mehr möglichen Kombinationen. Die einzigen wirklichen Gegenanzeigen sind die Anwesenheit von Löwe oder Jungfrau im ersten oder fünften Haus.

Droht eine Fehlgeburt?

Die Möglichkeit einer Fehlgeburt wird traditionellerweise durch eine ganze Anzahl von Konstellationen angezeigt; da aber das Vorkommen von Fehlgeburten heutzutage erheblich seltener ist, würde nur eine Antwort wie Cauda Draconis im Aszendenten (erstes Haus) oder Mars in Verbindung mit Mond oder Saturn im ersten, siebten oder zehnten Haus für diese Möglichkeit sprechen. Ein veränderliches Zeichen (Zwillinge, Jungfrau, Schütze oder Fische) im ersten Haus verstärkt diese Möglichkeit.

Wird das Kind ein Junge oder ein Mädchen?

Diese jahrhundertealte Nuß kann nur dann mit Hilfe des Erdorakels geknackt werden, wenn die Tierkreiszeichen eindeutig männlich oder eindeutig weiblich sind.

Stellen Sie den Herrscher des Tierkreiszeichens im ersten Haus fest. Ist es ein männlicher Planet (Mars, Jupiter, Saturn, Sonne) und steht dieser an anderer Stelle im Diagramm in einem männlichen Tierkreiszeichen, dann könnte das Kind ein Junge werden. Wenn die große Mehrzahl der Planeten in männlichen Tierkreiszeichen steht, bestärkt dieser Umstand die Prognose. Für ein Mädchen gelten natürlich umgekehrte Regeln.

Sind Gerüchte wahr oder falsch?

Für die Interpretation dieser Frage gilt ein etwas seltsam erscheinendes Prinzip: Erscheint im ersten Haus ein unheilvoller Planet (Saturn, Mars oder Cauda Draconis), so sind die Gerüchte falsch; erscheint aber ein günstiger Planet (Sonne, Jupiter oder Caput Draconis) in diesem Haus, so sind die Gerüchte wahr.

Merkur als Gott der Kommunikation und der Lügner ist ein Kronzeuge bei dieser Frage: steht er im ersten Haus, sind die Gerüchte nicht wahr. Der Mond im ersten Haus hingegen bestätigt, daß die Gerüchte wahr sind.

Wird mein abwesender Freund oder Geliebter zurückkehren und wann?

Die Planeten, die das erste und fünfte Haus regieren und ihre Plazierung zueinander und zu den übrigen Planeten bilden den Schlüssel zu dieser Frage.

Fragen zum sechsten Haus

Wird eine kranke Person genesen?

Obwohl dies eine Frage ist, die zum sechsten Haus gehört, sollte unbedingt auch das erste Haus befragt werden, denn wenn Saturn, Mars oder Cauda Draconis im ersten Haus stehen, ist eine rasche Genesung nicht angezeigt. Wenn sich dieselben unheilvollen Planeten im achten Haus (dem Haus des Todes) befinden, ist eine Genesung unwahrscheinlich.

Auch hier gilt wieder: Wenn günstige oder unheilvolle Planeten in den Eckhäusern (erstes, viertes, siebtes und zehntes Haus) vorkommen, sind Chancen für eine Genesung größer bzw. geringer, da die Eckhäuser sich viel stärker auf jede Frage auswirken als die Nachfolgenden oder Fallenden Häuser.

Eine rasche Genesung würde durch ein Diagramm wie dem folgenden angezeigt (Abbildung 25), wo günstige Planeten im ersten, sechsten und achten Haus (dem Aszendenten und den Häusern der Krankheit) erscheinen. Auch ist der Herrscher des ersten Hauses (Venus regiert Waage) *nicht* im achten Haus vertreten, so daß das erste Haus nicht mit dem Haus des Todes verbunden ist. Außerdem regiert Venus auch das achte Haus und zeigt damit einen günstigen Einfluß an dieser Stelle an.

Ähnliche Konstellationen, bei denen die günstigen Planeten in den Eckhäusern stehen und der Herrscher des ersten Hauses nicht mit dem achten Haus in Verbindung steht, sprechen ebenfalls für eine rasche Genesung.

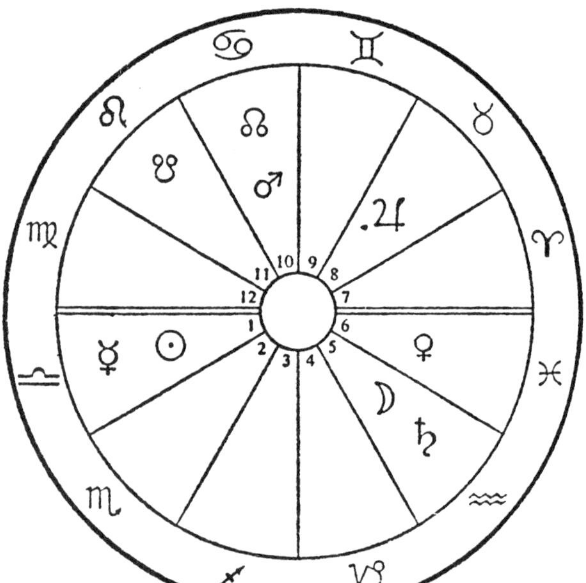

Abbildung 25: *Krankheit im sechsten Haus.*

Wie kann eine kranke Person geheilt werden?

Bei Fragen, die sich um Krankheit drehen, können Sie das erste Haus auf den Arzt beziehen, das zehnte Haus auf den Kranken, das siebte Haus auf die Krankheit und das vierte auf die verordnete Arznei oder Behandlung, um herauszufinden, welcher Faktor – wenn überhaupt – für das Mißlingen oder für den Erfolg einer Behandlung verantwortlich ist.

Dabei zeigt einfach die Gegenwart von unheilvollen bzw. günstigen Planeten in den oben genannten Häusern an, wo etwas geschehen muß oder Änderungen vorgenommen werden müssen (unheilvolle Planeten in den entsprechenden Häusern) oder von welcher Seite Erfolg und Heilung zu erwarten sind (günstige Planeten in den entsprechenden Häusern).

So ist zum Beispiel in Abbildung 26 der Arzt auf dem richtigen Weg (erstes Haus), aber der Patient reagiert nicht auf die Behandlung (Saturn im zehnten Haus deutet Beharren an). Die Krank-

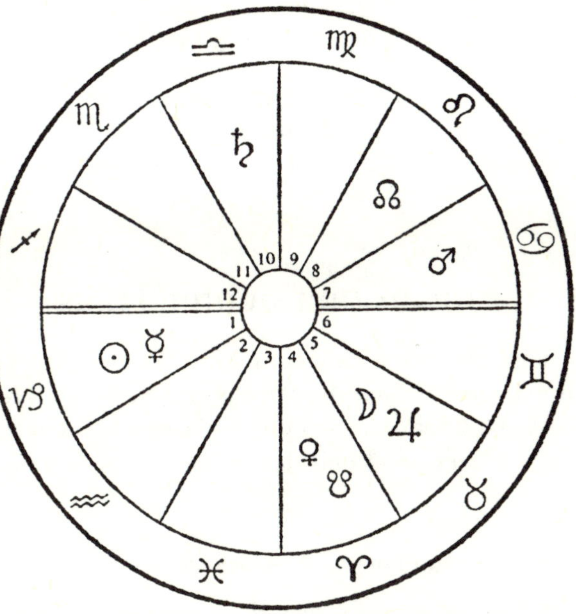

Abbildung 26: *Behandlung einer Krankheit im sechsten Haus.*

heit hat etwas mit Fieber zu tun (Mars verträgt sich nicht mit Krebs im siebten Haus), doch die Behandlung ist nicht ausreichend, um zu genesen (Venus geschwächt durch Cauda Draconis im vierten Haus) und sollte verstärkt werden (da Mars den Widder, das Tierkreiszeichen im vierten Haus, regiert).

In welchem Teil des Körpers sitzt die Krankheit?

Aus Abbildung 26 geht hervor, daß die Krankheit (siebtes Haus) im Zeichen Krebs steht, der dem Magen zugeordnet ist; es ist also wahrscheinlich, daß die Krankheit dort ihren Ausgangsherd hat. Die Zuordnungen zwischen Tierkreiszeichen und Körperteilen sind wie folgt:

♈ Widder	Kopf und Gesicht
♉ Stier	Nacken und Hals
♊ Zwillinge	Schultern, Arme, Lunge, Nervensystem
♋ Krebs	Magen
♌ Löwe	Wirbelsäule, Rücken und Herz
♍ Jungfrau	Eingeweide und Finger
♎ Waage	Nieren, Lendengegend und Haut
♏ Skorpion	Genitalien und Ausscheidungsorgane
♐ Schütze	Hüfte, Gesäß und Schenkel
♑ Steinbock	Knochen und Knie
♒ Wassermann	Fußgelenke und Blutkreislauf
♓ Fische	Füße

Fragen zum siebten Haus

Diebe scheint es zu allen Zeiten, im Mittelalter ebenso wie heute, gegeben zu haben. Folglich finden wir in zahlreichen Büchern zur Geomantik einen Schwall von Fragen, die sich mit dem Dieb, dem gestohlenen Gegenstand und den Möglichkeiten der Rückgabe befassen.

Werde ich das gestohlene Gut zurückerlangen?

In diesem Fall müßten Sie den Planeten untersuchen, der das Tierkreiszeichen im siebten Haus regiert. Wenn er im ersten Haus steht, werden die gestohlenen Güter zurückkommen. Ist das Gegenteil der Fall, wird eine beträchtliche Zeit vergehen, bis sie wiederauftauchen. Andere Kombinationen der Aspekte oder der Stellung dieser beiden Planeten deuten auf eine größere bzw. geringere Chance des Wiedererlangens hin.

Wohin ist der Dieb geflüchtet?

Stellen Sie fest, welcher Planet das Tierkreiszeichen im siebten Haus regiert. Notieren Sie, an welcher Stelle dieser Planet sonst noch im Diagramm auftaucht und in welchem Tierkreiszeichen er dort steht.

Steht er im Widder, ist der Dieb nach Osten geflüchtet. Es gilt folgendes Schema:

Stier	–	SO
Zwillinge	–	SW
Krebs	–	N
Löwe	–	NO
Jungfrau	–	SW
Waage	–	W
Skorpion	–	NW
Schütze	–	NO
Steinbock	–	S
Wassermann	–	NW
Fische	–	NW

Wenn Sie wissen möchten, ob es zu einer Heirat kommt

Um diese Frage zu beantworten, nimmt man den Planeten, der das erste Haus regiert, als Symbol für die fragende Person, während der Planet, der das siebte Haus regiert, den zukünftigen Partner verkörpert.

Fällt nun einer der Planeten, die die beiden Parteien darstellen, in dasselbe Haus, oder fällt einer von ihnen in das siebte Haus, wird es ganz sicher zur Heirat kommen.

Die alten geomantischen Texte gingen ursprünglich davon aus, daß solche Fragen nur von einem Mann gestellt wurden, aber im Zeitalter der Gleichberechtigung der Geschlechter wurde die Methode so abgewandelt, daß sie den Bedürfnissen beider Seiten gerecht wird. In den alten Texten symbolisiert der Mond die ideale Partnerin des Mannes, und wenn der Mond in einem Haus stand, wo er die zukünftige Partnerin verkörperte, so war dies ein sehr gutes Zeichen. Umgekehrt gilt natürlich, daß die Sonne den idealen männlichen Partner für die Frau darstellt.

Wird es zu der von mir angestrebten Freundschaft oder Partnerschaft kommen?

In diesem Fall liefern allgemeine Hinweise, wie etwa das Auftreten günstiger Planeten im ersten und siebten Haus den Schlüssel, während unheilvolle Planeten in diesen Häusern vor einer solchen Partnerschaft warnen.

Welcher der beiden Freunde oder Partner wird am meisten Gewinn aus der Verbindung ziehen?

Diese Frage wird gewöhnlich gestellt, bevor jemand eine Partnerschaft besiegelt. Der Planet, der das Tierkreiszeichen im ersten Haus regiert, gibt einen Hinweis darauf, wieviel der Fragesteller gewinnt, während das achte Haus und die Stellung des Planeten, der das entsprechende Tierkreiszeichen regiert, für den Gewinn steht, der der anderen Partei zufällt. Die relative Stärke und der unheilvolle oder günstige Charakter jedes dieser Planeten gibt Auskunft darüber, ob sich die Verbindung günstiger für den Fragesteller oder für die andere Seite auswirken wird.

Wenn Sie wissen möchten, ob zwei Menschen harmonieren

Diese Frage ist leicht beantwortet, indem man die Planeten anschaut, die die Tierkreiszeichen im ersten und siebten Haus regieren. Sind sie miteinander vereinbar (d. h. beide günstig), werden die beiden Menschen gut miteinander auskommen, sind die Planeten aber nicht von ähnlicher Natur, werden auch die beiden Menschen sich nicht vertragen.

Wer wird die Auseinandersetzung gewinnen?

Seltsamerweise hat das siebte Haus auch mit kriegerischen Angelegenheiten zu tun. Die obige Frage läßt sich beantworten, indem man das erste Haus (es verkörpert den Fragesteller) und das siebte Haus (den Gegner) anschaut. Die dort regierenden Planeten geben Auskunft über die relative Stärke und die Wahrscheinlichkeit eines Sieges für jede der beiden Seiten.

Fragen zum achten Haus

Wie werde ich sterben?

Dieses Haus steht für den Tod und alle damit zusammenhängenden Berufe. Es soll auch Auskunft über die Todesart des Fragestellers geben können.

Die traditonellen Antworten der Geomantik auf diese Frage sind heute teilweise veraltet, denn die Zahl von Menschen, die »durch ein Tier« sterben wird, dürfte fast gleich Null sein, während die Wahrscheinlichkeit des Todes durch verschiedene »mechanische Tiere«, angefangen beim Automobil, zunimmt.

Traditionell zeigen Löwe oder Skorpion im achten Haus den Tod durch ein Tier an; steht Saturn im achten Haus oder steht der Planet, der sein Tierkreiszeichen regiert, im Skorpion, Krebs oder in den Fischen, so bedeutet dies Tod durch Wasser. Tod durch Feuer wird angezeigt durch die Anwesenheit von Mars, Saturn oder Cauda Draconis im achten Haus oder in einem anderen Haus zusammen mit dem Planeten, der das achte Haus regiert. Letzteres könnte vermutlich auch auf einen Tod durch Autounfall hinweisen, besonders wenn das Haus mit Merkur, dem Gott des Verkehrs, geteilt wird. Im Gegensatz zu diesen wenig erfreulichen Todesumständen zeigen Jupiter, Sonne, Caput Draconis und Venus im achten Haus einen natürlichen Tod an.

Fragen zum neunten Haus

In diesem Haus geht es um innere und äußere Reisen einschließlich der Bereiche Philosophie, Recht, Wissenschaften oder Theologie.

Soll ich eine weite Reise unternehmen?

Zu einer Zeit, da beispielsweise eine Reise von England nach Rom ein ganzes Jahr dauern und manches Abenteuer, ja sogar die Möglichkeit beinhalten konnte, in Kriegsgeschehen verwickelt oder von Räubern angegriffen zu werden, war diese Frage höchst aktuell. Heutzutage, da die Gefahren einer Reise beträchtlich abgenommen haben, sollten nur die wirklich unüberhörbaren Warnungen beachtet werden. Wenn zum Beispiel ein unheilvoller Planet, insbesondere Mars oder Cauda Draconis im neunten Haus stehen und der Planet, der das Tierkreiszeichen des neunten Hauses regiert, in einem anderen Haus, das nicht ähnlicher Natur ist, zusammen mit einem unheilvollen Planeten auftaucht, sollte die Reise vielleicht verschoben werden.

Hat Merkur, der Schutzpatron der Reisenden, eine gute Stellung im neunten Haus oder mit dem Herrscher dieses Hauses, könnte die Reise sehr vielversprechend werden.

Wird die Reise ein Erfolg?

Für den Erfolg oder Mißerfolg einer Reise spielt der Mond eine wichtige Rolle, da er mit Merkur die Eigenschaft teilt, einen Einfluß auf das Reisen zu haben. Folglich sollten Sie die Stellung des Mondes im Diagramm anschauen, insbesondere mit Bezug auf das neunte Haus, dessen Herrscher und die Planeten, die ein Haus mit dem Mond selbst teilen.

Der Mond im Krebs, Stier oder in den Fischen ist ein gutes Zeichen, da sie für seinen Herrschaftsbereich, seine Erhöhung und seine Stärke stehen, während der Mond im Exil (Steinbock) oder im Fall (Skorpion) ein ungünstiges Zeichen darstellt.

Fragen zum zehnten Haus

Wenn Sie wissen möchten, ob Sie Ehrungen durch hochgestellte Persönlichkeiten zu erwarten haben

Den Schlüssel zu dieser Frage liefert Ihnen das Haus der Schirmherrschaft, des Ruhmes, der Bekanntheit oder des Berufs. Wieder steht das erste Haus für den Fragesteller, während Ruhm durch das zehnte Haus symbolisiert wird. Wenn der Planet, der eines dieser Häuser regiert, sich auch im anderen wiederfindet oder ein Haus mit einem günstigen Planeten teilt, so ist dies ein gutes Zeichen. Ein gegenseitiger Austausch günstiger Planeten, die das erste und zehnte Haus regieren, deutet auf die höchsten Ehrungen für den Fragesteller hin.

Werden mir die Ehrungen im eigenen oder in einem fremden Land zuteil?

Hier spielt wieder die Aufteilung der Häuser in Eckhäuser, Nachfolgende und Fallende Häuser eine Rolle in bezug auf den Planeten, der das neunte Haus regiert. Obwohl es heißt »Ein Prophet gilt nichts im eigenen Lande«, weist das Vorkommen des Planeten, der das neunte Haus regiert, in einem Eckhaus darauf hin, daß der Fragesteller gut beraten ist, sich um Ruhm und Glück zu Hause zu bemühen.

Taucht der Herrscher in einem der Nachfolgenden Häuser auf, so sollte man den Ort wechseln, zeigt er sich in einem Fallenden Haus, so winkt der Ruhm im Ausland.

Fragen zum elften Haus

Dieses Haus regiert Fragen zur sozialen Stellung, zu Freunden und Bekannten sowie zur Mitgliedschaft in Gesellschaften, insbesondere Vereinigungen mit altruistischen oder humanistischen Zielen. Die Deutung hängt wiederum von der Stellung des Planeten, der das Tierkreiszeichen des elften Hauses regiert, ab. Da die Frage Ihre Beziehung zu anderen Menschen betrifft, ist der Herrscher des ersten Hauses fast genauso wichtig.

Fragen zum zwölften Haus

Hierzu gehören Fragen des Innenlebens, Fragen zu Geheimgesellschaften sowie zu allen mit Saturn in Verbindung stehenden Einrichtungen, wie Gefängnis, Asyl, Waisenhaus, Krankenhaus und ähnliches. Die Einweisung in solche Einrichtungen oder das

Verlassen können aus den relativen Stellungen der Herrscher des ersten und zwölften Hauses und ihren Beziehungen zu Saturn (unbeweglich, feststehend) sowie zum Mond und zu Merkur (Bewegung oder Flucht) abgelesen werden.

Eine Verschwörung von Feinden oder Intrigen – auf politischer oder persönlicher Ebene – sowie Ihr Fantasie- und Traumleben gehören ebenfalls zu den Bereichen, für die das zwölfte Haus zuständig ist.

Inzwischen müßten Sie ein recht gutes Gefühl nicht nur für die Geomantik, sondern auch für die Astrologie entwickelt haben. Die Grundlagen der Astrologie, wie sie in Kapitel 9 dargelegt werden, sind eine gute Starthilfe für eine weitere Beschäftigung mit Astrologie. Wenn Sie sich schon vorher mit Astrologie befaßt haben, werden Sie feststellen, daß die geomantischen Deutungen der Kombinationen von Tierkreiszeichen und Planeten dazu beitragen, Ihre astrologischen Interpretationen herunterzuholen auf die Erde, indem Sie gezwungen werden, diese auf praktische Fragen anzuwenden, anstatt sich von der bloßen Faszination des Systems einfangen zu lassen.

15
Geomantik heute

Die Geomantik ist Ihnen in diesem Buch durchweg in ihrer praktischen Anwendung vorgestellt worden. Sie ist eine Methode, die sich zur Klärung von Fragen eignet, die Logik und Verstand nicht zu lösen imstande sind. Sie dient damit auch der Entwicklung Ihrer persönlichen intuitiven Fähigkeiten. Wenn Sie genug Ausdauer beweisen, indem Sie zuerst das einfache System der Geomantik und danach die kompliziertere Methode der Astro-Geomantik meistern (und dabei genau Buch führen über Ihre Erfahrungen), werden Sie nicht nur ein machtvolles Orakel, das Ihnen konkrete Antworten auf konkrete Fragen liefert, besitzen, sondern gleichzeitig Ihre ureigensten Fähigkeiten zum Lösen von Problemen erheblich verbessert haben.

Das geomantische Orakel, das von seinem Wesen her fest auf der Erde steht, gehört zusammen mit dem Tarot, dem I Ging und der Astrologie zu den großen klassischen Weissagungsmethoden. In diesem Buch wurden zum ersten Mal seit dem Mittelalter alle Grundlagen der Geomantik zusammengefaßt.

In der Astro-Geomantik fügen die Bilder der Sterne ihre Botschaft den Bildern der Erde hinzu. Die Symbole des Himmels werden mit den Symbolen der Tiefe in Einklang gebracht: wie oben so unten.

Es braucht kaum betont zu werden, daß viele Fragen, die für die Menschen des Mittelalters bedeutsam waren, heute nur noch von geringem oder gar nicht mehr von Interesse sind. Die Antworten, die Sie aus der Interpretation der geomantischen Zeichen gewinnen, können Sie hier und heute auf jedes Problem anwenden, denn schließlich sind sowohl die geomantischen Zeichen als auch die astrologischen Bilder archetypisch und universell.

Welche Stellung oder welchen Beruf Sie auch innehaben mögen, das Orakel hat Ihnen etwas zu sagen!

Anhang

1. Zuordnungen von Tierkreiszeichen zu geomantischen Zeichen

		Planet	**1 Golden Dawn**	**2 Agrippa nach Herr-scher-planeten**	**3 Agrippa**	**4 Franz Hart-mann**	**5 Gerhard von Cremona**
* * * * *	Puer	♂	♈	♈	♏	♈	♊
* * * * * *	Amissio	♀	♉	♎	♐	♎	♏
* * * * * * *	Albus	☿	♓	♓	♌	♋	♋
* * * * * * * *	Populus	☾	♋	♋	♒	♑	♑
* * * *	Via	☾	♋	♋	♍	♌	♌
* * * * * *	Fortuna Major	☉	♌	♌	♉	♒	♒
* * * * * *	Fortuna Minor	☉	♌	♌	♉	♉	♉

		Planet	1 Golden Dawn	2 Agrippa nach Herr-scher-planeten	3 Agrippa	4 Franz Hart-mann	5 Gerhard von Cremona
* * * * * *	Conjunctio	☿	♍	♍	♎	♍	♍
* * * * *	Puella	♀	♎	♉	♋	♎	♎
* * * * * * *	Rubeus	♂	♏	♏	♋	♊	♊
* * * * * *	Acquisitio	♃	♐	♓	♈	♈	♈
* * * * * *	Carcer	♄	♑	♑	♊	♊	♊
* * * * * * *	Tristitia	♄	♒	♒	♐	♒	♏
* * * * * * *	Laetitia	♃	♊	♐	♊	♉	♉
* * * * *	Caput Draconis	☊	☊	♑	♎	♍	♍
* * * * *	Cauda Draconis	☋	☋	♏	♑	♐	♐

Spalte 1: Zuschreibungen nach dem Golden Dawn, abgeleitet aus den herrschenden Planeten:

☉	regiert	♌		
☾	regiert	♋		
♀	regiert	♉	und	♎
☿	regiert	♍	und	♊
♃	regiert	♐	und	♓
♄	regiert	♑	und	♒
♂	regiert	♏	und	♈

Spalte 2: Agrippas erste Zuschreibung in Buch IV ist ebenfalls aus der Herrschaft der Planeten abgeleitet, allerdings mit gewissen Unterschieden im Falle doppelter Herrschaft. Bei Agrippa findet sich ein Druckfehler, da Puer in der Auflistung fehlt, daher wurde hier das einzige fehlende Tierkreiszeichen, Widder, ergänzt.

Spalte 3: Eine zweite Zuschreibung durch Agrippa, die traditionell »für den gemeinen Gebrauch«, also nicht für Eingeweihte, gilt, stellt nicht die Originalversion dar.

Spalte 4: Dieses System ist aus Agrippas Buch II hergeleitet (mit der Ausnahme, daß Agrippa Skorpion dem Zeichen Tristitia zuschreibt) und wurde von Franz Hartmann in seinem Buch über die Geomantik benutzt. Es leidet allerdings darunter, daß manche Tierkreiszeichen mehrfach benutzt werden (im Unterschied zu der eher logischen Verdoppelung von Löwe und Krebs).

Spalte 5: Dieses System astrologischer Geomantik wurde von Gerhard von Cremona benutzt.

Diese alternativen Möglichkeiten der Zuordnung der Tierkreiszeichen sind hier der Vollständigkeit halber aufgeführt, doch eignen sich vor allem die ersten beiden Spalten für die praktische Arbeit.

2. Zuordnungen der geomantischen Zeichen zu den Elementen

System / Element	1 **Golden Dawn Nach Tierkreis-zeichen**	2 **Agrippa Nach Tierkreis-zeichen**	3 **Agrippa Nach Planeten und geomanti-schen Zeichen**	4 **Agrippa »Esoterisches System«**
Feuer △	Puer ♈ Fortuna Major ♌ Acquisitio ♐ (Fortuna Minor ♌) Cauda Draconis ☋	Puer ♈ Fortuna Major ♌ Laetitia ♐ Fortuna Minor ♌	Puer ♂ Fortuna Major ☉ * * * Amissio * * * Rubeus ♂	Fortuna Minor Amissio Rubeus Cauda Draconis
Luft 🜁	Albus ♊ Puella ♎ Tristitia ♒ (Fortuna Minor ♌)	Albus ♊ Amissio ♎ Tristitia ♒	Conjunctio ☿ * * * Puella * * Laetitia ♃ Fortuna Minor ☉	Conjunctio Acquisitio Laetitia Puer
Wasser ▽	Populus ♋ Rubeus ♏ Laetitia ♓ Via ♋	Populus ♋ Rubeus ♏ Aquisitio ♓ Via ♋ Cauda Draconis ♏	Populus ☾ * * * Acquisitio * * * Via ☾ Cauda Draconis	Populus Albus Puella Via
Erde 🜃	Amissio ♉ Conjunctio ♍ Carcer ♑ Caput Draconis ♌	Puella ♉ Conjunctio ♍ Carcer ♑ Caput Draconis ♑	* * * * Albus * * * Tristitia ♄ Carcer ♄ Caput Draconis	Fortuna Major Tristitia Carcer Caput Draconis

Spalte 1: Bei Golden Dawn folgt die Zuordnung der Elemente dem System der Tierkreis-Zuschreibungen. Dabei bildet Fortuna Minor eine Ausnahme: da es zu Löwe gehört, wäre es Feuer, kann aber auch als Luft durchgehen, damit die Aufteilung genau aufgeht.

Spalte 2: Agrippas Zuordnungen beruhen ebenfalls auf seinem System der Tierkreiszeichen.

Spalte 3: Dieses System berücksichtigt die Form der geomantischen Zeichen (d. h. die beiden nach oben gerichteten Dreiecke von Amissio erinnern an Feuer) oder die divinatorische Bedeutung (Rubeus gehört wegen der roten Farbe zu Feuer). Das System ist interessant, weil es nicht so mechanisch aufgebaut ist wie die anderen Systeme.

Spalte 4: Agrippa sagt über dieses System, daß »diese Anordnung viel wahrer und logischer ist als die gemeinhin verwendete«. Mit Ausnahme des Zeichens Puer, das hier dem Feuer zugeordnet wird, ist dies dasselbe System, das Franz Hartmann benutzt hat.

3. Zuordnungen der geomantischen Zeichen zu den Häusern

Die einfache Zuordnung zu den Häusern

Die einfachste Methode, die geomantischen Zeichen den zwölf Häusern zuzuordnen besteht darin, die Mütter, Töchter und Neffen der Reihe nach den Häusern zuzuordnen.

Mütter:	I	Haus 1
	II	Haus 2
	III	Haus 3
	IV	Haus 4
Töchter:	V	Haus 5
	VI	Haus 6
	VII	Haus 7
	VIII	Haus 8
Neffen:	IX	Haus 9
	X	Haus 10
	XI	Haus 11
	XII	Haus 12

Die Zeugen und der Richter (Zeichen XIII bis XV) werden in die Mitte des Diagramms eingetragen, sie sind keinem speziellen Haus zugeordnet.

Die esoterische Methode der Zuordnung zu den Häusern

Obwohl das zuvor beschriebene System der Zuordnung zu den Häusern viel benutzt wurde, gibt es noch eine geheimere Methode, die divinatorischen Techniken der Geomantik und der Astrologie miteinander zu verbinden. Sie beruht auf der Einteilung der Häuser in Eckhäuser, Nachfolgende und Fallende Häuser, wie es in Kapitel 10 erklärt wurde.

Bei der Zuordnung wird nach folgendem Schema verfahren:

Mütter	4 Eckhäuser
Töchter	4 Nachfolgende Häuser
Neffen	4 Fallende Häuser

Die zwölf Häuser noch einmal im Überblick:

	geomantisches Zeichen		Häuser
Ecke	I	Mutter	1
Nachf.	V	Tochter	2
Fallend	IX	Neffe	3
Ecke	II	Mutter	4
Nachf.	VIII	Tochter	5
Fallend	XII	Neffe	6
Ecke	III	Mutter	7
Nachf.	VII	Tochter	8
Fallend	XI	Neffe	9
Ecke	IV	Mutter	10
Nachf.	VI	Tochter	11
Fallend	X	Neffe	12

Diese Methode hat noch eine Variante, bei der die Zuordnung zu den Eckhäusern und Nachfolgenden Häusern unverändert bleibt, aber die Ableitung der geomantischen Zeichen für die Fallenden Häuser ist komplizierter: Das geomantische Zeichen für die Fallenden Häuser entsteht aus der Addition der Zeichen, die den beiden anderen Häusern desselben Elements angehören.

So wird das geomantische Zeichen für das Fallende dritte Haus aus der Addition der Zeichen von Haus 7 und 11 gebildet, weil die Häuser 3, 7 und 11 alle dem Element Luft zugeordnet sind. Analog dazu wird das Fallende sechste Haus aus der Addition der

Zeichen in den Häusern 2 und 10 gebildet, die beide dem Element Erde angehören. Das Fallende neunte Haus wird aus den Feuer-Häusern 1 und 5 gebildet, und das Fallende zwölfte Haus schließlich aus den Wasser-Häusern 4 und 8. Das gibt folgendes Bild:

4 Mütter werden den 4 Eckhäusern zugeordnet.
4 Töchter werden den 4 Nachfolgenden Häusern zugeordnet.
Das Zeichen gebildet aus den Häusern
7 und 11 gehört zum Fallenden 3. Haus
2 und 10 gehört zum Fallenden 6. Haus
1 und 5 gehört zum Fallenden 9. Haus
4 und 8 gehört zum Fallenden 12. Haus.

Die vollständige Übersicht über die zwölf Häuser enthält die folgenden geomantischen Zeichen:

	geomantisches Zeichen		Häuser	geomantisches Zeichen
Ecke	I	Mutter	1	
Nachf.	V	Tochter	2	
Fallend			3	gebildet aus den Luft-Häusern 7 und 11 durch Addition von III und VI.
Ecke	II	Mutter	4	
Nachf.	VIII	Tochter	5	
Fallend			6	gebildet aus den Erd-Häusern 2 und 10 durch Addition von IV und V.
Ecke	III	Mutter	7	
Nachf.	VII	Tochter	8	
Fallend			9	gebildet aus den Feuer-Häusern 1 und 5 durch Addition von I und VIII.
Ecke	IV	Mutter	10	
Nachf.	VI	Tochter	11	
Fallend			12	gebildet aus den Wasser-Häusern 4 und 8 durch Addition von II und VII.

4. Übersicht über die Planetentage und Planetenstunden

Natürlich kommt es häufig vor, daß man mit einer Frage nicht warten kann. Sofern dies aber möglich ist, sollte das Orakel an dem Wochentag befragt werden, der vom Planeten her am besten zur Frage paßt. So sollten zum Beispiel alle Fragen bezüglich Landwirtschaft oder Bergbau am Tag des Saturn oder alle Fragen, die mit Liebe und Heirat zu tun haben, am Tag der Venus gestellt werden. Die Wochentage sind folgenden Planeten zugeordnet:

Wochentag	Regierender Planet
Montag	Mond
Dienstag	Mars
Mittwoch	Merkur
Donnerstag	Jupiter
Freitag	Venus
Samstag	Saturn
Sonntag	Sonne

Wenn Sie besonders sorgfältig bei Ihrer Befragung vorgehen wollen, können Sie zusätzlich noch die Tageszeit des Planeten berücksichtigen. Dazu ermitteln Sie aus einer Ephemeridentabelle oder der Tageszeitung die Zeit des Sonnenauf- und -untergangs und errechnen die Anzahl der Tagesminuten zwischen diesen beiden Zeitangaben. Nur an zwei Tagen im Jahr (zur Tagundnachtgleiche) ist der Tag exakt 12 Stunden lang.

Teilen Sie nun die Summe der Tagesminuten durch zwölf, und Sie erhalten die genaue Länge der Planeten-»Stunde«, die im Winter unter sechzig Minuten liegt und im Sommer darüber. Die erste und achte Planetenstunde eines Tage ist dem Herrscher des Planeten des betreffenden Wochentages geweiht, so ist beispielsweise die erste und achte Stunde am Montag dem Mond geweiht, während die erste und achte Stunde am Freitag der Venus gehört.

Wollen Sie lieber zur Nachtzeit das Orakel befragen, so zählen Sie diesmal die Minuten von Sonnenuntergang bis Sonnenaufgang und teilen das Ergebnis durch zwölf, um so die Länge einer Planeten-»Nachtstunde« zu ermitteln. Hier gilt jeweils die dritte und zehnte Stunde der Nacht. So ist also die dritte und zehnte Stunde von Montagnacht dem Mond geweiht, während die dritte und zehnte Stunde von Freitagnacht der Venus zugeschrieben ist.

5. Die einzelnen Linien der geomantischen Zeichen

MÜTTER

I	II	III	IV	
A	E	I	M	Köpfe
B	F	J	N	Hälse
C	G	K	O	Rümpfe
D	H	L	P	Füße

Wenn wir die vier Mütter nehmen, aus denen alle weiteren Zeichen abgeleitet werden, und jedem Zeichen vier Buchstaben zuordnen, lassen sich die Ableitungen sämtlicher anderen Zeichen folgendermaßen darstellen:

TÖCHTER

V	VI	VII	VIII
A	B	C	D
E	F	G	H
I	J	K	L
M	N	O	P

NEFFEN

IX	X	XI	XII
A + E	I + M	A + B	C + D
B + F	J + N	E + F	G + H
C + G	K + O	I + J	K + L
D + H	L + P	M + N	O + P

ZEUGEN

XIII	XIV
A + E + I + M	A + B + C + D
B + F + J + N	E + F + G + H
C + G + K + O	I + J + K + L
D + H + L + P	M + N + O + P

RICHTER

XV
A + E + I + M + A + B + C + D
B + F + J + N + E + F + G + H
C + G + K + O + I + J + K + L
D + H + L + P + M + N + O + P

Wenn wir die Buchstaben jeder Reihe zurückverwandeln und zusammenzählen, wird deutlich, daß die einzig möglichen Kombinationen, die den Richter bilden können, die folgenden vier symmetrischen Paare sind:

```
* *         *
 *         * *
* *         *
 *         * *
```

Acquisitio und Amissio

```
* *         *
* *         *
 *         * *
 *         * *
```

Fortuna Major und Fortuna Minor

```
* *         *
* *         *
* *         *
* *         *
```

Populus und Via

* *   *
*   * *
*   * *
* *   *

Conjunctio und Carcer

6. Die Bildung der geomantischen Zeichen

Die sechzehn möglichen Zeichen, die aus den auf die Erde oder auf das Papier gekritzelten Strichen hervorgegangen sind, bestehen aus vier Schichten. Jede Schicht ist positiv oder negativ, je nachdem, ob sie aus einem oder aus zwei Punkten besteht. Im Extremfall ergeben sich

*   * *
*   * *
bis
*   * *
*   * *

mit allen Kombinationsmöglichkeiten. Da jedes Zeichen aus vier Schichten besteht und es für jede Schicht zwei Möglichkeiten gibt, erhält man $2^4 = 16$ Kombinationen. Wie Sie sehen können, decken die sechzehn Zeichen jede mögliche Kombination ab, ähnlich wie die vierundsechzig Hexagramme des I Ging jede mögliche Kombination von Yang (–) und Yin (– –) abdecken. Der einzige Unterschied besteht darin, daß das I Ging Linien verwendet, während die Geomantik Punkte verwendet; außerdem besteht ein Hexagramm aus sechs Schichten und nicht aus vier, so daß sich 2^6 mögliche Kombinationen, eben die 64 Hexagramme ergeben. Wenn wir die möglichen geomantischen Kombinationen im einzelnen darstellen, erhalten wir eine Matrix zur Bildung der geomantischen Zeichen.

			Obere Hälfte des Zeichens			
			*		* *	
			* *	* * *	* * *	* * * *
	*	* *	* * * * Via	* * * * * Puella	* * * * * Caput Draconis	* * * * * * Fortuna Major
		* **	* * * * * Cauda Draconis	* * * * * * Amissio	* * * * * * Conjunctio	* * * * * * * Albus
Untere Hälfte des Zeichens	* *	* * *	* * * * * Puer	* * * * * * Carcer	* * * * * * Acquisitio	* * * * * * * Tristitia
		* * * *	* * * * * * Fortuna Minor	* * * * * * * Laetitia	* * * * * * * Rubeus	* * * * * * * * Populus

Matrix zur Bildung der geomantischen Zeichen

7. Logische Unterteilung der geomantischen Zeichen

Die folgende Aufteilung soll Ihnen helfen, sich die sechzehn geomantischen Zeichen einzuprägen.

Umkehrung

Paare, die sich ineinander verwandeln, wenn man sie umdreht:

Puer	–	Puella
Albus	–	Rubeus
Amissio	–	Acquisitio
Fortuna Major	–	Fortuna Minor
Tristitia	–	Laetitia
Caput Draconis	–	Cauda Draconis

Da die Zeichen Via, Populus, Conjunctio und Carcer symmetrisch aufgebaut sind, bleiben sie unverändert.

Wandlung

Paare, die sich ineinander verwandeln, wenn alle Schichten mit zwei Punkten in einen Punkt und umgekehrt verändert werden:

Via	–	Populus
Puer	–	Albus
Amissio	–	Acquisitio
Fortuna Major	–	Fortuna Minor
Conjunctio	–	Carcer
Puella	–	Rubeus
Tristitia	–	Cauda Draconis
Laetitia	–	Caput Draconis

8. Die Namen der sechzehn geomantischen Zeichen in lateinischer, arabischer, hebräischer Sprache

(Aus einem Werk von 1665)

GEOMANTISCHES ZEICHEN	LATEINISCHER NAME	BEDEUTUNG
populus	congregatio	Versammlung, Vereinigung, Gesellschaft
via	iter	Weg, Straße, Gehen, Reise, Marsch
conjunctio	coadunatio collectio	zusammenfügen, sammeln, versammeln, Sammlung
carcer	constrictus	Fessel, Begrenzung, zusammenziehen, zusammenbinden
fortuna major	auxilium majus auxilium intus tutela intrans	Hilfe von innen (innerer Wandel oder Schutz)
fortuna minor	auxilium minus auxilium foris tutela exiens	Hilfe von außen (äußere Veränderung oder äußerer Schutz)
acquisitio	comprehensum intus	inneres Verstehen oder Begreifen oder in Besitz nehmen
amissio	comprehensum extra comprehensum foris	äußeres Verstehen oder Ergreifen oder in Besitz nehmen
tristitia	damnatus transversus diminutum	verdammen, Schuld geben, schräg, schief, verkehrt, Minderung
laetitia	sanus barbatus ridens	gesund (körperlich und geistig), bärtig, Lachen

rubeus	ruffus	rot, rötlich
albus	candidus	leuchtend weiß, glitzernd, totenbleich
puella	mundus facie (faciei)	hübsch, reine Form, Gestalt oder Gesicht
puer	gladius erigendus (imberbis) flavus	aufgerichtetes Schwert, bartlos, (d. h. Knabe), goldgelb
caput draconis	limen intrans (intus) limen superius	Eingangsschwelle, obere Schwelle
cauda draconis	limen exiens (foris) limen inferius	Ausgangsschwelle, untere Schwelle

GEOMANTISCHES ZEICHEN	ARABISCHER NAME	BEDEUTUNG
populus	jamā'a	Gruppe von Menschen, Schar, Herde, gesellige Gruppe, Räuberbande
via	tarīq	Weg, Straße, Autobahn, Spur, Pfad
conjunctio	ijtimā'	Treffen, zusammenkommen, versammeln, geselliges Leben, Konjunktion
carcer	'ugla	Knoten, Knauf, Knotenpunkt, Gelenk oder Verbindung, Knöchel, Schicht
fortuna major	nuṣra el-dāḳịl	innerlich, innen, zuinnerst, verborgene Hilfe
fortuna minor	nuṣra el-khârga	äußerlich, außen, draußen, fremd, Hilfe von außen
acquisitio	gabḍ el-dāḳịl	von innen heraus, greifen, fassen, in Besitz nehmen, erhalten, Quittung
amissio	gabḍ el-kharge	von außen, von draußen erhalten

tristitia	(mankūs)	verkehrt herum, fallen, auf dem Kopf stehend, einen Rückfall erleiden
laetitia	(janūbi fariḥạ? = liḥya?)	südliches Glück (Glück im Süden?), sich freuen, Freude, mit Bart (d. h. erwachsen?)
rubeus	ḥumra	Röte, Rot als schlechtes Vorzeichen, Gefahr, Wundrose
albus	el-bayāḍ	Weiß, Schreibpapier, leerer Raum in einem Manuskript, unfruchtbar, verlassen, Brachland
puella	naqīy ḵadd	Makellose Wange (Hautfarbe), rein, unbefleckt, frei von Schmutz oder Unreinheit
puer	(jūd lahu') kausaj	Großzügigkeit, Liberalität. Kausaj ist eine Schwertfischart.
caput draconis	el 'ataba el-dāḳịla	Eingangsschwelle
cauda draconis	el 'ataba el-khârga	Ausgangsschwelle

GEOMANTISCHES ZEICHEN	HEBRÄISCHER NAME	BEDEUTUNG
populus	kehila	Versammlung (aus der gleichen Wurzel in der Bibel: kohelet = Ecclesia, Ecclesiastes)
via	derech	Weg
conjunctio	chibur (kibbutz)	Sammlung (gemeinsam); das Verb ist »binden«
carcer	beit hasohar	Gefängnis
fortuna major	kavod nichnas	Ehre oder Glück kommt herbei

fortuna minor	kavod yotze	Ehre oder Glück schwindet
acquisitio	mamun nichnas	finanzielles Glück kommt herbei
amissio	mamun yotze	finanzielles Glück schwindet
tristitia	shefel rosh	größte Demütigung (Armut)
laetitia	nisho rosh	größte Freude (Ehefrau)
rubeus	(ha) adom	der/die Rote
albus	ha laban	der/die Weiße
puella	bar halechi	die mit der (makellosen) Wange
puer	nilcham	der Kämpfer
caput draconis	sof nichnas	geht über die Schwelle hinein
cauda draconis	sof yotze	geht über die Schwelle hinaus

9. Die geomantischen Zeichen des *Philosophical Merlin*

The Philosophical Merlin . . ., a Valuable Manuscript Formerly in the Possession of Napoleon Buonaparte (Der philosophische Merlin . . ., ein wertvolles Manuskript aus dem ehemaligen Besitz des Napoleon Bonaparte) ist eine seltsame kleine Schrift, die im Jahr 1882 von Robert Cross Smith und G. W. Graham in London veröffentlicht wurde. Darin werden die sechzehn geomantischen Zeichen dazu benutzt, Veranlagungen, glückbringende Farben, günstige Tage und Stunden oder besondere Eigenschaften herauszuarbeiten, ähnlich wie man Bestimmungen nach den Tierkreiszeichen vornimmt.

The Philosophical Merlin ist von der Orakelmethode her viel anspruchsloser als die in diesem Buch vorgestellten Methoden. Das Zeichen wird ermittelt, indem man nur acht Reihen zufälliger Striche kritzelt, wobei die Anweisung lautet, daß jede Reihe mindestens auf zwölf Strichen bestehen soll.

Aus diesen Reihen ergeben sich nach der allgemeinen Methode zwei Zeichen (ungerade Reihen ergeben einen Punkt, gerade Reihen zwei).

Diese beiden Zeichen werden anschließend vereinigt, indem jeweils die Linien zusammengezählt werden (gerade und ungerade in gewohnter Art), bis man das endgültige Zeichen erhält.

Angenommen, Sie nehmen Ihren Bleistift und kritzeln acht Reihen von Strichen oder Punkten, ohne zu zählen (es sollten aber pro Reihe mindestens zwölf Striche sein), könnte folgendes Ergebnis herauskommen:

* * * * * * * * * * * * * * *
* * * * * * * * * * * * * * *
* * * * * * * * * * * * * *
* * * * * * * * * * * * * * *

* * * * * * * * * * * * * * * *
* * * * * * * * * * * * * * * * *
* * * * * * * * * * * * * *
* * * * * * * * * * * * * *

Nach Auszählen jeder einzelnen Reihe erhalten wir:

ungerade	*
ungerade	*
gerade	* *
ungerade	*
gerade	* *
ungerade	*
gerade	* *
gerade	* *

Stellen Sie diese beiden Zeichen nebeneinander und addieren Sie die Punkte. Aus den geraden und ungeraden Summen ergibt sich das endgültige Zeichen:

*
* *
* *
*

Nun schlagen Sie unter dem entsprechenden geomantischen Zeichen nach und prüfen, ob die Antwort mit Ihrem Schicksal übereinstimmt. Wenn ja, um so besser – dann liefert Ihnen der übrige Text alles, was Sie an Einzelheiten brauchen. Sehen Sie keine Übereinstimmung, kann der Vorgang bis zu dreimal wiederholt werden mit mindestens einer Stunde Zwischenraum zwischen den einzelnen Versuchen.

In dem Manuskript wird erklärt: »Der Leser sollte beachten, daß für den Fall, daß die Antwort auf seinen Versuch nicht mit dem ihm *bekannten* Teil seines Schicksals (insbesondere die Veranlagung und körperlichen Merkmale) übereinstimmt, er mit Sicherheit davon ausgehen kann, daß ihm im Verlauf der Befragung ein Fehler unterlaufen ist. Trifft dies zu (was durchaus vorkommen kann), so soll er, falls es zur Zeit des Sommerhalbjahres ist, volle anderthalb Stunden warten, im Winter eine Stunde, bevor er den Vorgang wiederholt. In wiederholten Versuchen mit Freunden hat auch der Herausgeber die Beobachtung gemacht, daß es für jede Person besser ist, *drei* Versuche zu machen (unter Einhaltung der vorgeschriebenen Pausen), und wenn *zwei* der drei Versuche ähnliche Zeichen ergeben, so sollte man das Zeichen als Orakel annehmen, das *zweimal* auftaucht. Sind aber alle Ergebnisse verschieden, so sollte man das Zeichen auswählen, das den eigenen Vorstellungen sowie den körperlichen Merkmalen entspricht, wie sie in dem Werk beschrieben sind.«

Der Text handelt gelegentlich davon, daß Personen »unter dem einen oder anderen Symbol geboren sind«, was verrät, daß das Material offensichtlich einem älteren Werk der Astro-Geomantik entlehnt ist. Trotzdem sind die Deutungstexte zu den einzelnen Zeichen originell, selbst wenn die Methode reichlich vereinfacht ist.

Nachdem Sie sich in der Befragung schließlich auf eines der Zeichen festgelegt haben, finden Sie in dem folgenden Text Hinweise und Ratschläge zu günstigen astrologischen Einflüssen, geistigen und körperlichen Eigenschaften, besonderen Steckenpferden, Fantasien oder Ängsten, zur Lieblingsfarbe, zum finanziellen Glück, zu kritischen Lebensjahren und günstigen Stunden.

Amissio

✻
✻ ✻
✻
✻ ✻

Ratsuchende, denen dieses Zeichen zugefallen ist, werden vom Geist der wäßrigen Reiche, insbesondere von Mond und Venus beeinflußt. Sie sind lernbegierig, melancholisch, geduldig, standfest und fleißig, neigen eher zu Starrsinn und sind als Verehrer der Venus sehr liebebedürftig. – Einen Teil ihres Lebens verbringen sie sehr mühselig im Streben nach Reichtum, den sie auch erhalten, aber häufig wieder verlieren werden, und zwar plötzlich, wenn sie nicht sehr vorsichtig sind. – Doch wenn sie älter werden, ist das Glück ihnen wieder hold. Sie werden alles wiedergewinnen, sogar mehr, als sie verloren hatten. Sie werden erleben, wie ihre schärfsten Feinde Niederlagen einstecken müssen, während sie selbst in aller Glückseligkeit ins Grab sinken.

Sie haben Leberflecken oder Muttermale an Nacken, Hals, Armen und Brust; leiden unter Skorbut und Erbkrankheiten, Sodbrennen, Leberbeschwerden und Hypochondrie; allgemein sind sie aber von guter Gesundheit.

Im südlichen Winkel ihres Horoskops besitzen sie das sorgenvolle Zeichen Tristitia der luftigen Dreiheit, hauptsächlich regiert von dem kalten, starren Saturn; das führt bei ihnen zu der Besonderheit, daß sie von toten Dingen träumen, von Grabstätten, Kirchhöfen, Geistern und schrecklichen, unnatürlichen Erscheinungen, außerdem von hochgelegenen Orten, trüben, schlammigen Gewässern und von Zerstörung. Die meisten ihrer Träume sind unheilvoll und beängstigend. Sie müssen sich vor

Enttäuschung hüten, wenn sie von Geld träumen oder im Traum eine schmeichelnde Botschaft erhalten.

Sie haben Glück, wenn es um das Auffinden versteckter oder verlorener Dinge geht, und sie werden irgendwann in ihrem Leben einen Schatz entdecken. Ihre Körperhaltung ist eher gebeugt, so als seien sie der Erde zugeneigt. Sie kommen zu großen Ehren und Würden und erfahren große Gunst und Freundschaft durch reiche, edle Personen, die in öffentlichen Angelegenheiten oder Ämtern tätig sind; sie haben eine glückliche Hand in allem, was mit Hydraulik oder mit Flüssigkeiten zu tun hat. – Sie sind erfolgreich in allem, was mit Häusern, Ländereien, Gartenbau und Erdhaftem zu tun hat; sie sollten an niedriggelegenen, dunklen Orten wohnen, wo viele Menschen sind und wo sie von vielen aufgesucht werden.

Gefahr droht ihnen von einem Stier und von anderen Tieren, insbesondere Wiederkäuern; sie haben häufig unter heftigen Schlägen und unter Stürzen zu leiden, besonders im Alter von fünf und acht Jahren. Sie müssen sich im Alter von neun sowie sechsunddreißig Jahren vor Wasser hüten.

Im westlichen Winkel steht der trügerische und gewalttätige Rubeus, was bewirkt, daß sie bisweilen aus Mißgunst angeklagt werden, was zu einem gewissen Grad selbstverschuldet ist, so wie sie auch bisweilen Feindseligkeit heraufbeschwören. Doch überwinden sie ihre Gegner, obwohl sie nicht besonders mutig sind. Dieses Zeichen bringt auch viele falsche Freunde mit der Gefahr von Gerichtsprozessen oder öffentlichen Auseinandersetzungen. Es bewirkt, daß sie irgendwann einmal in ihrem Leben vor einem Gericht erscheinen müssen, als Ankläger oder als Angeklagter.

Im Alter von zehn, fünfzehn, einundzwanzig, dreißig und sechsundvierzig Jahren kommen Veränderungen und Glück, Umzüge oder Reisen auf sie zu. Im Alter von zwei, vier, fünf, sieben, elf, sechzehn, achtundzwanzig, fünfunddreißig und zweiundvierzig Jahren begegnen ihnen Krankheit und Sorgen; mit achtzehn oder achtundzwanzig unternehmen sie eine weite Reise oder wählen ihren Wohnsitz in der Nähe von Wasser. Sie verheiraten sich gut, aber mit Personen von ungestümem Wesen, die gelegentlich dem Bacchus ihre Verehrung erweisen, aber äußerst sorgfältig sind. Wenn es sich um eine Frau handelt, wird sie sich mit neunzehn verlieben oder vor Erreichen ihres vierundzwanzigsten Lebensjahres heiraten. Es wird mehr als eine Ehe geben; das erste Kind wird begraben.

Im nördlichen Winkel steht Fortuna Major; das Zeichen gehört zum Bereich des Feuers und verspricht eine Erbschaft oder beträchtlichen Besitz – unbedeutenden Gewinn durch Lotterie- oder Glücksspiele; günstig sind die Farben Weiß, Purpur, Rot und Zitronengelb sowie rotbraune Pferde.

Sie haben viel Kummer durch ihre Verwandten und werden den größten Teil ihrer Kinder überleben. Sie haben mit Insektenstichen zu tun, insbesondere von Bienen oder Wespen. Allgemein gesprochen, sterben sie aber einen leichten Tod.

Wenn sie verreisen, sollten sie zu Lande reisen, aber nicht zu Pferde, sondern in irgendeinem Transportmittel; auch sollten sie sich vor hübschen Frauen auf ihren Reisen vorsehen.

Freitag ist ihr Glückstag; besonders gegen Sonnenuntergang sind sie erfolgreich. Wenn sie irgendein Hemmnis überwinden möchten, sollten sie den Mond im Stier und die Zeit vor Vollmond wählen.

Wenn sie nachts geboren sind, winkt ihnen mehr Glück und Erfolg als denen, die zwischen Sonnenaufgang und Sonnenuntergang geboren sind.

Der Name des Engels oder Schutzgeistes ist Anael.

Puer

*
*
* *
* *

Diejenigen, bei denen dieses Zeichen erscheint, sind unter dem Geist des feurigen Dreiecks geboren sowie unter dem Einfluß von Sonne und Mars. Sie sind kühn, romantisch, ehrgeizig und sehr strebsam; erfüllt von kriegerischen Gedanken; blühend in der Jugend. Sie haben entweder wenige Brüder oder wenige, die überleben.

Sie sind einem wechselhaften und launischen Schicksal sehr unterworfen, vergeuden den väterlichen Besitz und leiden unter

Geldverleihern; sie erlangen aber oft das Verlorene wieder zurück und wandeln es in Gewinn. Bisweilen machen sie den Eindruck, zu freizügig zu sein; sie können bei manchen Menschen Mißfallen erwecken durch zu große Freiheiten und dadurch, daß Sie ihren Gewinn zum größten Teil an sehr undankbare Personen verschenken oder verleihen, ohne jemals etwas dafür zu bekommen. Sie leiden stark an Kopfschmerzen und Schmerzen im Gesicht, an Zahnschmerzen, Teilnahmslosigkeit und plötzlichen Ausbrüchen; sie erleiden Verletzungen durch Feuer und scharfe Gegenstände sowie durch einen Hundebiß – auch sollten sie sich vor Hornvieh schützen. Sie neigen zu Verbrennungen und Schnittwunden und haben Leberflecke im Gesicht, an den Lenden, Füßen und Armen; günstig sind vor allem die Farben Weiß und Rot sowie kriegerische und chirurgische Angelegenheiten.

Im südlichen Winkel ist das Zeichen Carcer plaziert, was anzeigt, daß sie viele ehrenvolle Taten vollbringen werden und durch Unbesiegbarkeit und Schmeichelei ein hohes Amt gewinnen, vermutlich eine öffentliche Anstellung und höchst wahrscheinlich im Bereich von Marine, Militär oder etwas in bezug zu Feuer und Metallen, insbesondere Stahl und Eisen. Sie befassen sich auch stark mit religiösen Dingen; sie führen ein sehr offenes Leben unter den Blicken der Öffentlichkeit, nur selten bleiben häusliche Belange verborgen, mit Ausnahme der Dinge, die sie am Tag des Neumonds tun, die möglicherweise geheimgehalten werden können, obwohl sie zu nichts nutzen. Viele, die unter diesem Horoskop geboren sind, haben ein starkes Verlangen, in die Geheimnisse der Natur einzudringen, sie geben hervorragende Philosophen, Chemiker, Mathematiker, Hersteller von optischen Geräten, Graveure und Künstler ab.

Sie haben Erfolg im Krieg und in Glücksspielen. Zu irgendeiner Zeit in ihrem Leben kommen sie in große Schwierigkeiten oder geraten fast ins Gefängnis durch Verwandte oder betrügerische Freunde; von alten Menschen werden sie allgemein hochgeehrt sein.

Im Alter von fünfzehn, zweiundzwanzig und vierundzwanzig Jahren müssen sie verreisen oder es gibt Veränderungen beim Vorwärtskommen; mit vier Jahren sind sie krank, außerdem entweder mit achtzehn oder achtundzwanzig; mit zwanzig gibt es eine Reise, mit einundzwanzig viel Ärger, mit dreißig eine weite Reise.

Im westlichen Winkel steht Puella, was sehr zur Unbeständigkeit ihres Glücks beiträgt und viele öffentliche Gegner einbringt. Sie sind in Gefahr, aus den Höhen, die sie vielleicht erreicht haben, herabgeworfen zu werden und eine Zeitlang großen Schwierigkeiten begegnen zu müssen – die Mißgunst kämpft gegen ihr Glück, am schlimmsten, wenn sie im öffentlichen Leben stehen. Sie werden bei Gerichtsprozessen erfolgreich sein und die Gunst des Richters gewinnen.

Auch verlorenen oder gestohlenen Besitz erlangen sie im allgemeinen zurück. – Sie haben eine Vorliebe für schöne Frauen, insbesondere jüngere und solche, die unter ihnen stehen, wie Dienstmädchen und Minderjährige – und solche, die frei und offen in ihrem Verhalten sind. Für eine Frau gilt, daß sie einen schönen Mann mit eher weichlichen Zügen heiraten wird. Für einen Mann gilt, daß seine erste Liebe nicht seine Ehefrau wird; außerdem sollten sich beide vor unehelichem Nachwuchs in acht nehmen.

Im nördlichen Winkel befindet sich Populus unter der Herrschaft des Wasserelements und überwiegend unter dem Vollmond, was viele Feinde im eigenen Haus bedeutet. Sie werden an einem Ort wohnen, den viele Menschen aufsuchen, und sie fühlen sich am wohlsten in dem Teil, in dem es am meisten bevölkert ist und am geschäftigsten zugeht. Sie sind erfolgreich als Käufer und Verkäufer von Ländereien und Liegenschaften. Da sie den Tod ihres Vaters und im allgemeinen den Tod beider Eltern erleben, machen sie gewaltige Erbschaften, einschließlich Geld. Im Alter von fünfundvierzig sollten sie sich vor Wasser hüten. Sie werden verschiedene Gegenden besuchen und Gutes aus dem Osten und Westen bekommen. In ihrer Jugend lieben sie Lärm und Tumult, Streit und Wettstreit und achten nicht sehr auf ihre Person, aber im Alter werden sie religiös.

Mit Büchern, Briefen, neuen Kleidern oder neuen Gebrauchsgegenständen haben sie überhaupt kein Glück und werden durch merkurisch veranlagte Männer verletzt.

Mit Kleinvieh und Hunden können sie Glück haben; sind sie am Tage geboren, und insbesondere zwischen elf und zwölf Uhr morgens, haben sie mehr Erfolg als in der Nacht Geborene. Wenn sie genau um Mitternacht geboren sind, werden sie Rechtsanwälte oder Geistliche.

Dienstag ist ihr Glückstag; günstig für Unternehmungen ist der Mond im Steinbock, solange er im ersten Viertel steht. Ihr Schutzgeist ist Samael.

Populus

* *
* *
* *
* *

Die unter dem Zeichen Populus, einem Symbol der wäßrigen Dreiheit, Geborenen stehen hauptsächlich unter dem Einfluß von Mond und Jupiter; sind sie aber am Tage geboren, ist es nur der Mond. Sie sind von sanftem Wesen, rasch, subtil und blitzgescheit, und sie sind in den meisten Dingen maßvoll, doch kennen sie auch Zorn, der sich aber schnell wieder legt; sie sind schnell im Reisen zu Lande und zu Wasser. Vorliebe für mystische und übernatürliche Dinge; sie haben bemerkenswerte und seltsame Träume, unheilvolle Vorahnungen; im allgemeinen mögen sie Schmeicheleien; sie lieben das Neue, das Reisen und alles Kuriose. Frauen, die nachts geboren sind, fürchten sich vor Wasser. Ist es ein Mann, so bekleidet er irgendeine öffentliche Stellung oder ein Amt und ist auch ein ausgezeichneter Steuermann, Seefahrer oder Händler; auch erfolgreich im Handel mit Farben und Flüssigkeiten.

Die unter diesem Zeichen Geborenen haben einen Hauch von Schwermut und Verrücktheit; sie sind kalt und phlegmatisch, leiden an Beschwerden in der linken Seite und nagenden Magenschmerzen. – Frauen haben hübsche Kinder. Diese Menschen erleiden viel Ärger durch ihre Kinder, auch sind sie durch Feuer und Wasser gefährdet. Sie ziehen besonders stark Insekten von der gemeinen Sorte an und hassen Spinnen, Käfer und alles, was kriecht; hingegen mögen sie Hunde, Katzen, Pferde und Vieh; außerdem lieben sie die Jagd, den Ringkampf, Laufen und athletische Sportarten.

Sie haben Leberflecken auf Brust, Armen und anderen Körperteilen und einen dunklen Fleck in der Lendengegend. Sie sind sehr anfällig für Erkältungen und Husten.

Im südlichen Winkel befindet sich das Zeichen Puer mit dem Wesen und den Eigenschaften des Mars, in der Konstellation des Widders aus dem feurigen Dreieck; das bedeutet, daß ihre Glücksfarben Grün und Rostbraun sind, sowie alle glitzernden Farben. Sie erlangen Kriegsruhm und öffentliche Bekanntheit und werden – ob verdient oder unverdient – für Heldentaten berühmt.

Sie verfügen auch über einen seltsamen Fantasiereichtum, der ererbt und mindestens ebenso exzentrisch wie undefinierbar ist. Handelt es sich um eine Frau, so wird ihr von vielen Männern der Hof gemacht.

Was Reichtümer angeht, so wird ihr größter Gewinn häufig ein Verlust sein, denn hier ist das Schicksal sehr wechselhaft. Sie leiden auch gelegentlich an zuviel Selbstgefälligkeit in Worten und Taten und neigen zu Starrsinn.

Sie werden häufig reisen und ihren Wohnsitz oft wechseln; ihr ganzes Leben wird äußerst seltsam und romantisch verlaufen. Am Tage Geborene haben mehr Glück als in der Nacht Geborene; im April oder Juni Geborene werden zu viel höherem Rang aufsteigen. Sie werden zu bestimmten Zeiten außerordentlich erfolgreich sein, insbesondere im Alter von achtzehn, vierundzwanzig und sechsunddreißig Jahren. Während der ersten beiden Lebensjahre sind sie sehr von Krankheit und Unfällen bedroht. Im Alter von dreißig Jahren könnte es viel Schwierigkeiten geben.

Im westlichen Winkel steht das Zeichen Carcer. Handelt es sich um einen Mann, so bedeutet dies, daß er viel durch Frauen zu leiden haben und verleumdet wird. Für alle bedeutet es, daß sie mit Verlusten konfrontiert werden, indem sie ständig eitlen, unnützen Dingen nachlaufen; sie müssen Gerichtsprozesse vermeiden.

Ihr Schicksal ist so widersprüchlich, daß sie selbst in schwierigen Zeiten beliebt sind und die Geheimnisse anderer zu hüten haben. Wenn sie älter werden als fünfundvierzig, werden sie ein hohes Alter erreichen und ein ehrenwertes Begräbnis erhalten. Es droht die Gefahr, daß die Ehe schwierig wird, aber sie geht gut aus. Sie heiraten selten reiche Personen oder solche aus guter Familie, eher jemanden, der unbedeutend ist. Viele unter diesem Zeichen Geborene heiraten nie.

Im nördlichen Teil des Hauses steht Amissio, regiert von Venus. Das deutet darauf hin, daß das erste Kind ein Junge wird, der ein langes Leben hat und anderen vorgezogen wird; er zeichnet sich durch einen wachen Verstand aus. Die unter Populus Geborenen sollten nach Möglichkeit in der Nähe einer Hafenstadt leben oder in einer Stadt, die mit Meeresprodukten beliefert wird.

Montag ist ihr Glückstag sowie Donnerstagnacht. Für ihre Unternehmungen sollten sie den zunehmenden Mond im Krebs oder in den Fischen nutzen, wobei der Mond günstig zu Jupiter aspektiert sein sollte. Mitternacht und acht Uhr in der Früh sind die günstigsten Stunden.

Ihr Schutzgeist oder Engel ist Gabriel.

Albus

* *
* *
*
* *

Die unter dem geomantischen Zeichen Albus Geborenen unterstehen dem Element Luft, hauptsächlich den Planeten Saturn und Merkur. Ihr Leben beginnt mit harter Arbeit, es zeichnet sich anfangs durch ständige Erschöpfung ebenso wie durch rasches Handeln aus. Sie erlangen großen Wohlstand, Glück durch Eltern, Verwandtschaft und Personen von Adel. Sie sind erfolgreich in öffentlichen Aufgaben, hervorragend als Sekretäre, Buchhalter, Stenographen, Maler, Dekorateure, Architekten, Graveure, Uhrmacher, Astrologen und Künstler. Wie ihr Schutzpatron, der flinke und geflügelte Merkur, sind sie klug, gescheit und erfinderisch, verlieren aber häufig die Früchte ihrer Arbeit durch ihren Mangel an Geduld und ausdauerndem Fleiß. Sie sind hervorragende Satiriker und gute Redner, schreiben viel und sind Experten in der Begriffsbestimmung, doch verlieren Sie viel dadurch, daß sie Gesellschaft mit Pechvögeln und übelgesonnenen Personen pflegen. Sie verstehen sich auf das Geschäftliche und sind gute Rechner. Sie sind flink und schelmisch wie ihr Schutzpatron, es sei denn sie sind an einem Donnerstag oder Freitag geboren. Samstaggeborene sollten vorsichtig sein in dem, was sie tun, da sie sonst die Aufmerksamkeit der Justiz auf sich ziehen. Sie sind auch dafür bekannt, daß sie den ersten Anstoß zu einer Auseinandersetzung liefern und Gerüchte, ganz gleich ob wahr oder falsch, verbreiten. Trotzdem sind sie treu und beständig in Freundschaften und halten strikt ein, was sie versprochen haben.

Sie haben Leberflecken an Armen, Hüften, Füßen und Beinen; in der Kindheit und Jugend leiden sie viel unter Stürzen und Schlägen und lieben es, zu klettern, auf Abenteuer zu gehen und Schwierigkeiten auf sich zu laden. Im Alter von fünf Jahren erleben sie einen schweren Sturz oder eine Verletzung und verlieren einen Verwandten – entweder mit fünf oder mit zehn Jahren. Sie tragen beide Eltern zu Grabe, zuerst die Mutter.

In der Himmelsmitte steht Laetita, was auf Beziehungen zu Schiffen oder einen Wohnsitz oder geschäftliche Tätigkeit in der Nähe von Wasser hindeutet. Sie werden mindestens zweimal das Meer überqueren; in der Jugend verlieren sie für eine Weile ihre Freunde oder leiden unter der Nachlässigkeit ihrer Freunde. Mit fünfzehn gibt es Veränderungen, die Einfluß auf ihr ganzes Leben haben werden.

Bücher und Schriften bringen ihnen Glück; unter den Farben sind es die gemischten Farben, besonders Rot und Weiß, Hellblau und Himmelblau. Sie lieben teure Kleidung, Schmuck und Verzierungen.

Ihr Lebensunterhalt wird in großem Maße durch anderer Leute Mühen verdient, sie erhalten Würde an zwei Orten oder sie teilen ihr Erbe. Sie unternehmen zahlreiche Kurzreisen, meist unvorhergesehen und überwiegend nach Süden und Osten.

Im westlich[illegible] Winkel findet sich Acquisitio, was auf Liebebedürftig[illegible] [illegible]ele Bewunderer schließen läßt; ist es eine Frau, so [illegible]tig.

[illegible]ssung wird oft durch Feinde verwirrt, meist [illegible] sie sehr offen sind für Speichelleckerei. Sie [illegible] Person, eine gute Hausfrau und bekommen [illegible]der, die im Ehestand ebenfalls glücklich und zufrieden sind. Wenn es sich um eine Frau handelt, wird ihr Ehemann sehr der Lust frönen und den verderblichen Vergnügungen zugetan sein. Ihr Glück liegt in hochgelegenen oder bergigen Orten, dementsprechend sollten sie ihren Wohnsitz wählen.

Im nördlichen Winkel steht Conjunctio, der Erde zugeordnet, und verheißt Verlust oder Leiden durch Geschwister; eine Vorliebe für kriegerische Angelegenheiten und ein bemerkenswerter Haß auf Unterdrückung, doch werden sie häufig zu Unrecht der Unterdrückung anderer beschuldigt, obwohl sie sich genau gegenteilig verhalten. Sie neigen zu Harngrieß, und wenn sie nicht achtgeben, stecken sie sich mit einer Geschlechtskrankheit an. Zu ganz bestimmten Zeiten in ihrem Leben müssen sie sehr vorsichtig sein, sich nicht selbst zu ruinieren. Allerdings sind sie bisweilen erfolgreich bei Glücksspielen. Sie erben das väterliche Vermögen und könnten erfolgreich in den geheimen und okkulten Wissenschaften, in der Magie und Nekromantie tätig werden. Von entfernten Verwandten bekommen sie Geld oder reiche Geschenke. Obwohl sie dem Krieg zugetan sind, ist der Frieden für sie in jedem Fall günstiger.

Mittwoch ist ihr Glückstag; außerdem ist jeweils der erste Tag einer Woche bemerkenswert – entweder gibt es Verlust oder Gewinn. Der Samstag ist für sie noch einigermaßen vorteilhaft. Günstig ist das Frühjahr sowie der Mond im Skorpion oder bisweilen im Wassermann. Ihr Schutzengel ist Raphael.

Fortuna Major

* *
* *
*
*

Glücklich schätzen dürfen sich alle, die unter diesem Zeichen, Fortuna Major genannt, geboren sind. Es gehört zum Feuerelement und wird von der Sonne und Jupiter regiert, am Tage jedoch nur von der Sonne. Sie steigen auf zu hohem Rang, besonders, wenn sie Ende Juli oder zwischen Anfang und Mitte August geboren sind. Doch ganz gleich in welchem Monat, immer handelt es sich um bekannte, öffentliche und vorbildliche Personen haben jedoch viel zu arbeiten, sind vielen Gefahren ausgesetzt und machen sich ständig erhebliche Sorgen um anderer Leute Angelegenheiten; sie sind sehr begabt, lieben die Reitkunst, lassen sich gern schmeicheln, selbst wenn die schmeichelnde Person ihnen als Feind bekannt ist, und sie mögen Menschen sehr, die entweder die gleichen Ziele wie sie verfolgen oder gleicher Meinung sind. Sie sind sehr strebsam, ehrgeizig und großherzig. Sie unternehmen Reisen oder sehnen sich danach; sie verwenden viel Arbeit, Zeit und nutzlose Erfindergabe darauf, für andere Personen Gesetze zu machen und Regeln vorzuschreiben.

Sie haben Leberflecken auf Rücken, Armen und Beinen, sind behaart und athletisch gebaut, haben eine hohe Stirn und meist graue Augen. Sie sind der Monarchie sehr zugeneigt und lieben die Pracht und allzu häufig den Protz, können aber selten ein Geheimnis wahren.

Sie neigen zu Fieber und Entzündungen, Kopfschmerzen und Schuppen; Gefahr besteht für sie durch Feuer, durch Ausschlagen eines Pferdes; eine gewisse Gefahr liegt darin zu stürzen, entweder von Höhen herab oder durch einen zufälligen Fehler. In der Himmelsmitte steht Amissio und deutet auf große Gefahr für den Geldbeutel, für Besitz und Gesundheit durch Sorglosigkeit oder Nachlässigkeit. Sie finden sich häufig in Anstellung bei namhaften Personen, entweder in einer öffentlichen Stellung oder in einem Treuhandverhältnis, bei der Kirche, einem Theater, Markt oder internationalen Handelszentrum oder an anderer Stelle, wo sie großen Einfluß nehmen. Sie werden bisweilen Verluste erleiden, sehr oft durch niedrigstehende Personen, insbesondere Frauen, oder durch Clowns und Hausangestellte. Sie verlieren bisweilen viel von ihrer Autorität durch einen Mangel an Vorsicht und geraten einmal in ihrem Leben ins Gefängnis. Sie verlieren viel durch Diebstahl. Wenn sie in irgendeiner Form dem Königtum unterstellt sind, wird ihnen große Gunst durch die Thronfolger zuteil, insbesondere aus den weiblichen Zweigen und von anderen illustren Personen. Sie lieben schönes, sonniges und klares Wetter über alles und mögen es, wenn es warm und geheizt ist.

Im westlichen Winkel steht Tristitia. Wenn es sich um einen Mann handelt, so deutet dies darauf hin, daß er eine ehrliche und hübsche Frau zurückweist und dagegen eine niedrige, dienstfertige oder unbedeutende Person heiratet. Und wenn er nicht sehr achtsam ist, ruiniert er sich durch die Heirat. Durch sorgfältiges Vorgehen läßt sich dieses Schicksal erheblich abschwächen. Unter diesem Zeichen Geborene verlieben sich früh oder heiraten sehr früh. Sie haben wenige Kinder, aber wahrscheinlich ist eine Tochter darunter. In jungen Jahren sehen sie die Eheschließung hauptsächlich unter dem finanziellen Aspekt, und tatsächlich wird ihnen diese zu Wohlstand verhelfen. Handelt es sich um eine Frau, so wird ihr Mann von stolzem und strengem Wesen sein, und wenn er nicht sehr vorsichtig ist, wird das einzige, was sie sich vorwirft, ihre schlechte Ehe sein.

Sie müssen sich vor Karten-, Würfel- und Glücksspielen vorsehen, besonders mit älteren Personen. Wegen ihrer Liebeskünste werden sich die Männer besonders rühmen, aber höchstens einmal in tausend Fällen könnte es sein, daß sie einer Jungfrau begegnen. Trotzdem haben sie eine Schwäche für die außereheliche Liebe, was natürlich viele ernsthafte Probleme mit sich bringt.

Im vierten Haus steht Rubeus, das heißt, es droht Festnahme und Gefängnis mit einer Mischung aus Verlust und Gewinn.

Sie sind erfolgreich mit Metallen, Erden, Flüssigkeiten und Säuren – entweder indem sie damit handeln oder diese für Experimente oder Verfahren raffinieren; auch im Pflügen, Säen und Pflanzen liegt Erfolg, ebenso in der Kriegsführung und im Kampf, im Bergbau, in Befestigungsanlagen und zerstörerischem Gerät; sie sind berühmt für zahlreiche Erfindungen. Ihre Glücksfarben sind Rot und Grün. Sie werden unter Verrat und allzu großer Vertrauensseligkeit zu leiden haben; sie werden mit viel Neid konfrontiert und zu Unrecht verleumdet; aber im Alter werden sie reich werden. Wenn sie bei Sonnenaufgang geboren sind, werden sie in ihrem Hause wie ein Prinz behandelt und als solchem steht ihnen eine Armee zur Verfügung. Wenn sie exakt bei Sonnenuntergang geboren sind, werden sie – falls nicht ein günstiger Jupiteraspekt es verhindert – ihr Leben im Kampf oder im Bemühen um öffentliche Belange verlieren. Sie sollten sich immer vor Explosionen und scharfen Instrumenten in acht nehmen. Sonntag ist ihr Glückstag, insbesondere die erste und achte Stunde an diesem Tag. Unternehmungen gelingen, wenn der

Mond in Widder oder Schütze und in seinem ersten Sextil steht. Der Name des Schutzengels ist Michael.

Conjunctio

* *
*
*
* *

Die unter diesem Horoskop Geborenen stehen unter dem Geist des Erdelements, insbesondere Merkur und Venus, bzw. Merkur und Mond, falls sie in der Nacht geboren sind. Sie sind anfällig für die Reize der Liebe und begehren immerwährende Freundschaft und Kontakt mit dem anderen Geschlecht. Sie verstehen sich auf Träume und unheilvolle Vorzeichen und wollen unbedingt Einblicke in die unergründlichen Weiten der Zukunft gewinnen. Sie lieben die Künste und die Wissenschaften, in geschäftlichen Dingen sind sie fleißig; sie haben ein ausgezeichnetes Gedächtnis, leiden allerdings bisweilen unter Schwierigkeiten, sich auszudrükken, oder unter einer allzu lockeren Zunge, was in jedem Fall sehr verletzend wirkt.

Sie sind Experten im Erfinden und sorgfältig in der Ausführung, insbesondere in den Bereichen Optik, Akustik, Pneumatik und in den höheren Regionen der experimentellen Philosophie. Sind sie um Mitternacht geboren, werden sie Astrologen, reich an mystischem Wissen und an Kenntnissen der Himmelskörper, so daß sie in den Sternen wie in einem Buch zu lesen vermögen.

Wenn sie sich in untergeordneter Stellung befinden, geben Sie ausgezeichnete Buchhalter, Künstler, Rechtsanwälte, Kartographen und Mechaniker ab. Sie haben ein hervorragendes visuelles Gedächtnis und demonstrieren gern ihre außergewöhnlichen Fähigkeiten. Sie bestreiten ihren Lebensunterhalt durch den Einsatz ihrer Talente und erhalten viel Ehrung durch große, schlanke Personen von wissenschaftlichem Rang. In der Himmelsmitte steht das Zeichen Albus, was sie als menschlich und höflich ausweist, aber sehr gierig oder aber sehr verbissen und zäh in der Durchführung ihrer Vorhaben macht. Sie haben eine glückliche Hand im An- und Verkauf oder im Handel allgemein.

Wenn sie um Mitternacht bei Neumond (Konjunktion von Sonne und Mond) geboren sind, kommen die Toten in ihren Gräbern kaum zur Ruhe, so groß ist ihr Wunsch nach geheimer Zwiesprache, nach Magie und Nekromantie. (Das Manuskript berichtet an dieser Stelle, daß *Edward Kelly, Chiancungi und Agrippa unter diesem Horoskop mit ähnlichen Konstellationen geboren wurden, wobei einer von ihnen, Chiancungi, von Höllengeistern zu Staub zermalmt wurde.)* Wenn sie diesen Künsten nicht nachgehen, sind sie Experten in Antiquitäten oder sie befassen sich mit dem Studium der Ägyptologie, der Hieroglyphen und mit Übersetzungen und werden berühmte Sprachwissenschaftler.

Sie haben Leberflecken an Füßen, Knien und Armen, ihre Gesichtszüge sind meist einfach, doch sind sie in der Leidenschaft sinnlich und warm. Es drohen ihnen Stürze, Quetschungen und Gefahren beim Experimentieren; sie könnten sich einen Arm oder ein Bein brechen; für Neumond- oder Vollmondgeborene besteht Gefahr durch Ertrinken; dies gilt um so mehr, wenn sie im Februar, März, Juli, September oder November geboren sind; sie entgehen dem Ertrinken oder Schiffbruch nur, wenn Jupiter im gleichen Grad aufsteigt. Sie haben zu tun mit Kopfschmerzen, Darmbeschwerden und im Alter mit Gicht und Rheumatismus. Sie erwerben ein Vermögen durch eine öffentliche oder religiöse Anstellung und stehen in ihrem Haus an oberster Stelle. Im allgemeinen sind sie in leitender Stellung und haben ein glückliches Alter. Mit zehn, dreißig und zweiundvierzig Jahren gibt es große Veränderungen. Sie sind entweder sehr bewandert in Import und Export oder werden zahlreiche Reisen zu See und zu Land unternehmen.

Im Deszendenten steht Laetitia, was darauf hinweist, daß sie öffentlich sehr bekannt sind; jedes zwölfte Jahr tritt eine Veränderung in ihrem Leben oder eine ähnliche Erfahrung auf. Sie sind sehr empfänglich für Schmeicheleien und Lob, obwohl sie streng Pluto verehren. Wenn es sich um einen Mann handelt, wird er eine hübsche und freundliche Frau heiraten, liberal in ihren Anschauungen, eine gute Hausfrau, von Geburt Ausländerin, die er zufällig trifft. Handelt es sich um eine Frau, so wird sie von wichtigen Personen sehr geliebt. In beiden Fällen haben sie durch die Heirat keinen großen Gewinn zu erwarten. Männer können sich so sehr verlieben, daß sie eine verheiratete Person begehren. Frauen und Männer sind mit neunzehn oder vierundzwanzig nahe an einer Heirat. Im nördlichen Winkel befindet sich Acquisitio, ein Hinweis darauf, daß sie Schwierigkeiten leicht bewältigen, Glück winkt durch Entdecken verborgener oder verlorener Gegenstände und durch die Geheimwissenschaft. Gewinne auch durch Häuser, Ländereien, Gegenstände oder Orte mit Wasser, durch Landwirtschaft und Pferde; ebenso durch chemische, metallische und feurige Dinge. Eine Erbschaft von einer Person mittleren Alters mit heller Hautfarbe. Tod der Kinder oder viel Krankheiten unter ihnen und dadurch Verlust. Ihr Ende wird sehr glücklich sein. Hochgelegene Orte und die Meeresküste sind am besten als Wohnsitz geeignet. Die Glücksfarben sind Schwarz und Blau und gefleckte Farben. Für glückhafte Unternehmungen sollten sie den Mond im Krebs (am Tage) und in der Jungfrau (bei Nacht) wählen, beide zunehmend und im Trigon zur Sonne. Mittwoch ist ihr bester Tag sowie Samstagnacht. Der Name ihres Schutzengels ist Raphael.

Puella

*
* *
*
*

Die unter Puella Geborenen, einem Zeichen, das von der luftigen Dreiheit regiert wird, stehen hauptsächlich unter der Venus. Sie sind begabt und erfinder sich, dem Vergnügen und der Neugierde zugetan. Sie haben viel mit Krankheiten, Stürzen und Unfällen zu tun, insbesondere durch Pferde und das Einstürzen alter Gebäude. Sie bekommen viele Schwierigkeiten, es drohen zahlreiche Gefahren und Gegner; sie könnten zum Duell herausgefordert werden; bisweilen haben sie unter gerichtlichen Prozessen und Auseinandersetzungen zu leiden. Zeitweilig in ihrem Leben stehen die Dinge für sie sehr gut, doch ist ihr Leben erstaunlich wechselhaft. Obwohl ängstlich, sind sie unbesiegbar; werden Sie herausgefordert, reagieren Sie mit feuriger Wut. Die unter diesem Zeichen Geborenen hängen häufig begeistert einer Religion an und sie haben einzigartige und außergewöhnliche Träume und Visionen. Sie haben Leberflecken im Gesicht, an den Lenden, Füßen und Armen. Sie sind von selbstgefälligem Wesen und lieben es, gelobt zu werden, wodurch sie häufig ihr eigenes späteres Ansehen aufs Spiel setzen; sie mißachten die Bitten und Gesuche anderer zu ihrem eigenen künftigen Schaden.

Sie sind ehrgeizig und lieben besonders die elegante Erscheinung und das Äußere. Sie mögen auch besonders schön angelegte Gärten, schöne Bäume und wohlriechende Stauden. Im Alter von dreißig und dreiundfünfzig geraten sie in große Lebensgefahr, ganz besonders im zuletzt genannten Alter.

In der Himmelsmitte stehen die Zeichen Via und Populus, was sie berühmt, unbesiegbar und erhaben, reich und wohlhabend macht; sie bestreiten ihren Lebensunterhalt durch die Erwerbstätigkeit von anderen und bekleiden ein hohes Amt, üben aber zu oft Grausamkeit und Unterdrückung aus.

Die bei Tage und besonders am Mittag und bei Sonnenuntergang Geborenen haben am meisten Glück und werden in den Dienst von Königen gestellt. Die am Tag der Herbst-Tagundnachtgleiche Geborenen sind sehr berühmt und erfreuen sich auch postumer Berühmtheit. Die zum Zeitpunkt der Sommer- oder Wintersonnenwende Geborenen tun sich in Krieg, Kampf und in der Zerstörung ihrer Mitmenschen hervor.

In ihrem siebten Haus steht das Zeichen Puer, das macht sie zu großen Reisenden, die sich ständig in Menschenmassen aufhalten. Sie erleben den Tod ihrer Mutter und zahlreicher anderer Verwandten. Sie sind erfolgreich im Wasserelement, in der Hydraulik, in flüssigen Parfümen und indischen Luxusartikeln, doch verlieren sie dadurch, daß sie versuchen, das Recht zu verdrehen. Vornehme Familien unter diesem Zeichen gelangen zu großer militärischer Macht. *(Napoleon wurde unter diesem Horoskop geboren.)*

Sie könnten unter Gefängnis zu leiden haben, es sei denn, daß Jupiter das Horoskop sehr günstig beeinflußt. Doch wird es nicht von langer Dauer sein. Außerdem müssen sie, falls sie am Tage oder in jeder anderen Zeit außer Winter geboren sind, mit Anschlägen auf ihr Leben rechnen und sind Betrug und Gewalt besonders ausgesetzt. Sie wirken auch stark an ihrem eigenen

Tode mit, wenn nicht sehr starke Gegenkräfte dies verhindern. Sie müssen sich vor der Mitternacht und verlassenen Orten hüten. Sie heiraten lebhafte und scharfsinnige Personen, die reich, mächtig und wahrscheinlich von Adel sind. Im nördlichen Winkel steht Carcer, das heißt viel Gefahr durch Prozesse und öffentliche Auseinandersetzungen. Untersetzte, gedrungene, blonde oder rothaarige Personen sind große Feinde. Trotzdem ziehen sie viel Gewinn aus ihrer eigenen Arbeit und ihren unermüdlichen Anstrengungen. Ihre Glücksfarben sind Dunkelrot und Purpur.

Mit zweiundvierzig können sie viel Wohlstand und öffentliche Aufmerksamkeit oder Beförderung erwarten, was jedoch von größter Gefahr begleitet ist. Sie haben kein Glück mit dem eigenen Nachwuchs, in Häusern, Ländereien und Erbangelegenheiten, müssen jedoch nie sehr unter Armut leiden. Sie lieben prachtvolles Wohnen sowie Prunk und Äußerlichkeiten und verwenden viel Zeit, Arbeit und Kosten auf ehrgeizige Errungenschaften. Im Alter jedoch macht ihr ehemals wechselhaftes Glück Platz für eine Reihe von gesicherten und beschaulichen Jahren; dadurch wird ihr Lebensabend reich und glücklich, insbesondere wenn sie das Alter von sechsundfünfzig Jahren erreichen.

Für große Unternehmungen sollten sie den Mond, möglichst im Krebs oder im Steinbock (und diesen vorzugsweise nachts) wählen; der Mond sollte mit Venus und nahe beim letzten Dreieck mit der Sonne stehen.

Freitag ist ihr Glückstag sowie Montagnacht. Ihr Schutzgeist ist Anael.

Acquisitio

* *
*
* *
*

Die unter diesem Zeichen Geborenen stehen unter der segensreichen und glückverheißenden Herrschaft des Jupiter in dem königlichen Zeichen des Schützen. Sie sind von großzügiger, freier Lebensart, halten aber die Herrschaft fest in der Hand und haben Autorität. Das Schicksal verheißt ihnen allerhöchstes

Glück, und wenn sie am Tage geboren sind, kommen sie zu unermeßlichem Reichtum. Ungeachtet dieser glücklichen Umstände verursachen die Träger dieses Horoskops in der Jugend einen Haufen Probleme, vielfältige und sehr große Gefahren. Die Jugend ist mühselig und unstet. Sie haben viele Gegner, doch wird ihnen völlig unerwartet eine Erbschaft übertragen. Sie unternehmen viele Reisen ins Ausland und sind den Weiten der Meere und der großen Gewässer verbunden, oder sie stehen in enger Beziehung mit Wasser und Flüssigkeiten. Sie tun alles überspannt und exzentrisch, um öffentliche Aufmerksamkeit auf sich zu ziehen. Sie sind außerordentlich vielseitig begabt, haben ein ausgezeichnetes Gedächtnis, Witz und rasche Auffassungsgabe, sie sind erfinderisch und begabt in allen Künsten und Wissenschaften, halten sich an die Natur und sind für Ordentlichkeit und Eleganz bekannt. Sie sind ganz hervorragende Reiter und Liebhaber athletischer Sportarten.

Sie stehen hauptsächlich unter dem Einfluß des Feuers und haben Leberflecken an Armen, Schenkeln, Nacken und Kehle. Sie sind sehr anfällig für Stürze vom Pferd und von hohen Plätzen, sowie für Schläge und Quetschungen sowie für Verbrühungen und Verbrennungen. Sie werden auch einmal von einem fleischfressenden Tier gebissen.

In der Himmelsmitte steht Conjunctio aus dem Erddreieck, was darauf hindeutet, daß sie vorzugsweise große Macht und ein richterliches Amt bekleiden. Das gemeine Volk gehorcht ihnen, und in ihrem eigenen Hause gelten sie als König; ständig werden sie für Verdienste ausgezeichnet. Viele bestreiten ihren Lebensunterhalt aus ihrer öffentlichen Stellung, doch zeigen sich diejenigen, denen sie ihre Gunst erweisen, als sehr undankbar. Sie bringen große Vorzüge für eine Tätigkeit im Rechtsbereich oder in kirchlichen Angelegenheiten mit, sind aber eindeutige Verlierer im Kriegshandwerk.

Wenn es sich um eine Frau handelt, wird sie sehr geliebt und beherrscht die Mode in ihrem Lebensbereich, doch sollte sie sich vor allzu großer Launenhaftigkeit hüten; sonst könnte es sein, daß sie im Alter darunter zu leiden hat, vor allem wenn sie gute Angebote zurückweist. Was Liebe und Ehe angeht, wird sich diese Einschätzung als richtig erweisen, und wenn sie genau zur

Mittagszeit geboren ist, wird sie sogar eine Adelskrone zurückweisen.

Im Deszendenten steht das bekannte Zeichen Albus, dem luftigen Element zugeordnet, was auf eine seltsame Liebe zu geheimen und verborgenen Dingen, zur Mystik und zu uralter Weisheit schließen läßt. Sie geben große Lehrer und Jugenderzieher ab, besonders was die schönen Künste angeht. Außerdem sind sie Experten in den verschiedensten Zweigen der experimentellen Philosophie. Sie heiraten meist großgewachsene, blonde Personen und neigen zu Zank und Streit in der Ehe. In jungen Jahren haben sie Liebeleien, doch heiraten die meisten vor dem vierundzwanzigsten Jahr. Sie können eine große Kinderschar erwarten, die sehr widerspenstig ist, obwohl einzelne Kinder zu großem Ruhm und Ehren gelangen werden. Obwohl die Ehe nicht gerade glücklich ist, werden sie sehr bewundert und hofiert und von blonden Frauen bzw. Frauen allgemein verfolgt. Frauen, die unter diesem Zeichen geboren sind, sind lebhaft und für die venusischen Geheimnisse wohlgeformt; in der Regel heiraten sie reiche und mächtige Personen. Die meisten Verehrerinnen der zyprischen Göttin stehen unter diesem Horoskop, da es als Symbol der Liebesfreuden gilt.

Am Nadir oder nördlichen Winkel findet sich Laetitia, was die Glücksfarben Blau, Hellgrün, Olive und Zitrone bedeutet. Außerdem bewirkt dieses Zeichen, daß sie Hüter anderer Leute Geheimnisse sind und nicht selten geadelt werden. Das führt zu viel Verstimmungen in der Ehe und dazu, daß er eine unkeusche Frau heiratet (es sei denn, Venus steht im Horoskop an günstiger Stelle). Im Alter von zehn, fünfzehn, einundzwanzig und fünfunddreißig sind große Veränderungen in ihrem Schicksal zu erwarten, auch die Wahrscheinlichkeit von Reisen. Sie machen Erbschaften und haben eine glückliche Hand im Auffinden verborgener Dinge und verlorener Schätze.

Sie sollten vorsichtig sein mit vergifteten, schädlichen Getränken und ätzenden Flüssigkeiten und sich nicht zu sehr den bacchischen Freuden hingeben. Sie erleiden ständig kleinere Verluste, und obwohl sie zeitweilig keinen Erfolg haben, winkt ihnen großer Wohlstand im Alter, so daß sie über die Launen des Schicksals lachen werden.

Wenn sie in der Zeit von Ende November bis Mitte Dezember geboren sind, insbesondere bei Tage, so sind sie in diesem Zeitraum außerordentlich erfolgreich und werden von den höchstgestellten Persönlichkeiten bewundert.

Donnerstag ist ihr Glückstag, um neun und zwölf Uhr. Für ihre Unternehmungen sollten sie den Mond in den Fischen, im Trigon zu Jupiter oder zur Sonne wählen, vor allem aber sollten sie den Neumond meiden.

Der Name ihres Engels oder Schutzgeistes ist Zadkiel.

Rubeus

* *
*
* *
* *

Die unter Rubeus Geborenen, einem Zeichen der wäßrigen Dreiheit, werden hauptsächlich von Mars regiert, jenem feurigen, kriegerischen Planeten, der in der Mythologie so sehr verehrt wird.

Meist neigen sie sehr zu Wutausbrüchen, sind leidenschaftlich und sehr rachsüchtig und lieben den Kampf. Man täte besser daran, mit einem wütenden Löwen zu streiten und dessen gewaltigen Zorn zu erregen, als gezielt solche Personen zu kränken, da sie selten oder nie eine einmal erlittene Verletzung vergeben. (Wenn sie zu einem Zeitpunkt geboren sind, wo der Mond zum Planeten Mars schlecht aspektiert ist, was ein Astronom wissen wird, so sind sie Verleumder, eidbrüchig, grausam, heimtückisch und häufig Mörder.)

Sie haben Leberflecken am Nacken oder an der Kehle und an verborgenen Stellen. Sie sind sehr gute Chirurgen, Chemiker, Apotheker, Hersteller von Säuren, Beizmitteln und giftigen Stoffen zum Einfärben; auch Seeleute, Fischer und alle Berufe, die vom Meer leben; Maler, Bildhauer und Künstler.

In der Kindheit haben sie ständig unter Stürzen, Verletzungen im Streit sowie unter Schlägen und Schnittwunden zu leiden. Sie sind von einem unbezwingbaren Starrsinn und lassen sich nie zu irgend etwas zwingen (selbst unter der Folter nicht), doch sind sie leicht durch Schmeicheln und sanfte Überredung zu gewinnen. In der Jugend haben sie viel Unglück zu erwarten, werden hin- und hergerissen unter vielen Gefahren, was sie fast zur Verzweiflung treibt, doch später werden sie reich und berühmt. Sie sind sehr gescheit, stolz und eingebildet, laufen ständig in die Gefahren hinein, häufig durch die Überredung von falschen und übelgesonnenen Ratgebern, aber hauptsächlich durch ihren starken Willen. Sie leiden unter Galle- und Leberbeschwerden.

In der Himmelsmitte steht das Zeichen Fortuna Minor, das großen Mut und Stärke verleiht und darauf hinweist, daß obwohl sie viele Mühen auf sich nehmen müssen, doch einen ehrenhaften und würdigen Platz unter einer großen Persönlichkeit erlangen werden, wo ihnen viel geschmeichelt und unterwürfiger Applaus zuteil wird und wo sie viele andere emporziehen.

Sie genießen auch das väterliche Erbe und mehren den ererbten Besitz. Sie werden durch die Gunst hochgestellter Frauen und durch die freien und schönen Künste befördert. Im Alter von fünfundzwanzig und vierzig treten bemerkenswerte Ereignisse ein, die dazu angetan sind, das Leben völlig zu verändern. Sie unternehmen mehrere Reisen und überqueren das Meer viele tausend Meilen. Wenn sie bei Vollmond geboren sind, werden sie schiffbrüchig oder auf irgendeiner einsamen Insel landen. Ganz gleich zu welcher Zeit sie geboren sein mögen, werden sie kaum dem Gefängnis entgehen. Gedrungene, blonde Personen erweisen sich als ausgezeichnete Freunde, insbesondere wenn sie im August geboren sind. Sind sie bei Sonnenaufgang geboren, so werden sie sehr schlimm von einem Insekt gestochen, vor dem sie sich ständig fürchten werden. Bei Sonnenuntergang Geborenen droht große Gefahr durch Gift, besonders wenn sie im Dezember geboren sind. Sind sie bei Neumond geboren, so kommen sie ohne Schaden davon.

Am westlichen Horizont steht Amissio, was Sieg über öffentliche und persönliche Feinde verheißt; großer Verlust droht allerdings durch Frauen und Vergnügungen. Sie zeichnen sich durch den einmaligen Umstand aus, daß sie zweimal im Leben fast am Bettelstab gehen, aber reich sterben werden. Sie sollten sich davor hüten, für irgend jemanden zu bürgen, und müssen darauf achten, für ihre Worte und Taten Verantwortung zu übernehmen.

Sie hegen eine große Bewunderung für dunkelhäutige Frauen und verheiraten sich gut, bleiben aber nie bei einer Person. Wenn es sich um eine Frau handelt, so hat sie maskuline Züge und wird kaum auf ihre natürliche Bestimmung warten, doch verheiratet sie sich gut. Die unter diesem Zeichen Geborenen werden mehrere ihrer Kinder verlieren, ihre Lieblingskinder aber behalten. Ihre Glücksfarben sind Dunkelbraun und Feuerrot.

Am Nadir steht die wäßrige Tristitia, was eine Gefahr durch Flüssigkeiten oder Wasser andeutet und auf große Undankbarkeit von Freunden hinweist, besonders dort, wo viel zu erwarten wäre. Wenn sie frei von Unfällen durchs Leben gehen, werden sie an Altersschwäche sterben. – Sie haben große Schwierigkeiten durch die Niedertracht ihrer Familie zu erleiden und werden dadurch häufig Verluste haben.

Sie haben eine Vorliebe für alte Häuser, Schlösser und andere alte Gebäude. Sie müssen sich hüten vor Gerichtsprozessen gegen Frauen und vorsichtig mit dem Verleihen von Geld an das schöne Geschlecht sein. Sie haben Glück im Spekulieren mit Pferden, insbesondere Pferde für den Krieg oder Kampf oder zum Gebrauch durch Personen von Adel; das gilt auch für andere edle Tiere.

Dienstag ist ihr Glückstag und Freitagnacht. Für erfolgreiche Unternehmungen sollte der Mond im Krebs stehen und sich dem Vollmond nähern.

Der Name ihres Schutzengels ist Samael.

Tristitia

* *
* *
* *
*

Die unter dem Zeichen Tristitia Geborenen stehen unter dem Einfluß des Luftelements und hauptsächlich unter den Planeten Saturn und Merkur. Sie haben eine freie und eher verschwenderische Art und lieben die Künste und die Literatur. Sie haben Leberflecken an Beinen, Armen und auf der Brust und mit Verstauchungen oder leichten Verletzungen an den Extremitäten zu tun. Dieses Horoskop bedeutet, daß sie alles, was sie je gewinnen, verschwenden und verlieren; da sie aber unter einem recht glücklichen Stern stehen, machen sie ihre Verluste immer wieder wett. Sie sind sehr gastfreundlich und fördern wissenschaftlich arbeitende Personen, besonders wenn sie von geringerem Stand sind; denn dieses Horoskop disponiert sie dazu, sehr gerecht, liberal und menschlich zu sein. Ganz gleich in welchem Stand sie sind, drohen ihnen viele Gefahren, doch überwinden sie ihre Schwierigkeiten ohne Ausnahme, obwohl sie bisweilen an den Rand der Verzweiflung geraten. Sie haben viel unter Verleumdungen zu leiden und bekommen die Stacheln des Neids heftig zu spüren, erleben aber, wie ihre erbittertsten und schlimmsten Verfolger vollständig zerstört werden.

In der Himmelsmitte steht natürlich (das liegt in der Natur der Sache) das Zeichen Rubeus aus dem wäßrigen Element, was ihnen Tapferkeit und Mut verleiht und ihnen Förderung und Glück im Bereich der Theologie, des Rechts oder der Physik verspricht, andererseits aber ihrem Leben und ihren Taten etwas Mühseliges gibt und sie bisweilen bei den unteren Schichten unbeliebt macht. Dieses Zeichen deutet auch auf stetige Veränderungen hin, sie wechseln ständig den Ort und befinden sich zu Beginn ihres Lebens in Stellungen, die untergeordnet oder mit viel Arbeit verbunden sind, aber das Ergebnis all ihres Tuns ist vielversprechend.

Sie werden oft von plötzlich auftretender, unerklärlicher Niedergeschlagenheit und Melancholie befallen, was von einem Überschuß an phlegmatischer Feuchtigkeit herrührt. Aus dem gleichen Grund sind sie häufig nachdenklich und scheuen die Öffentlichkeit, und sie haben eine Spur von Strenge in ihrem Auftreten, die an Stolz grenzt. Sie verachten jede Kontrolle, obwohl sie meist unter Beschränkungen leben, und lieben nichts so sehr wie die Freiheit. Sie haben viel Glück im Wiedererlangen verlorener Gegenstände und im Entdecken von Schätzen oder verlorenen Raritäten.

Sie beschäftigen sich sehr gern mit Antiquitäten, alten Kuriositäten und lieben das Wunderbare und Romantische, hassen die Gleichförmigkeit und sind entzückt von alten Rüstungen, Ausgrabungen, Schiffsgegenständen, geologischen Seltenheiten, Einzelheiten über Belagerungen, Schlachten und alte Kriegsführung, sind aber oft das Opfer von Ränken.

Sie sind höchst erfolgreich in Gebäuden, besonders in der Architektur, im Bau von Wasserleitungen, Brücken, öffentlichen Gebäuden und Gerichtsgebäuden. Großgewachsene, schlanke, dunkle Personen und Menschen mit Merkur-Eigenschaften erweisen sich als ihre Freunde. In Kämpfen sieht es zuerst immer so aus, als würden sie besiegt, doch tragen sie am Ende den Lorbeer davon. Sie sind höchst begabt für Feuerwerk und halten ungewöhnlich fest an alten Bräuchen und Gepflogenheiten, wobei sie sich in diesen Dingen jedem anderen Menschen überlegen fühlen. (Die Chinesen stehen hauptsächlich unter diesem Zeichen.)

Im westlichen Winkel steht Fortuna Major aus dem feurigen Element, was auf Unglück durch die Ehefrau oder die Kinder hinweist; ist es eine Frau, so ist ihre Ehe ziemlich schlimm. Unter diesem Zeichen Geborene heiraten Personen, die älter sind als sie selbst, es kommt oft zu Unstimmigkeiten mit dem Partner, da der Ehemann oder die Ehefrau zwar große Treue verspricht, in Wirklichkeit aber andere mehr liebt als sie.

Allzuoft erweist sich auch ihr eigener Haushalt als feindlich gesonnen und unterstützt ihre öffentlichen Unterdrücker bei Maßnahmen, die ihnen zu großem Schaden gereichen. Normalerweise heiraten sie Witwen oder Witwer, die recht wohlhabend sind.

In ihrer Jugend stehen sie durchweg in Konkurrenz mit anderen, sowohl was die Liebe als auch die Ehre angeht, aber besonders in der Liebe. Sie handeln überwiegend mit Vieh, mit Feuerartikeln und ausländischen Luxusgütern und sind auch sehr erfolgreich in Parfüms, wohlriechender Essenzen und Salben. Ihre Glücksfarben sind Himmelblau und Schwarz.

Großer Erfolg wird ihnen in Prozessen und öffentlichen Aktivitäten zuteil, außerdem bisweilen in Glücksspielen, besonders wenn sie ihren Einsatz nachts tätigen, solange der zunehmende Mond im Stier oder in der Jungfrau steht. Am Tage haben sie nicht so viel Glück. Alle zwölf Jahre sind sie in derartigen und anderen Glücksspekulationen ganz besonders erfolgreich. Ihre Freundschaften wie Feindschaften sind von sehr langer Dauer.

Am Himmelssaum steht das erdige Zeichen Amissio, was beachtlichen Gewinn durch Erbschaft oder durch den Tod nichtverwandter Personen darstellt. Sie haben eine erstaunlich glückliche Hand im Vollziehen der Sterberiten und auch als Bestattungsunternehmer und Friedhofsaufseher.

Dieses Zeichen verspricht Reichtümer in sehr hohem Alter und großen Ruhm durch hochgestellte Persönlichkeiten, doch in der Jugend sind sie so ruhelos wie das aufgewühlte Meer. Eines ihrer Kinder kommt zu hohen Ehren und wird seine Brüder beherrschen, aber mit dreißig Jahren werden sowohl Eltern wie Kinder ins Gefängnis geraten.

Handelt es sich um einen Mann, so verheißt dieses Zeichen die Gunst einer reichen, hochgestellten Dame, die in seinen Umarmungen größtes Vergnügen findet.

Sie verlieren ihr gesamtes Erbe durch die Unbedachtheit der Eltern, können dies aber, wie oben erwähnt, durch eventuelle Erfolge ausgleichen. Wenn sie Seeleute oder Händler sind, drohen dem Schiff Gefahren durch Piraten, und die Reisen gehen langsam voran.

Sind sie bei Vollmond geboren, so haben sie mehr Glück als zu jeder anderen Zeit, insbesondere wenn sie im Januar oder Februar geboren sind.

Ihr Glückstag ist Samstag, ganz besonders zu Sonnenaufgang. Für Unternehmungen sollten sie den Mond im Steinbock und im Sextil zur Sonne wählen.

Der Name ihres Engels ist Cassiel.

Carcer

*
* *
* *
*

Die unter dem Zeichen Carcer Geborenen stehen unter dem Geist des Erdelements und hauptsächlich unter Mars und Saturn. Sie sind mit einer seltsam mystischen Vorstellungskraft und seltsamen Fantasien begabt und von Natur her dafür empfänglich, Geister und Visionen zu sehen; sie lassen sich leicht durch übernatürliche Geräusche oder Erscheinungen erschrecken. Im Kampf sind sie unbesiegbar und unverletzbar wie die Rüstung des Achill; im Krieg oder in der Schlacht kennen sie keine Furcht; hingegen sind sie in mystischen, visionären Dingen die reinsten Feiglinge. Ihre Vorstellungskraft, die von Natur aus dazu bestimmt ist, sich über die Erde zu erheben, und ihr Geist, der von Natur aus dazu neigt, jedes irdische Hindernis zu verachten, ist dennoch ständig von einer unerklärlichen Düsternis umgeben. Sie sehen die Dinge wie durch einen dichten Schleier, und wo ein oberflächlicher Mensch ohne Furcht eintreten würde, schrecken sie zurück wie vor dem eisigen Hauch des Todes, und ihr Geist verneigt sich unbewußt in demütiger Unterwerfung vor einem unsichtbaren Einfluß, den sie nicht definieren können, der aber in Wirklichkeit durch die Planeten bewirkt wird. Es drohen ihnen viele Gefahren und Unfälle, Bisse von fleischfressenden Tieren, von Geiern und Wüstenbewohnern.

Sie sind große Krieger, Kapitäne und Eroberer (wie beispielsweise Hannibal, Cäsar, der Schwarze Prinz und nicht zuletzt Napoleon). Mit Adleraugen und dem vorausschauenden Blick eines fast übernatürlichen Intellekts begabt, verfügen sie über die Gewandheit einer Schlange; im Treffen von Entscheidungen sind sie so schnell wie ein geflügelter Blitz. Sie sind geboren, um als Helden zu leben und im festen Griff des Sieges zu sterben, doch werden sie von Zeit zu Zeit an ihre Sterblichkeit erinnert, die mit Verlust, Leid und Elend verknüpft ist.

Sind sie bei Sonnenaufgang geboren, so vermag die Welt kaum ihre großen Entwürfe zu fassen, auf keinen Fall bietet sie Raum genug für ihre siegreichen Taten. Ihr Ruhm ist mächtig und leuchtend wie die Sonne, der sie ihren Ruhm verdanken. In der Himmelsmitte findet sich Puella, was bedeutet, daß die Personen, die unter ihrem Einfluß stehen, fröhlich und treu, aber ziemlich durchtrieben sind; sie führen ein exzentrisches Leben, ständig im Blick der Öffentlichkeit. Sie sind treue und echte Freunde, reisen viel ins Ausland und helfen fremden Menschen, die sich in der Regel als undankbar erweisen. Sie haben ein langes Leben und erlangen große Reichtümer; sie spüren eifrig Geheimnissen hinterher und sind sehr ehrgeizig. In Liebe und Ehe sind sie genauso seltsam und bemerkenswert wie in anderen Dingen.

Im westlichen Winkel steht Via, was ihre Liebe zu Frauen anzeigt und daß sie sich glücklich verheiraten, aber selten bei einer Person bleiben. Ihr erstes Kind wird wahrscheinlich ein Sohn sein, der aber sehr kränkelt.

Sie gewinnen oft durch das Unglück anderer, insbesondere tieferstehender Personen, was jedoch unbewußt und ohne Ungerechtigkeit geschieht. – Sie neigen dazu, viel zu reisen. Wenn sie zwischen Ende März und Mitte April geboren sind, erleiden sie einmal einen Sturz vom Pferd oder eine Verletzung durch ein vierbeiniges Tier. Sie haben auch eine Narbe oder ein Zeichen am Kopf oder im Gesicht und erleiden eine Fußverletzung. Wenn sie in der Zeit zwischen Ende April bis kurz nach Mitte Mai geboren sind, werden sie mit achtundzwanzig oder fünfunddreißig Jahren von einem Hund gebissen.

Sie heiraten eine hübsche Person, sanft, liebenswert, aber ängstlich, die ungeheuren Wohlstand durch Erbschaft oder andere glückliche Ereignisse erlangen wird. Im Alter von zwanzig und zweiundvierzig werden sie sich vor der Macht der Liebesgöttin beugen und sich den allumfassenden Einfluß der Liebe eingestehen, obwohl sie sich in der Regel für eine Zeitlang von ihrer ersten Ehefrau trennten; handelt es sich um eine Frau, so trennt sie sich von ihrem ersten Ehemann.

Die unter diesem Zeichen Geborenen suchen ständig große Gesellschaften und Ansammlungen von Menschen mit den verschiedensten Sitten und Bräuchen auf, oder aber, was fast auf das gleiche hinausläuft, sie verbringen einen großen Teil ihrer Zeit auf dem stürmischen, bewegten Meer; in jedem Fall tauchen sie auf wie Neptun mit dem Dreizack, geben herrscherliche Befehle und gebieten den Wogen der öffentlichen Meinung Einhalt nicht anders als den aufgewühlten Wassern.

Am Nadir, im nördlichen Winkel, findet sich Puer, was auf ein wechselhaftes, bemerkenswertes Leben hinweist, bei dem man bisweilen in Verzweiflung gerät (aber nicht darin versinkt), wo aber das glückliche Schicksal rasch zu Hilfe eilt, so daß jede vorübergehende Schwierigkeit überwunden wird. Aus dem gleichen Grunde erfreuen sie sich guter Gesundheit und großen Segens in ihren späteren Jahren und man wird sich ihrer wie der berühmten Helden vergangener Zeiten erinnern.

Diejenigen, die auf einer tieferen Stufe ihr Leben leben, werden berühmt für geistreiche und originelle Erfindungen, für persönlichen Mut, athletische Begabung oder tiefes Wissen. Sie tun gut daran, ihre Kenntnisse in den Künsten zu pflegen und können höchst erfolgreich sein als Mathematiker, Geometer, Maschinenbauer, Gründer, Erforscher von Bodenschätzen, Mineralien oder Kuriositäten. Sie heben sich so weit über ihren Stand hinaus, daß sie die Regierung der Stadt oder des Ortes, in dem sie leben, übernehmen. So üben sie in dem Einflußbereich, in den sie hineingeboren werden, auf ihre Weise dieselbe Autorität aus wie die in höheren Kreisen Geborenen.

Samstag ist ihr Glückstag und Mittwochnacht; normalerweise jeweils in den ersten Stunden, das heißt bei Sonnenaufgang bzw. Sonnenuntergang.

Wenn sie etwas Wichtiges beginnen wollen, sollten sie den Mond im Widder, im Trigon zu Jupiter wählen, er sollte bei Halbmond stehen, vor allem aber nicht im Drachenschwanz.

Ihr Schutzengel ist Samael.

Laetitia

*
* *
* *
* *

Die unter dem Zeichen Laetitia Geborenen stehen unter dem Wasserelement und hauptsächlich unter dem Planeten Jupiter. Sind sie nachts geboren, so ist auch die Venus in ihrem Horoskop präsent. Sie sind begabt und besonnen, treu in ihrer Freundschaft, aber hochmütig und ziemlich geizig oder aber extrem vorsichtig und streben danach, eine ausreichende Menge oder einen Überfluß der guten Dinge im Leben anzusammeln.

In der Regel sind sie von scharfem Verstand, haben ein ausgezeichnetes Gedächtnis, einen wahrhaft sarkastischen Humor und sind sehr geistesgegenwärtig; sie verabscheuen Krieg und Blutvergießen.

Aus ihnen werden ausgezeichnete Musiker, Maler, Astronomen und Amateure in den schönen Künsten; auch Komponisten und Dramatiker. Sie sind häufig Lehrer, und ihr Gerechtigkeitssinn und ihre Frömmigkeit sind meist bewundernswert. In der Regel glauben sie nicht an mystische Erscheinungen; sie halten so viel von mathematischer Beweisbarkeit, daß sie fast alles anzweifeln, was sie nicht mit den Sinnen erfassen können; doch sind sie in ihrem religiösen Glauben und in ihrem Glauben an Gott unbeirrbar, obwohl sie selbst in diesem Bereich mehrfach ihre Überzeugung wechseln und sich neuen Glaubensrichtungen anschließen.

Sie haben eine innere Abneigung gegen Kampf und Krieg und sind eher dem Handwerk und den subtileren Dingen zugetan; sie haben keinen allzu festen Stand, wenn es um grenzenlose Dinge geht, über die sie keine Kontrolle haben; sie neigen dazu, ihre Schwächen unter einem Anstrich von Schmeichelei zu verbergen, besonders wenn ihr Eigeninteresse stark berührt ist. Sie haben viele Feinde und eine Neigung zu Reisen und zu Aufenthalten im Ausland; falls sie im Land ihrer Geburt bleiben, haben sie viel mit Handel und Auslandsbeziehungen zu tun.

Sie haben Leberflecken an den Füßen und Armen und leiden unter Gallenkrankheiten oder phlegmatischen Beschwerden, Wasseransammlung im Körper oder Entzündungen. Zu irgendeiner Zeit in ihrem Leben werden sie stark von Wasser bedroht, sie entkommen mit Mühe dem Tod durch Ertrinken, besonders wenn sie bei Vollmond geboren sind. Doch werden sie eines sanften und natürlichen Todes sterben, wenn auch an einem Ort, der von ihrem Geburtsort weit entfernt ist.

In der Himmelsmitte steht Acquisitio, welches vom Feuer und von Jupiter regiert wird, was ständige Risiken, Kampf und Gefahren bedeutet. Es führt auch zu großen Streitigkeiten mit hochstehenden Personen, zu Gerichtsprozessen und Auseinandersetzungen. Durch Bürgschaft für eine andere Person verlieren sie ihr gesamtes Vermögen und ihren ganzen Besitz, doch am Ende werden sie zu Ländereien und in den Besitz des Vermögens einer dritten Person kommen und von etwas Eigentümer sein, worauf sie keinen rechtmäßigen Anspruch haben. Sie machen ihr Glück mit Artikeln, die mit Feuer zu tun haben und für den Alltagsgebrauch bestimmt sind, mit Stahl, Eisen und Metallprodukten, mit Extrakten, Tinkturen und ätzenden Essenzen. Sie sind erfolgreich in Pferden, Tierschauen und Hornvieh, auch sind sie ausgezeichnete Sportler, Angler, Fischer, Trainer, die Tiere in menschlichem Verhalten dressieren und Trainer für edle Vierbeiner; sie haben etwas übrig für alle Arten von Tieren und Vögeln und bemerkenswerten Vorführungen. Ihre Glücksfarben sind reines Weiß sowie glänzende und glitzernde Farben. Sie haben Erfolg in phosphorhaltigen oder brennbaren Stoffen sowie in gehaltvollen, den Geist belebenden alkoholischen Getränken, wobei sie leider letzteren mehr zusprechen, als ihnen guttäte. Sind sie zwischen Mitte Mai und Mitte Juni geboren, so haben sie mehr Glück, werden aber im Alter von dreiundzwanzig Jahren entweder von einem Hund gebissen, durch eine Waffe oder durch Feuer verletzt. Sind sie zwischen Mitte Juni und Mitte Juli geboren, so sind sie ab sechsundzwanzig Jahren erstaunlich erfolgreich.

Im westlichen Winkel steht folgerichtig das Zeichen Conjunctio, das vom Erdelement regiert wird; das macht sie zu ausgesprochen gastfreundlichen und herzlichen, aber ziemlich großtuerischen Menschen, denen viele Geheimnisse anvertraut werden und die vielen Freunden ihre Hilfe angedeihen lassen, doch wird ihnen ihre Gunst immer mit Undank gelohnt. Sie kommen zu Ansehen und Reichtum, erleiden jedoch viel Unglück durch Ehen. Wenn es sich um einen Mann handelt, wird er seine Frau über die Maßen lieben, ehren und achten und seine Kinder vergöttern, doch erweisen sich Frau und Kinder als hinterhältig und undankbar; seiner Liebe begegnen sie mit Haß, seinem Respekt mit Verachtung und bringen dadurch sein Leben in ein unheilvolles Durcheinander. Wenn sie ihre erste Frau begraben, verspricht die zweite eine fairere Partie zu sein, sie ist aber von geringer Herkunft. Mit vierzehn, achtzehn und vierundzwanzig werden sie dem Tempel der Venus ihren Besuch abstatten und mit einundvierzig tritt eine Veränderung ein, die ihr ganzes Leben betrifft, wahrscheinlich indem sie sich im Ausland niederlassen oder mühsame Reisen auf sich nehmen.

Albus im nördlichen Winkel, der Luft zugeordnet, verspricht großes Glück und einen nie endenden Ruhm. Allerdings macht ihnen eine verborgene Krankheit zu schaffen, die niemand zu entdecken oder zu heilen vermag. Ganz plötzlich und unerwartet, ohne danach zu suchen, erlangen sie ein Vermögen. Sie neigen auch zu einem plötzlichen Tod oder Schlaganfall, es sei denn

Jupiter wäre sehr beherrschend im achten Haus ihres Horoskops. Wenn sie um zwei oder fünf Uhr nachmittags oder um Mitternacht geboren sind, sind sie mit Sicherheit das herausragende Mitglied ihrer Familie. Wenn sie um neun Uhr morgens geboren sind, werden sie Sekretäre im Dienst von Personen, die Regierungsmacht ausüben. Sie haben bisweilen unter Gerichtsprozessen und unter großen, schlanken Frauen oder Verschlagenheit zu leiden und sind mehr als einmal in der Gefahr, festgenommen zu werden, doch werden sie letztendlich mit Sicherheit ihre Feinde überwinden.

Donnerstag und Sonntag sind ihre Glückstage.

Für wichtige Unternehmungen sollten sie den Mond in der Waage und im ersten Sextil mit der Sonne und wenn möglich außerdem im Trigon mit Saturn wählen; dann haben sie Erfolg.

Sie stehen hauptsächlich unter der Schutzherrschaft der Engel Zadkiel und Anael.

Via

*
*
*
*

Die unter dem Zeichen Via Geborenen stehen unter dem Einfluß des Wasserreichs und hauptsächlich unter dem des Mondes. Sie sind stark von seinem nächtlichen Einfluß geprägt. Sie haben Leberflecken auf der Brust, an den Seiten und auf den Schultern. Sie haben eine friedliche, sanfte, aber schwankende Gemütsverfassung. Sie sind geduldig in ihrer Arbeit, bekannt für Ordentlichkeit, Sauberkeit und Fairneß, sie hassen und verabscheuen Unterdrückung und Tyrannei. Sie sind gesprächig und können selten ein Geheimnis wahren; obwohl sie launisch sind, kann sie niemand von ihrem Ziel abbringen, wenn sie sich einmal fest zu etwas entschlossen haben. Sie sind bekannt für bemerkenswerte Träume, erfüllt von seltsamen, unberechenbaren, geheimnisvollen Vorzeichen; so stoßen sie unbewußt in die gefürchteten Geheimnisse der Zukunft vor. Sie benutzen Orakel, Visionen,

Omen, okkulte Lehren und Sprichwörter sowie alle Arten einfacher Weissagungsmethoden. Die Belange ihres Haushalts regeln sie klug und mit Geschick, sie achten bis zu einem gewissen Grad auf ihren Namen und ihren Ruhm, sehnen sich nach postumen Ehren und streben danach, diese sicherzustellen. In den meisten Dingen haben sie seltsame Vorstellungen und können überraschend von Schwermut überfallen werden. Sie haben eine natürliche Angst vor Wasser und sind bisweilen panisch von der Vorstellung besessen, sie könnten ertrinken oder reagieren mit Panik beim Anblick von Teichen, Seen und Flüssen.

Wenn es sich um einen Mann handelt, ist er ein ausgezeichneter Schwimmer, doch sobald seine Jugendzeit vorbei ist, wagt er es nur noch selten, das trügerische Element auf die Probe zu stellen. In jedem Fall droht Gefahr auf Seereisen durch nicht mehr seetüchtige Schiffe oder durch Nachlässigkeit der Seeleute.

Frauen, die unter diesem Zeichen geboren sind, bekommen viele Kinder, doch leiden sie in der Schwangerschaft unter Schmerzen in der Seite und sind nicht ganz frei von Schwangerschaftsgefährdungen. Sie ziehen viele Männer an, insbesondere dunkelhaarige und unter dem Einfluß von Merkur stehende Männer.

Die Frauen verhalten sich keusch und tugendhaft, frei von Lüsternheit, sind aber wohlproportioniert, um die Geheimnisse der Venus zu vollziehen. Wenn sie zwischen Mitternacht und Morgen geboren sind, haben sie tatsächlich visionäre Erscheinungen und glauben fest an die Geheimnisse der jenseitigen Welt. Ihre Glücksfarbe ist Grün.

Mit fünfzehn, siebzehn und zweiundzwanzig kommt es zu Liebschaften oder zur Ehe. Sie haben eine große Liebe zu Tieren sowie für feierliche, traurige Töne wie von Glockengeläut und Totengesängen, aber auch für schrille, durchdringende Musik. Sie leben in ständiger Sorge vor dem Tod und zerstören viel von ihrem Glück durch fruchtlose, unnötige Angst. Sie sind gefährdet durch einen Feuerfunken und durch einen plötzlichen oder zufälligen Sturz. Wenn sie bei Vollmond während des Tages geboren sind, gelangen sie zu großem Glück und Reichtum im Alter. Jedes zwölfte Jahr wird ihnen fast gleich vorkommen.

Ihre günstigste Zeit ist Montagnacht; sie sollten den Mond im

Steinbock oder in der Jungfrau wählen und den Tag des Neumonds meiden.

Sie sind unter dem Schutz von Gabriel.

Fortuna Minor

*
*
* *
* *

Die unter dem Zeichen Fortuna Minor Geborenen stehen unter dem Einfluß der nächtlichen Sonne. Sind sie nachts geboren, so sind sie ehrgeizig, romantisch und strebsam und haben mehr Glück als am Tage Geborene. Sind sie im April geboren, werden sie sehr reich und einen großen, plötzlichen Reichtum anhäufen. Sie lieben die Lobhudelei und prahlen gern und überschwenglich; sie sind begabt in Philosophie oder chemischen Versuchen.

Sie haben Leberflecken an den Knien, Beinen und Lenden, haben mit Verbrühungen und Verbrennungen zu tun und sind gefährdet durch schädliche Dämpfe oder giftige Mischungen. Sie sind neugierig und lieben das Reisen und die Veränderung. Ihr ganzes Leben lang sind sie bekannt und werden öffentlich geschätzt. Sie heiraten mehr als einmal und kommen dadurch im allgemeinen zu Wohlstand; sie bekommen viel Geld durch Mitgift. Sie haben wenige oder gar keine Kinder, könnten aber für ein uneheliches Kind zu sorgen haben.

Männer unter diesem Zeichen sollten sich vor dunklen Frauen hüten, insbesondere wenn diese von weither kommen. Frauen sollten sich vor älteren Männern in acht nehmen.

Sie werden ihr Heimatland verlassen und das Meer nicht nur einmal überqueren. Sie leben von den Erzeugnissen fremder Länder oder verleihen ihr ganzes Geld an Personen im fernen Ausland. Sie machen ihr Glück in Schmuck- und Dekorationsartikeln, in Gold und Silber, Edelsteinen und Luxusraritäten, verlieren aber oft durch unsinniges Spekulieren. Sie sind auch im Bergbau, in Erzen und Mineralien erfolgreich.

Wenn sie von Mitte Juli bis Mitte August geboren sind, ganz besonders aber Anfang August, droht ihnen große Gefahr durch

Feuer oder heißes Wasser. Doch werden sie nach Abschluß ihres einundzwanzigsten Lebensjahres plötzlich wohlhabend. Wenn sie von Mitte August bis Mitte September geboren sind, steigen sie zu hohem weltlichen Rang auf und werden von einem König in Dienst gestellt. Wenn es sich um eine Frau handelt, heiratet sie in jungen Jahren und wird mit fünfzehn heftig verliebt sein. Doch hat sie viele Kreuze zu tragen und unter dem Neid von Rivalinnen zu leiden. Von Mitte September bis Mitte Oktober Geborene machen Gewinne durch Parfüms und Gewürze; sie vermögen Träume und Visionen zu deuten. Handelt es sich um eine Frau, so heiratet sie ungefähr mit dreiundzwanzig, neigt in der Jugend zu Verbrühungen und schmerzhaften Verbrennungen und wird im Alter reich. Allgemein kommen die unter diesem Zeichen Geborenen zu Gewinn durch unerlaubte Liebe.

Wenn sie ungefähr in der Zeit geboren sind, da die Sonne das neunte Himmelshaus erreicht (im Sommer von Mittag bis zwei Uhr nachmittags und im Winter von Mittag bis ein Uhr dreißig), sind sie höchst erfolgreich in ihren öffentlichen und privaten Belangen und begehren nichts von dem Luxus, den das Leben bietet. Dennoch werden sie einmal ins Gefängnis kommen.

Samstagnacht und Donnerstagnachmittag sind ihre glückbringendsten Zeiten.

Sie sollten den zunehmenden Mond im Löwen oder in den Fischen für wichtige Unternehmungen wählen.

Sie stehen unter dem Engel Michael.

Cauda Draconis

* *
*
*
*

Die unter dem Zeichen Cauda Draconis Geborenen stehen hauptsächlich unter dem Einfluß des Feuerelements und unter dem südlichen Mondknoten, wo der Mond die Ekliptik schneidet und sich aus unserer Hemisphäre zurückzieht.

Sie sind keinesfalls zu Reichtum geboren, und obwohl sie durch die Laune des Schicksals in höchste Stellungen gelangen, wo sie

Herrschaft ausüben und viele Personen zu befehligen haben, werden sie doch nie wohlhabend sein und inmitten all ihrer Größe dringend den Wunsch nach Geld verspüren. Wenn sie bei Sonnenaufgang geboren sind, werden sie für ihre Knausrigkeit und ihren Geiz bekannt sein und elend sterben.

Sie haben häufig zu tun mit Verletzungen durch Feuer, Stürzen vom Pferd und Angriffen von Tieren; Gefahr droht ihnen von Bergwerken, Explosionen, Ersticken, lebendig Begrabenwerden, von gefährlichen Dämpfen, entflammbaren Gasen, Schießpulver, feuertechnischen Versuchen und wenn sie Länder mit Wüsten aufsuchen, besteht die Gefahr, von wilden Tieren verschlungen zu werden.

Wenn sie bei Neumond geboren sind, geraten sie ins Gefängnis durch falsche und meineidige Ankläger, doch geht am Ende alles gut. Wenn sie nachts geboren sind, haben sie mehr Glück als am Tage Geborene, da die Finsternis sehr treffend ihr verworrenes Schicksal kennzeichnet. Der Norden mit seinen eisigen Regionen ist ihr Element, und im Winter sind sie erfolgreicher als im Sommer.

Sie sollten sich in acht nehmen vor dem Schwertfechten und vor scharfen Gegenständen, da sie unter einer schädlichen und verletzenden Konstellation geboren sind und daher kaum ohne Verletzung davonkommen werden. *(Im Original heißt es, daß sie entweder durch einen Pfeil oder einen spitzen Gegenstand im Kopf verletzt werden; ferner heißt es, daß die Könige Harold von England und Heinrich von Frankreich beide unter diesem Zeichen standen, und daß der erstere an einem Pfeil durch den Kopf starb und letzterer bei einem Turnier mit dem Speer tödlich verwundet wurde; da aber diese beiden Waffen heute nicht mehr in Gebrauch sind, muß etwas anderes dafür eingesetzt werden.)* Sie lieben den Kampf, den Krieg, das Blutvergießen und die Zerstörung.

Ihre Glücksfarben sind Blutrot. Wenn sie im Dezember um zwölf Uhr Mittags geboren sind, wo die Sonne den Meridian überschreitet, werden sie die Herrschaft jedes Menschen, ja sogar die Mitherrschaft des mächtigen Himmelsfürsten verachten und ein Fluch für die gesamte Menschheit sein. Wenn sie beim Aufgang der Sonne und Monduntergang geboren sind, steht es ein wenig besser um sie, aber im Kern doch nicht gut. (Kaum einer in einer Million wird unter diesem schicksalhaften Zeichen geboren, das so verderblich ist, daß selbst jeder namhafte Professor der Astrologie um die Tatsache weiß, daß der Schwanz des Drachen, den dieses Zeichen symbolisiert, schlimmer ist als der unheilvollste unter den Planeten. Der Fragesteller muß daher nicht befürchten, unter diesem Zeichen geboren zu sein, da es so selten vorkommt).

Dienstag ist einheitlich ihr Glückstag. Sie sollten genau den Neumond oder eine Mondfinsternis wählen, da nur das ihre dunklen Vorhaben fördern kann.

Sie stehen unter dem Engel der Zerstörung, Barzabel.

Caputt Draconis

✻ ✻
✻
✻
✻

Von dem obigen schrecklichen und zerstörerischen Zeichen wenden wir uns mit Freude dem reichen, glückbringenden Zeichen Caput Draconis zu, das zur Erddreiheit gehört und hauptsächlich durch Jupiter und Venus in ihren Erhöhungen regiert wird. Sie sind fest, gerecht, wohlwollend und voll menschenfreundlicher Taten, fördern immer das öffentliche Wohl und sind herausragend in Unternehmungen zum Wohle der Menschheit.

Sie haben Leberflecken oder Zeichen im Gesicht, leiden unter Kopfschmerzen und Beschwerden, die von einem Überschuß an Feuchtigkeit herrühren.

Sie haben ein großes Geschick, die Arbeiten anderer Menschen zur Vollendung zu bringen; sie sind ausgezeichnete Dichter, Musiker, Astronomen, Handwerker, Mathematiker, Senatoren und Gesetzgeber. Unbesiegbar im Kampf, obwohl sie den Frieden und die Ruhe lieben. *(Solon und Lykurgos, jene berühmten Gesetzgeber standen unter diesem Zeichen, ferner der unsterbliche Alfred, der göttliche Raphael und die weitbekannten Barden und Minnesänger alter Zeiten.)*

Wenn sie bei Sonnenaufgang, am Mittag oder bei Sonnenuntergang geboren sind, üben sie die Herrschaft und Autorität von Königen in ihrem eigenen Haus aus, außerdem haben sie über die Taten anderer Menschen zu richten. Trotzdem sind sie nicht ganz frei von den Angriffen eines Mörders. Wenn sie von ganz niederem Stand sind, werden sie ihre Zeitgenossen vollständig in den Schatten stellen.

Falls es sich um eine Frau handelt, wird sie sein wie Kleopatra, doch ohne deren lüsterne Koketterie; jedermann wird ihr den Hof machen und sie lieben. Aber vor der Ehe sollte sie sich in acht nehmen, sonst trifft sie auf einen Stachel. Wenn ein Sohn überlebt, wird er als erster unter seinen Geschwistern das Wohl des Hauses fördern und unsterbliche Ehre über sein Geschlecht bringen.

Handelt es sich um einen Mann, so verheiratet er sich reich und wohlhabend, voller Glück und Wonne, doch wird ihm das Objekt seiner größten Liebe plötzlich durch die eisige Hand des Todes geraubt; er wird ihrer sterblichen Hülle untröstlich und in tiefer Reue zum Grab folgen. Danach wird sich die Sonne strahlend über sein Schicksal ergießen, und Rang und Glück werden sich unter seiner Hand beugen.

Die unter diesem Zeichen Geborenen reisen viel, aber nicht häufig, da sich ihr ganzes Leben in Höhepunkten und Extremen abspielt, sowohl in guter wie in schlechter Hinsicht. Die Schranke des Gesetzes wird einmal erlebt werden, doch werden sie jeden Gegner besiegen. *(In veritate victoria.)*

Es gibt für sie keinen besonderen Glückstag, doch sind sie erfolgreicher bei zunehmendem Mond in den Zwillingen. Sie stehen unter den Engeln Raphael und Uriel.

Literatur

Agrippa von Nettesheim, Heinrich Cornelius: *De Occulta Philosophia.* Auswahl, Einführung und Kommentar von Willy Schrödter. Verlag Otto Reichl, Swisttal-Buschhoven 1967.

Agrippa von Nettesheim, Heinrich Cornelius: *Die magischen Werke.* 3. Auflage. Fourier Verlag, Wiesbaden 1988.

Agrippa von Nettesheim, Heinrich Cornelius. *Magische Werke.* 5 Bde. Stuttgart 1855.

Agrippa, Cornelius (Pseudonym): *The Ladies Oracle.* Evelyn, London 1962.

Amar, K. Avv Hali ben (Pseudonym): *Vollkommene Geomantia.* Leipzig 1735.

Bascom, William Russell: *Ifa Divination.* Bloomington, London 1969.

Cicero, Marcus Tullius: *De Divinatione.*

Cole, J. A. Abayomi: *Astrological Geomancy in Africa.* London 1898.

Cotton, Christopher: *The Geomancy of Master Christopher Cotton* (1591), in: *A Publication of Surveying.* 1616.

Crowley, Aleister: *Magick in Theory and Practice* (Kap. XVIII) Lecram, Paris 1929. (dt.: Verlag Peyn und Schulze, Bergen 1987/88).

Ders.: *The Equinox,* Vol I. No. 2. Simpkin, Marshall, London 1909.

Deacon, Richard: *The Book of Fate.* Muller, London 1976.

Dumézil, Georges: *Archaic Roman Religion.* 2 Bde., University of Chicago Press, Chicago 1970.

Evans-Pritchard, Edward Evan: *Witchcraft, Oracles and Magic Among the Azande.* Clarendon, Oxford 1937 (dt: Hexerei, Orakel und Magie bei den Zande. Suhrkamp, Frankfurt am Main 1988).

Fahd, Toufic: *La Divination Arabe.* Brill, Leiden 1966.

Fludd, Robert: *Tractatus de Geomantia in quatuor libros divisus* (siehe Paschius, *Fasciculus Geomanticus).* 1687.

Ders.: *Utriusque Cosmi.* Oppenhemii, Frankfurt 1617.

Forsyth, J. S.: *Demonologia.* London 1827.

Gaule, John: *Mag-astro-mances,* London 1652.

Ders.: *Geomantia.* Jordan, Mainz 1532.

Goetze, Albrecht: *Old Babylonian Omen Texts.* O. U. P. London 1947.

Hartmann, Franz: *The Principles of Astrological Geomancy.* Rider, London 1913.

Henrici Cor. Agrippae ab Netthesheym. *De Occulta Philosophia Lib. III.* London 1531.

Heydon, John: *Theomagia, or the Temples of Wisdom.* 3 Bde., London 1662–4.

Ibn Khaldun (Abd al-Rahman Ibn Muhammad): *The Magaddimah.* (Hrsg. Franz Rosenthal) 3 Bde.R. K. P., London 1958.

Josten, C. H.: Robert Fludd's Theory of Geomancy and His Experiences at Avignon in the Winter of 1601 to 1602, in: *JWCI,* Bd. XXVII. London 1964.

King, Francis/Skinner, Stephen: *Techniques of High Magic.* C. W. Daniel Co. London und Warner Destiny, New York 1976.

Kirchenhoffer, Herman: *The Book of Fate,* London 1822.

Lutz, Henry Ludwig Frederick: *Old Babylonian Divination Text.* 1929.

Paschius, Georgius (siehe Fludd, Robert): *Fasciculus Geomanticus in quo varia variorum opera geomantica continentur.* Verona 1687.

Plutarch: *De Oraculorum Defectu.*

Raphael (d. h. Robert Cross Smith): *The Familiar Astrologer.* London 1831.
Ders.: *The Straggling Astrologer, or The Astrologer of the Nineteenth Century or Compendium of Astrology, Geomancy and Occult Philosophy,* (hrsg. für die Society of the Mercurii). London 1825.
Ders.: *The Philosophical Merlin.* London 1822.
Ders.: *Pythoness of the East,* London 1894.
Ders.: *The Royal Book of Fate,* London 1828.
Regardie, Francis Israel: *The Golden Dawn.* Vol. 4. Llewellyn, St. Paul 1970 (dt. Ausgabe: *Das magische System des Golden Dawn.* 3 Bände. Hrsg. von Hans D. Leuenberger, Herman Bauer Verlag, Freiburg).
Ders.: *A Practial Guide of Geomantic Divination.* Aquarian, London 1972.
Thorndike, Lynn: *A History of Magic and Experimental Sciences.* (Bde. I–VIII., Macmillan, New York 1923–58.
Turner, Victor Witter: *Ndembu Divination: its Symbolism and Techniques.* Manchester University, Manchester 1961.
Vollkommene Geomantia oder sogenannte Punctir-Kunst. Freystadt, Jena, 1702.